AF618137

Raphael van Riel / Gottfried Vosgerau

Aussagen- und Prädikatenlogik

Eine Einführung

J. B. Metzler Verlag

Die Autoren
Dr. Raphael van Riel, Dilthey-Fellow der Volkswagenstiftung mit dem Projekt »A Study in Explanatory Power« an der Universität Duisburg-Essen
Prof. Dr. Gottfried Vosgerau, seit 2014 Professor für Philosophie des Geistes und der Kognition an der Heinrich-Heine-Universität Düsseldorf

Bibliografische Information der Deutschen Nationalbibliothek
Die Deutsche Nationalbibliothek verzeichnet diese Publikation in der Deutschen Nationalbibliografie; detaillierte bibliografische Daten sind im Internet über http://dnb.d-nb.de abrufbar.

ISBN 978-3-476-04564-5
ISBN 978-3-476-04565-2 (eBook)

Dieses Werk einschließlich aller seiner Teile ist urheberrechtlich geschützt. Jede Verwertung außerhalb der engen Grenzen des Urheberrechtsgesetzes ist ohne Zustimmung des Verlages unzulässig und strafbar. Das gilt insbesondere für Vervielfältigungen, Übersetzungen, Mikroverfilmungen und die Einspeicherung und Verarbeitung in elektronischen Systemen.

J. B. Metzler ist ein Imprint der eingetragenen Gesellschaft Springer-Verlag GmbH, DE und ist ein Teil von Springer Nature
www.metzlerverlag.de
info@metzlerverlag.de

Einbandgestaltung: Finken & Bumiller, Stuttgart (Foto: shutterstock)
Satz: primustype Hurler GmbH, Notzingen

J. B. Metzler, Stuttgart
© Springer-Verlag GmbH Deutschland, ein Teil von Springer Nature, 2018

Inhaltsverzeichnis

Vorwort

Der vorliegende Band ist das Resultat einer nunmehr zehnjährigen Kooperation zwischen den Autoren. Vor zehn Jahren haben wir, zunächst gemeinsam mit Albert Newen und dann auch Frank Zenker, damit begonnen, einen Logikkurs zu konzipieren, der ab 2008 wechselweise an den Universitäten Bochum und Dortmund unterrichtet wurde. Anders als klassische Logikvorlesungen sollte dieser Kurs auch online verfügbar sein, um Studierenden der jeweils anderen Universität eine Teilnahme ohne Anwesenheit an der Nachbaruniversität zu ermöglichen. Dazu musste ein umfangreiches Skript verfasst werden, um das Selbststudium zu ermöglichen. Dieses Skript stellt die Grundlage des vorliegenden Bandes dar. Darüber hinaus wurden die Vorlesungen aufgezeichnet, die, zusammen mit Skript und umfangreichem Übungsmaterial, online zur Verfügung gestellt wurden.

Damit wurde der Grundstein für den vorliegenden Band und die parallel online zur Verfügung stehende Plattform gelegt. Beide wurden in den darauffolgenden Jahren kontinuierlich weiterentwickelt. Der Band und die frei zugängliche Plattform ermöglichen es Studierenden der Philosophie und anderen Interessierten, einen ersten Zugang zur Logik zu erhalten, Logikkenntnisse aufzufrischen oder ergänzend logische Kompetenz zu trainieren.

Weder der Band noch die Plattform sind im Alleingang entstanden. Danken möchten wir neben ehemaligen Lehrern und Lehrerinnen sowie Kolleginnen und Kollegen, mit denen wir uns über Fragen der Konzeption von Logikkursen ausgetauscht haben, und Studierenden, die uns im Laufe der Jahre hilfreiches Feedback gegeben haben, insbesondere bei den Mitstreitern der ersten Jahre: allen voran Albert Newen, ohne dessen formelle wie ideelle Unterstützung das Projekt nie über die Kinderschuhe hinausgekommen wäre; Frank Zenker, der die erste Generation einer Onlineplattform entwickelt hat und an konzeptionellen Diskussionen immer beteiligt war; David Neugebauer, der als Hilfskraft die Arbeit ständig begleitet hat, und schließlich Florian Braun, der den Kurs in Dortmund in den ersten Semestern unterrichtet hat.

Die Plattform in ihrer gegenwärtigen Form ist von Sara Ipakchi, Till Gallasch und Julian Pöhling unter Regie von Gottfried Vosgerau entwickelt worden – ihnen allen gebührt unser großer Dank – nicht nur für die Entwicklung und Implementierung der Plattform, sondern auch für die vielen Hinweise, Diskussionen und Korrekturen zu dem vorliegenden Buch. Wie ihnen danken wir auch Stefan Kämper, Leon de Bruin und Salome van Riel für kritische Anmerkungen zum Manuskript. Darüber hinaus haben uns Meric Uzun und Benjamin Voermann viel technische Arbeit bei der Endredaktion des Buches abgenommen. Und schließlich möchten wir uns bei Franziska Remeika vom Metzler-Verlag für die hilfreiche Unterstützung bedanken – sie hat das Projekt formell wie auch inhaltlich intensiv begleitet.

Berlin/Düsseldorf im Februar 2018
Raphael van Riel und Gottfried Vosgerau

1 Einleitung

1.1 | Das Wort »Logik« in der Alltagssprache

In der **Alltagssprache** hat der Ausdruck »Logik« unter anderem die Funktion, Denkprozesse als irgendwie geglückt auszuzeichnen. Werfen wir unserem Gegenüber vor, etwas Unlogisches behauptet zu haben, so unterstellen wir ihm, dass kognitiv irgendetwas schief gegangen ist. Wenn das Bett der Hundebesitzerin voller Hundehaare ist und der Hund mit hängenden Ohren und eingeklemmtem Schwanz sich schnell aus dem Schlafzimmer entfernt, dann ist der Schluss, der Hund habe auf dem Bett gelegen, **logisch** – eine Qualität, die dem Schluss auf die These, der Hund habe seine Hundedecke über dem Bett ausgeschüttelt, nicht zukommt.

Logik und Argumentieren

Diese Verwendung des Ausdrucks »Logik« weist auf eine Rolle hin, die der Logik oft zugedacht wurde, und die auch in dieser Einführung eine wichtige Rolle spielen wird: Die Logik hat irgendetwas mit Schlüssen oder mit Argumenten zu tun. Manche Schlüsse oder Argumente sind logisch, andere sind es nicht. Unter anderem kann Logik als Wissenschaft verstehen helfen, was gute Argumente von schlechten Argumenten unterscheidet. Zumindest ein Teilbereich der Logik ist damit vorläufig umrissen: Es geht in der Logik unter anderem darum zu verstehen, warum manche Schlüsse oder Argumente logisch sind und andere nicht. Entsprechend müssen in der Logik zwei Fragen beantwortet werden. Zum einen brauchen wir einen klaren Begriff dessen, **was ein Argument oder Schluss ist**. Zweitens muss geklärt werden, welcher Mechanismus, im übertragenden Sinne des Ausdrucks, dafür verantwortlich ist, dass manche Argumente logisch sind und andere nicht.

Logik und Denken: Nach einer klassischen Auffassung, die auch in der alltagssprachlichen Verwendung des Ausdrucks »logisch« fortlebt, sind Schlüsse oder Argumente eng an **kognitive oder psychische Phänomene** gekoppelt. Schließlich ziehen wir Schlüsse, und das tun wir oft, indem wir von bestimmten Überzeugungen – etwa den Überzeugungen, dass sich Haare auf dem Bett befinden und dass der Hund ein bestimmtes Verhalten zeigt – zu anderen Überzeugungen übergehen – etwa, dass der Hund auf dem Bett gelegen hat. Was dann das logische Schließen vom nicht-logischen Schließen unterscheidet, so könnte man meinen, sei in Gesetzen des Denkens zu finden, in psychologischen Gesetzen. Und die Aufgabe der Logik bestünde dann ganz folgerichtig darin, diese Gesetze zu beschreiben. Diese zunächst plausibel erscheinende Annahme hat prominente Vorläufer in der Philosophiegeschichte (für einen Überblick vgl. Jacquette 2003; prominente Kritiker der Auffassung sind Frege 1884/1934 und Husserl 1900/1975).

Aus moderner Perspektive hat sich diese Vorstellung von Logik als schlicht falsch erwiesen – **wir denken *de facto* nicht logisch**, oder zumindest nicht immer. Den folgenden Schluss bekommen die meisten Menschen ohne große Schwierigkeiten hin: Es regnet, und wenn es regnet, dann wird die Straße nass. Also (und wenig überraschend): Die Straße wird nass!

Anders verhält es sich bei dem folgenden Schluss, der, wie sich zeigen lässt, nicht minder logisch ist: Wenn die Hausnummer gerade ist, dann befindet sich das Haus auf der rechten Straßenseite. Das Haus befindet sich auf der linken Straßenseite. Also hat das Haus keine gerade Hausnummer. Dahingegen sind viele bereit, den folgenden Schluss zu akzeptieren, der tatsächlich nicht logisch ist: Wenn die Hausnummer gerade ist, dann befindet sich das Haus auf der rechten Straßenseite. Das Haus befindet sich auf der rechten Straßenseite. Also hat das Haus eine gerade Hausnummer. (Der Grund ist, dass unsere Regel nur etwas aussagt über Häuser mit geraden Hausnummern – sie sagt aber nicht etwas über alle Häuser auf der rechten Straßenseite aus.)

Wenn nun aber die Logik keinen kognitiven Mechanismus bzw. keine Denkgesetze beschreibt, was beschreibt sie dann? Und was sind Schlüsse oder Argumente, wenn es keine psychischen Ereignisse sind?

1.2 | Logik und Sprache

Schlüsse und Argumente: Die grundlegende Einsicht der modernen Logik ist, dass es eine **Klasse von logischen Gesetzen** gibt, die allein **aufgrund sprachlicher Strukturen** bestehen. Kommen wir noch einmal zurück zu dem Beispiel des Schlusses der regennassen Straße. Es handelt sich dabei um einen paradigmatisch logischen Schluss: Es regnet, und wenn es regnet, dann wird die Straße nass. Also: Die Straße wird nass. Wir können die grundlegende Idee, dass sprachliche Strukturen für den Zusammenhang verantwortlich sind, so illustrieren. Wir ersetzen den Satz »Es regnet« durch einen Buchstaben, »A«; und wir ersetzen den Satz »die Straße wird nass« durch einen anderen Buchstaben, »B«. Mit einer kleinen grammatikalischen Anpassung erhalten wir das folgende **Schema**: A, und wenn A, dann B. Also: B. Es kann nun leicht gesehen werden, dass, ganz gleich, was wir für »A« oder »B« einsetzen, der entsprechende Schluss immer logisch bleiben wird. Das liegt eben nicht daran, wie wir *de facto* denken, und es liegt noch nicht einmal daran, wie wir denken sollen; es liegt vielmehr daran, wie die Wörter »und« und »wenn ..., dann ...« in unserer Sprache funktionieren. Kommen wir damit zu den zwei Fragen zurück: Was sind Schlüsse bzw. Argumente, und was macht einen Schluss oder ein Argument logisch?

Die moderne Antwort lautet: Wir können **Schlüsse oder Argumente als sprachliche Gegenstände** rekonstruieren, und die Frage, ob ein Argument logisch ist, hängt von sprachlichen Eigenschaften dieser Gegenstände ab.

Logik als Modell der Sprache: Wie studieren wir nun aber in der Logik diese sprachlichen Gegenstände mit ihren Strukturen, und wie studieren wir Argumente oder Schlüsse? Wir tun das, wie in vielen Wissenschaften üblich, indem wir ein **Modell** konstruieren, **das die uns interessierenden Strukturen zutage treten lässt** und das zugleich von ggf. irrelevanten Eigenschaften abstrahiert. Eine ungefähre Idee davon bekommt man, wenn man sich noch einmal das Beispiel der regennassen Straße vor Augen führt. Wir haben oben die zwei Sätze, »Es regnet«, und »Die Straße wird nass«, durch Buchstaben ersetzt. Wir haben also in gewisser Hinsicht von Inhalten abstrahiert, um eine interessante Struktur zutage treten zu lassen. Ähnlich verfahren wir in anderen Wissenschaften auch: In den Ingenieurswissenschaften werden Modelle gebaut, die von Materialeigenschaften, Größe, Masse, und ggf. sogar von Größenverhältnissen abstrahieren, in den Sozial- und Wirtschaftswissenschaften werden Akteure als rational Handelnde modelliert, von der tatsächlichen Irrationalität manch Handelnder abstrahierend, und auch in den Naturwissenschaften verwenden wir Modelle, wie etwa ein Stäbchen- oder Gittermodell zur Repräsentation von Molekülen, das in einer Reihe von Hinsichten nicht dem Aufbau der repräsentierten Moleküle entspricht.

Abstraktion vom Inhalt

Künstliche Sprachen: Wie also in anderen Wissenschaften auch können wir in der Logik Modelle entwerfen, um die uns interessierenden Phänomene auf erhellende Weise zu repräsentieren. Das geschieht in der Logik folgendermaßen: Um die Konstituenten von Argumenten, nämlich bestimmte Sätze, zu repräsentieren, wurden **eine Reihe künstlicher Sprachen** entwickelt, die, wie die natürliche Sprache auch, Sätze enthalten. Die künstlichen Sprachen können uns als Modelle von Teilen der natürlichen Sprache dienen, und die Sätze der künstlichen Sprache als Modelle für manche Sätze der natürlichen Sprache. Die künstlichen Sprachen sind, im eigentlichen Sinne, die »Logiken«. Erfolgreich ist eine solche Logik, wenn sie die uns interessierenden Strukturen von Sätzen der natürlichen Sprache **transparent** macht.

Präzisionsgewinn: Der große Vorteil dabei liegt zum einen in der gewonnenen Präzision. Unsere **natürliche Sprache ist voll von Unklarheiten** wie Mehrdeutigkeiten und pragmatischen Andeutungen. Man bedenke: Wir können sagen »Mir ist kalt«, um damit darum zu bitten, das Fenster zu schließen; und wir können sagen: »die Currywurst will zahlen« und damit darauf aufmerksam machen, dass die Esserin der Currywurst ebendiese bezahlen möchte. Wir unterscheiden zwischen *Hunden* und *Kötern* (ein Beispiel des Logikers Gottlob Frege; Frege 2001, S. 56), um unsere **Einstellung** bezüglich der beschriebenen Tiere deutlich zu machen – doch, so könnte man meinen, mit den für sachliche Argumente und damit für die Logik relevanten Strukturen hat diese Unterscheidung nichts zu tun. Ignorieren wir sie in unserem Modell, so ignorieren wir eine für die uns interessierende Struktur irrelevante Eigenschaft, wodurch wir Klarheit gewinnen. Darüber hinaus werden wir bei dem **Abstraktionsprozess** gezwungen, uns für eine eindeutige Lesart zu entscheiden, wodurch wir ebenso Präzision gewinnen.

Ein weiterer Vorteil ergibt sich daraus, dass wir am Modell erkennen können, warum manche Argumente so besonders ›logisch‹ sind und andere nicht. Die für den Zusammenhang relevanten Strukturen werden ja in den Logiken, unseren Modellen, transparent gemacht. Darüber hinaus sind diese Strukturen selbst aus philosophischer Perspektive hoch interessant, werfen sie doch **eine Reihe philosophischer Fragen** auf, u. a. zum Begriff sprachlicher **Bedeutung**, zur **Wahrheit**, und zum **Begriff des Widerspruchs**.

Logik und Alltagssprache: Zugleich hat die Präzision einen Preis. Dass das auch den Begründern der modernen Logik durchaus klar war, zeigt sich an dem folgenden Zitat aus der Einleitung zu Freges Begriffsschrift (in der er einen formalen logischen Apparat entwickelte):

Frege 1879, S. IV

»Das Verhältnis meiner Begriffsschrift zu der Sprache des Lebens glaube ich am deutlichsten machen zu können, wenn ich es mit dem des Mikroskops zum Auge vergleiche. Das Letztere hat durch den Umfang seiner Anwendbarkeit, durch die Beweglichkeit, mit der es sich verschiedenen Umständen anzuschmiegen weiss, eine grosse Überlegenheit vor dem Mikroskop. Als optischer Apparat zeigt es freilich viele Unvollkommenheiten, die nur in Folge seiner innigen Verbindung mit dem geistigen Leben gewöhnlich unbeobachtet bleiben. Sobald aber wissenschaftliche Zwecke grosse Anforderungen an die Schärfe der Unterscheidung stellen, zeigt sich das Auge als ungenügend. Das Mikroskop hingegen ist gerade solchen Zwecken vollkommen angepasst, aber eben dadurch für alle andern unbrauchbar.«

Frege mag dabei vor allem an ästhetische und evaluative Aspekte der Alltagssprache gedacht haben. Denn die Sprache der Logik ist, anders als die Alltagssprache, für den literarischen Gebrauch oder den Ausdruck einer bestimmten bewertenden Haltung einer Sprecherin oder eines Sprechers, wie sie sich etwa in der Wahl des Wortes »Köter« anstatt des Wortes »Hund« ausdrückt, nicht oder zumindest nicht immer geeignet. Darüber hinaus wird sich zeigen, dass uns Logiken keine adäquate Rekonstruktion dessen liefern, was wir in der Alltagssprache mit »Argument« und »logisch« meinen: Viele alltagssprachliche Argumente sind gut, ohne dass sie sich im Rahmen einer formalen Logik beweisen ließen. Das liegt schlicht daran, dass die Mechanismen, die für ihre Güte verantwortlich sind, sich nicht immer mit logischen Mitteln einfangen lassen. Das gilt etwa auch für das Hundehaar-Beispiel. Die **Logik greift genau einen sprachlichen Mechanismus** heraus, der für die Güte manch alltagssprachlicher Argumente verantwortlich ist. Da es auch andere Mechanismen gibt, die für gute Argumente sorgen können, gibt es eine große Klasse von Argumenten der Alltagssprache, die sich nicht in der Logik modellieren lassen. Darüber hinaus findet sich der Mechanismus, der manchmal für die Güte eines Arguments (im alltagssprachlichen Sinne) verantwortlich ist, auch in Fällen, in denen wir niemals von einem »Argument« sprechen würden. Nun ist die Logik aber ein Studium genau dieses Mechanismus. Entsprechend gibt es lediglich eine Schnittmenge zwischen Argumenten, die wir im Sinne eines Alltagsverständnisses als »Argument« bezeichnen würden, und dem Gegenstandsbereich der Logik. Aber es ist eine sehr wichtige und interessante Schnittmenge!

Wir können die Logik also als Wissenschaft betrachten, die **Modelle für Argumente** bereitstellt – zwar nicht für alle Argumente, aber doch für eine sehr interessante Klasse von Argumenten. Und damit hilft uns die

Logik nicht nur, diese Argumente zu analysieren, zu bewerten und zu erstellen, sondern sie hilft uns auch gerade bei der Rekonstruktion von Argumenten, die durch die Ungenauigkeiten und Mehrdeutigkeiten der natürlichen Sprache oft nicht ganz klar formuliert sind. Es sind primär diese Aspekte, an denen sich der vorliegende Band orientieren wird.

Der Zusammenhang zwischen Logik und natürlichsprachlichen Argumenten ist zwar historisch und aktuell oft die Motivation dafür, formale Logik zu betreiben, aber das Gebiet der formalen Logik hat sich so verselbständigt, dass es auch ohne diesen Zusammenhang als **Wissenschaft bestimmter sprachlicher Strukturen** verstanden werden kann. Unter dieser Perspektive rücken die sprachlichen Strukturen selbst ins Zentrum der Untersuchung, so dass neue Logiken entwickelt werden können, die immer neue Strukturen transparent machen (in diesem Band werden wir uns nur mit einem Ausschnitt dieses Feldes beschäftigen).

Paradoxien: Doch auch die Grundlagen der Logik werfen Fragen auf, mit denen sich die Logik als Wissenschaft beschäftigt. Eine Auseinandersetzung, die zu einem tiefen Bruch unter Logikerinnen und Logikern und Mathematikerinnen und Mathematikern geführt hat, resultiert aus einer bestimmten Interpretation der Logik, die in Paradoxien führt. Das hat zu einer **Reihe neuer Grundlegungen von Logiken** geführt, die gemeinhin als **nicht-klassische Logiken** bezeichnet werden (dazu gehören sog. konstruktivistische und intuitionistische Ansätze).

Philosophischer Fortschritt: Zugleich ist die Logik nicht nur in der oben beschriebenen Funktion für Philosophen und Philosophinnen interessant. Die bereits berührte Frage nach dem Zusammenhang zwischen Logik und Denken stellt (oder besser: stellte) ein solches Feld der Auseinandersetzung dar. Eine andere Kontroverse soll hier ebenfalls Erwähnung finden. Formale Sprachen wurden um die Wende vom 19. zum 20. Jahrhundert und auch noch in den darauffolgenden Jahrzehnten oft als **Idealsprachen**, nicht bloß im Sinne modellhaft idealisierter Sprachen, sondern **im Sinne reformierter und damit letztendlich besserer Sprachen** propagiert. Eine prominente Idee lautete, dass wissenschaftliche und auch philosophische Verwirrungen überwunden werden könnten, wenn wir in bestimmten Kontexten die Alltagssprache durch eine Idealsprache ersetzen. Ein solcher Gedanke war leitend für Ludwig Wittgenstein bei der Abfassung des *Tractatus logico-philosophicus*. Er schreibt dort:

> **»Man könnte den ganzen Sinn des Buches etwa in die Worte fassen: Was sich überhaupt sagen lässt, lässt sich klar sagen; und wovon man nicht reden kann, darüber muss man schweigen.«**

Wittgenstein 1922, S. 39

Diese Idee ist eng mit der Entwicklung formaler und zumindest partiell künstlicher Sprachen verknüpft, und insbesondere die sogenannte Prädikatenlogik, in die auch hier eingeführt wird, hat in der Wissenschaftstheorie und anderen Bereichen der Philosophie lange Zeit genau diese Rolle gespielt. Unter Rekurs auf diese Logik sollten Verwirrungen, die sich durch alltagssprachliche Formulierungen ergeben, überwunden werden. Wir werden einige basale Beispiele dafür kennenlernen. Dieser Auffassung zufolge kommt der Logik dann nicht eine bloß rekonstruierende Funktion zu. Vielmehr soll die Logik konstruktiv eingesetzt werden, um **in der Alltagssprache wurzelnde Verwirrungen zu vermeiden** und damit philosophischen Fortschritt zu ermöglichen.

Das vorliegende Lehrbuch wird immer wieder auf solche Zusammenhänge zurückkommen, und das Studium dieses Bandes wird es Lesern und Leserinnen ermöglichen, Texte, in denen logische Formeln in diesem Kontext auftreten, nachvollziehen zu können.

1.3 | Zum Umgang mit dem Buch

Eine Einführung in die Logik kann den unterschiedlichen Kontexten entsprechend, in denen Logik eine Rolle spielt, vieles leisten wollen. Sie kann mit dem Ziel antreten, in die **Logik als Wissenschaft** einzuführen oder sowohl aus historischer als auch aus systematischer Perspektive die **Philosophie der Logik** zu vermitteln, und sie kann mit dem Anspruch auftreten, eine neue **Grundlegung der Logik** im Sinne einer Propädeutik zu präsentieren.

Anwendung im philosophischen Kontext: Das Ziel dieses Bandes besteht darin, Studierenden der Philosophie und philosophisch interessierten Laien die Grundlagen der Logik aus einer Perspektive zu vermitteln, die insbesondere zwei mögliche Funktionen von Logik in den Blick rückt. Kehren wir zu den einleitenden Überlegungen zurück: Zum einen kann die **Logik als Grundlage zur Rekonstruktion von Argumenten** fungieren. Das ermöglicht zum anderen eine Perspektive auf die **Logik als Modell natürlichsprachlicher Sätze**, als Modell, das zumindest einige philosophisch interessante Aspekte der Struktur natürlichsprachlicher Sätze zutage treten lässt. Diese beiden Funktionen der Logik sind eng an ihrer Anwendung in philosophischen Kontexten orientiert.

Online-Plattform: Ergänzt wird dieser Band durch eine frei zugängliche Onlineplattform (https://lb-logik1.phil.hhu.de/), auf der unterschiedliche Werkzeuge bereitgestellt werden, um das Studium der Logik optimal zu unterstützen. So finden sich nicht nur weiterführende Erläuterungen und Diskussionen auf der Plattform, die über die Vermittlung der Grundlagen hinausgehen – es werden auch unterschiedliche Formen der Vermittlung sowie **interaktive Aufgaben** zur Einübung des Stoffes und zur gezielten Lernkontrolle bereitgestellt. Auf ein **Glossar**, in dem alle Grundbegriffe und Definitionen eingepflegt sind, kann jederzeit bequem per Link zugegriffen werden. Weiterhin besteht die Möglichkeit, über eine **Chat-Funktion** mit anderen Lernenden und Tutorinnen und Tutoren in Kontakt zu treten, Probleme zu benennen, Feedback zu geben und weitergehende Diskussionen zu führen. Die Plattform orientiert sich an den Kapiteln des vorliegenden Lehrbuchs, so dass die jeweiligen Online-Inhalte problemlos den Inhalten im Buch zugeordnet werden können. Eine eingebaute **Lernkontrolle** stellt dabei sicher, dass ein Kapitel erst angefangen wird, wenn die dafür nötigen Grundlagen des vorangegangenen Kapitels auch sicher beherrscht werden. (Verweise auf die Online-Plattform sind in der Marginalienspalte vermerkt.)

Wir empfehlen daher, zunächst ein Kapitel im Buch zu lesen, um dann auf der Online-Plattform die zentralen Inhalte zu wiederholen und einzuüben. Sollten bereits beim Lesen des Buches Schwierigkeiten auftreten, so hilft ein Blick in die Online-Plattform, wo die zentralen Inhalte interaktiv aufbereitet sind. Außerdem besteht hier die Möglichkeit, im Chat mit Anderen in Kontakt zu treten und Probleme gemeinsam zu diskutieren.

Aufbau des Buches: Dem Anspruch des Bandes entsprechend werden wir hier in zwei logische Systeme einführen, in die **Aussagenlogik** und die **Prädikatenlogik**. Ziel ist es, die entsprechenden Modelle mit ihren spezifischen Eigenschaften verstehen sowie die Regeln der sogenannten Kalküle kennen und anwenden zu lernen. Kalküle ermöglichen, intuitiv gesprochen, die regelhafte Überprüfung von Argumenten. Darüber hinaus soll **der Zusammenhang zwischen Modell und natürlicher Sprache** hergestellt werden. Schließlich wird immer wieder an Beispielen die **Rolle der Logik für die Philosophie** illustriert. Da in diesem Rahmen zwei formale Systeme erlernt werden müssen, ist das Lehrbuch so aufgebaut, dass zu keinem Zeitpunkt Voraussetzungen gemacht werden, die erst später erläutert werden. Die Übungen und Erläuterungen auf der Online-Plattform helfen dabei, die einzelnen Aspekte zu vertiefen und über die Lernkontrolle zu sichern.

Im folgenden Kapitel (2) wird noch einmal genauer auf eine Reihe der hier besprochenen Aspekte zur Natur der Logik und ihrer Rolle in der Philosophie eingegangen. Nachdem so die Grundlagen geschaffen sind, werden wir uns einer ersten Logik zuwenden: Der Aussagenlogik. Die Kapitel 3 und 4 führen damit ein erstes Modell ein, das wir verwenden, um Sätze, also die Konstituenten von Argumenten in der natürlichen Sprache, zu repräsentieren. Die Aussagenlogik stellt eine erste formale Sprache dar. Eine Sprache umfasst (mindestens) zwei Aspekte: einen syntaktischen (Kapitel 3) und einen semantischen (Kapitel 4). Das Kapitel 5 vertieft das Verständnis der Aussagenlogik.

In den Kapiteln 6 bis 8 wenden wir uns dann der Frage zu, wie wir mithilfe unseres Modells und weiterer Regeln im logischen Sinne ›gute‹ von ›schlechten‹ Argumenten unterscheiden können. Wir werden zunächst auf die intuitiv leichter zugänglichen semantischen Beweise eingehen (Kapitel 6), um dann in Kapitel 7 die Grundidee eines Kalküls zu präsentieren, also eines Regelwerks, das Übergänge von Sätzen unserer Logik zu anderen Sätzen unserer Logik so beschreibt, dass sich Argumente überprüfen lassen. In Kapitel 8 wird der Kalkül dann endgültig vorgestellt.

Ebenso werden wir in den Kapiteln 9 bis 12 verfahren, dieses Mal mit Bezug auf die sogenannte Prädikatenlogik. Diese Logik ist, kurz gefasst, in der Lage, Strukturen der natürlichen Sprache transparent zu machen, die in der Aussagenlogik verdeckt bleiben. Kapitel 9 führt in die Sprache ein, Kapitel 10 kommentiert den Zusammenhang zwischen Prädikatenlogik und natürlicher Sprache. Das Kapitel 11 diskutiert die Semantik der Prädikatenlogik (und einige überraschende Eigenschaften dieser Semantik), bevor dann im Kapitel 12 ein Kalkül für die Prädikatenlogik vorgestellt wird. Kapitel 13 enthält eine Erweiterung der Prädikatenlogik. Im Kapitel 14 wird beispielhaft eine ganz andere Perspektive auf Logik vorgestellt – es findet sich darin eine kurze Einführung in die Grundlagen der Aristotelischen Syllogistik.

Weiterführende Literatur: Bei der Lektüre sollten Leserinnen und Leser den folgenden Gedanken im Hinterkopf behalten: Logik ist in der Tat noch viel mehr als derjenige Ausschnitt, der hier präsentiert wird. Diese Einführung soll einen nicht nur in die Lage versetzen, Grundlagen der Logik in argumentativen Kontexten anzuwenden, sondern auch, weiterführende Literatur zu studieren. Wer interessiert ist an der Vertiefung formaler Aspekte der Logik sei verwiesen auf die Bücher von Barwise und Etchemendy (2005 und 2006), Forbes (1994) und Sider (2010), an deren Arbeiten wir uns hier teilweise angelehnt haben. Eine gut zu lesende Einführung in die Logik, die sehr wenig formal ist, dafür aber den Bereich der induktiven Argumente und der Argumentationstheorie sehr viel stärker mit abdeckt, ist Salmon (2006).

Literatur

Barwise, Jon/Etchemendy, John/Bromand, Joachim (Hg.): *Sprache, Beweis und Logik. Aussagen- und Prädikatenlogik*, Bd. 1. Paderborn 2005.
Barwise, Jon/Etchemendy, John/Bromand, Joachim: *Sprache, Beweis und Logik. Anwendungen und Metatheorie*, Bd. 2. Paderborn 2006.
Forbes, Graeme: *Modern Logic: A Text in Elementary Symbolic Logic*. New York 1994.
Frege, Gottlob: *Begriffsschrift. Eine der arithmetischen nachgebildete Formelsprache des reinen Denkens*. Halle 1879.
Frege, Gottlob: *Grundlagen der Arithmetik* [1884]. Breslau 1934.
Frege, Gottlob: *Schriften zur Logik und Sprachphilosophie: aus dem Nachlaß*. Hamburg 2001.
Husserl, Edmund: *Logische Untersuchungen* [1900]. Erster Band: Prolegomena zur reinen Logik. Hg. von E. Holenstein. Husserliana XVIII. Den Haag 1975.
Jacquette, Dale: *Philosophy, Psychology, and Psychologism: Critical and Historical Readings on the Psychological Turn in Philosophy*. Berlin 2003.
Salmon, Wesley C.: *Logik*. Stuttgart 2006.
Sider, Theodore: *Logic for Philosophy*. Oxford/New York 2010.
Wittgenstein, Ludwig: *Tractatus Logico-Philosophicus*. London 1922.

2 Grundbegriffe

Ziel dieses Kapitels ist es, einige grundlegende Ideen zur Logik, zum Zusammenhang zwischen Logik und Argument und zur Relevanz der Logik im Kontext der Philosophie zu präsentieren. Dabei wird zunächst eine ›Vogelperspektive‹ eingenommen, um die Leserin zu orientieren und um einige potentielle Missverständnisse zu thematisieren. Zugleich werden **grundlegende begriffliche Entscheidungen** getroffen und entsprechende Definitionen vorgenommen, auf die in den folgenden Kapiteln zurückgegriffen wird. Das Kapitel orientiert sich dabei an den folgenden Annahmen. Um eine erste Vorstellung davon zu bekommen, was Logik eigentlich sei, ist es hilfreich, den **Zweck der Logik in unterschiedlichen Kontexten** in den Blick zu nehmen.

Zunächst einmal besteht das Studium der Logik schlicht darin, Modelle bestimmter sprachlicher Gegenstände (nämlich Aussagen, eine Teilklasse von Sätzen) zu studieren und eine spezifische Art von Eigenschaften dieser Gegenstände (solche, die unabhängig vom Inhalt der Sätze für die Wahrheit und Falschheit von Sätzen relevant sind) transparent zu machen. Dabei sind Logiken selbst Sprachen – allerdings sind es keine natürlichen, sondern künstliche Sprachen. Damit machen diese künstlichen Sprachen eine Eigenschaft sprachlicher Strukturen transparent, die einen **Zusammenhang zwischen Logik und Argumentieren** nahelegt: Eine der Quellen aus denen manche guten Argumente ihre Güte ziehen, lässt sich mit den Mitteln der Logik darstellen und studieren. Wenn wir etwa so argumentieren: Sokrates ist ein Mensch, alle Menschen sind sterblich, also ist auch Sokrates sterblich, so ist das schlicht logisch. Diesen Zusammenhang zwischen Argument und Logik wählen wir hier als Ausgangspunkt, um in das Gebiet der Logik überhaupt einzuführen – nicht, weil Argumente, im alltagssprachlichen oder philosophischen Sinne, zentral für die Logik wären oder umgekehrt, sondern weil der Zusammenhang zwischen Argument und Logik den Einstieg in das Gebiet der Logik erleichtert. Dazu werden wir im ersten Abschnitt etwas zur Logik und ihrer Funktion als Modell natürlichsprachlicher Strukturen sagen, um dann in den Kapiteln 2.2 und 2.3 auf unterschiedliche Typen von Argumenten und ihren Zusammenhang zur Logik einzugehen. Das erlaubt dann einen verallgemeinernden Blick auf unterschiedliche Rollen der Logik in der Philosophie (Kap. 2.4).

Zu diesem Kapitel finden Sie zusätzliches Material im Kapitel »Grundbegriffe« des Online-Kurses.

Zusatzmaterial online

2.1 | Was ist Logik?

Sehr kurz gefasst können wir Logik, oder genauer: Logiken als **von uns geschaffene sprachliche Modelle** auffassen, die bestimmte Strukturen der natürlichen Sprache transparent machen. Wie andere typische Modelle repräsentieren sie einen Gegenstand, oder eine Menge von Gegenständen. Und wie andere typische Modelle abstrahieren Logiken von einigen Eigenschaften, die den Gegenständen, die sie repräsentieren, *de facto* zukommen. Ein maßstabsgetreues Holzmodell einer Brücke repräsentiert bestimmte Eigenschaften einer Brücke, nämlich Größenverhältnisse, ignoriert aber typischerweise solche Aspekte wie Materialeigenschaften. Um eine erste Idee vom Witz eines Modells zu erhalten, hilft immer ein Blick auf den repräsentierten Gegenstandsbereich, auf diejenigen Eigenschaften der Gegenstände, die im Modell repräsentiert werden sollen, und auf diejenigen Eigenschaften der Gegenstände, die vom Modell ignoriert werden.

Gegenstandsbereich der Logik: Logiken repräsentieren eine bestimmte **Sorte von Sätzen**, nämlich solche, **die entweder wahr oder falsch sind**. Derartige Sätze unterscheiden sich zum Beispiel von Fragen oder Befehlen: Eine Frage oder ein Befehl scheint zunächst weder wahr noch falsch. Dasselbe gilt auch für Ausrufe wie »Oh wie schön!«, die lediglich Ausdruck einer Empfindung sind. Die Sätze, die für die Logik von Bedeutung sind, müssen wahr oder falsch sein; das heißt aber nicht, dass sie im Rahmen von Wahrheit und Falschheit beurteilbar sein müssen. Nach der hier vertretenen Auffassung von Logik ist es völlig gleich, ob es *de facto* jemanden gibt, der in der Lage ist, eine solche Beurteilung vorzunehmen. Wir **abstrahieren also von unseren epistemischen Möglichkeiten**, wenn wir den Gegenstandsbereich der Logik eingrenzen, und zählen auch solche Sätze zum Gegenstandsbereich der Logik, von denen wir vielleicht prinzipiell nicht wissen können, ob sie wahr oder falsch sind, die aber eines von beiden sein müssen.

Beispiele

Sätze, die unabhängig von unseren epistemischen Möglichkeiten wahr oder falsch sind

- Gerade scheint die Sonne.
- Morgen wird es heiß.
- Julius Cäsar hatte einen Leberfleck auf der Nase.
- Die Raumzeit ist gekrümmt.
- Vor exakt 32.467 Jahren hat es dort, wo heute Berlin Mitte liegt, geregnet.

Vernachlässigung des spezifischen Inhalts: Der Gegenstandsbereich der Logik umfasst also alle Sätze, die entweder wahr oder falsch sind. Derartige Sätze haben, im Gegensatz zu allen anderen Sätzen, etwas gemeinsam: Ihnen kommen einige Eigenschaften deshalb zu, weil sie entweder wahr oder falsch sind, und weil sie darüber hinaus **spezifische Strukturen** aufweisen können, oder, wie man auch sagt, weil sie eine bestimmte

Form haben. Zu diesen Eigenschaften gehören auch diejenigen Eigenschaften, **die in einer Logik transparent gemacht werden sollen**. Andere Eigenschaften werden vernachlässigt: So interessieren wir uns im Rahmen einer Logik nicht dafür, ob ein Satz aufgrund seines spezifischen Inhaltes tatsächlich wahr ist oder nicht, und auch nicht dafür, ob und wie wir das ggf. herausfinden können. Der spezifische Inhalt von Sätzen wird in der Logik vernachlässigt.

Logische Form: Versuchen wir, das etwas detaillierter darzustellen: Manchmal verhält es sich etwa so, dass die **Wahrheit eines Satzes die Wahrheit eines (gegebenenfalls anderen) Satzes garantiert**. Das ist eine der für die Logik relevanten Eigenschaften.

Beispiel

So gilt etwa, dass die Wahrheit des Satzes:

(1) Aristoteles ist Grieche und Platon ist Grieche.

die Wahrheit des folgenden Satzes garantiert:

(2) Platon ist Grieche.

Modellbildung: Diese **Beziehung zwischen den Sätzen**, dass die Wahrheit des einen Satzes die Wahrheit des anderen Satzes garantiert, hängt von einem bestimmten strukturellen Zusammenhang zwischen den Sätzen, von ihren strukturellen Eigenschaften bzw. ihrer Form ab. Derartige Strukturen sollen in einer Logik transparent gemacht werden. Sehen wir uns dazu an, wie diese Sätze gebaut sind. Wenn wir uns dabei einigermaßen geschickt anstellen, so können wir sehen, dass ein Großteil des Inhalts des Gesagten hier nichts dazu beiträgt, dass die Wahrheit des einen Satzes die Wahrheit des anderen garantiert: Immer dann, wenn wir zwei Sätze mit dem Zeichen

und

verbinden, und anschließend einen der beiden Sätze isoliert betrachten, sehen wir, dass der komplexere Satz die Wahrheit des einfacheren garantiert. Wir haben damit etwas über einen **Zusammenhang zwischen den Sätzen** gesagt, und zwar einen, der aufgrund der logischen Form der Sätze besteht: Die Wahrheit des einen Satzes garantiert die Wahrheit des anderen, aufgrund ihrer logischen Form – und **unabhängig von weiteren inhaltlichen Aspekten**. Dabei können in unterschiedlichen Kontexten unterschiedliche logische Formen relevant sein. Das führt dazu, dass wir auch unterschiedliche Logiken brauchen, die jeweils diejenige Struktur transparent machen, für die wir uns gerade interessieren. Die Transparenz der Struktur wird aber immer dadurch hergestellt, dass vom Inhalt der Sätze abstrahiert wird und für die Inhalte so etwas wie **Platzhalter** eingeführt werden. Gleichzeitig werden für die strukturell wichtigen Elemente neue Zeichen eingeführt, deren Bedeutung später genau definiert werden kann. In unserem Falle könnte es das folgende (noch nicht definierte) **Zeichen**

&

sein, das die Rolle des natürlichsprachlichen

und

spielen soll. Wir legen darüber hinaus fest, dass Sätze, die mit diesem Zeichen verknüpft sind, im Kontext unserer Analyse zu vernachlässigende Inhalte haben. Also verwenden wir **Platzhalter (hier: Großbuchstaben)** für solche Sätze. Damit können wir die Form dieser Sätze so angeben:

(1) A&B
(2) B

Abhängigkeitsverhältnis: Wir können nun sagen, dass alles, was diese logische Form aufweist, derart ist, dass die Wahrheit des (1) entsprechenden Satzes die Wahrheit des (2) entsprechenden Satzes garantiert. Wir haben hier noch keine richtige Logik vor uns, aber eine erste Hürde in der Modellbildung ist genommen. Und das Modell ist zumindest teilweise über unseren Gegenstandsbereich, nämlich Sätze, die wahr oder falsch sein können, charakterisiert. Darüber hinaus haben wir eine erste Idee davon, welche Aspekte des Gegenstandsbereichs relevant sind, und welche vernachlässigt werden können.

Es gibt nun viele Arten und Weisen, in denen die Form verschiedener Sätze zu derartigen Abhängigkeitsverhältnissen führen kann, und die verschiedenen Logiken beschäftigen sich mit verschiedenen Arten und Weisen, in denen das geschieht. Im gegenwärtigen Fall haben wir etwa die innere Struktur einfacher Sätze vernachlässigt und uns nur die **Verknüpfung ganzer Sätze** angesehen. Für den gegebenen Zusammenhang reichte das auch aus, aber es mag Zusammenhänge geben, in denen das nicht der Fall ist. Wir können mit diesem intuitiven Vorverständnis das Projekt der Logik charakterisieren:

Zum Begriff

> Das Projekt der Logik besteht darin, (1) die logische Form von Sätzen darzustellen und (2) die wahrheitsrelevanten Beziehungen zwischen diesen Formen zu untersuchen.

Damit lässt sich auch etwas zu einem nach wie vor weit verbreiteten Missverständnis sagen: Die **Logik hat primär nichts mit psychologischen Gesetzen** – weder deskriptiv noch normativ – **zu tun**. Ob also die Logik etwas dazu beitragen kann, zu klären, wie wir tatsächlich denken oder wie wir denken sollten, ist eine Frage, die von der Logik selbst nicht beantwortet werden kann und die auch nicht beantwortet werden muss, um Logik zu betreiben.

2.2 | Logik und Argument

Wir haben nun eine erste Vorstellung davon, was Logiken sind. Es sind Modelle, die bestimmte Strukturen von Teilen der natürlichen Sprache transparent machen sollen. In den uns hier interessierenden Logiken geht es darum, diejenigen Strukturen von Sätzen transparent zu machen, die **relevant für die Wahrheit und Falschheit von Sätzen** sind, und aufgrund derer Sätze in bestimmten Beziehungen zueinander stehen können – wie etwa in der Beziehung, die Wahrheit eines anderen Satzes zu garantieren. Dass es derartige Beziehungen gibt, ist an sich schon ein interessantes Phänomen. Darüber hinaus verweist es auf einen Zusammenhang zwischen Logik und Argumentation, die ja in der Philosophie eine zentrale Rolle spielt.

Güte von Argumenten: Mit manchen Argumenten verhält es sich nämlich so, dass ihre Güte aus Beziehungen resultiert, die mit logischen Mitteln dargestellt werden können. In manchen Fällen garantiert die Wahrheit von Prämissen eines Arguments die Wahrheit der These, für die argumentiert wird. Damit sollte sich zumindest ein praktischer Zusammenhang zwischen Logik und Philosophie abzeichnen: Gelegentlich kann uns die Logik bei der **Beurteilung der Güte von Argumenten** helfen. In diesem Abschnitt werden wir uns etwas genauer mit Argumenten, ihrer Güte und dem Zusammenhang zwischen Logik und Argumenten beschäftigen. Um diesen Zusammenhang genauer zu fassen, bedarf es einiger Hilfsmittel, denen wir uns nun zuwenden wollen.

Sprechen über Sprache: Argumente sind sprachliche Gebilde, und mit dem Reden über eine Sprache ist es so eine Sache. Wir können nämlich **Wörter verwenden** und sie, im Gegensatz dazu, **bloß erwähnen**. Nehmen wir das Wort:

Erde

als Beispiel. Wir können es benutzen oder verwenden, um mit ihm etwas über die Erde zu sagen, z. B. dass sie rund ist; und wir können es erwähnen, um etwas über das Wort selbst zu sagen, z. B. dass es vier Buchstaben hat. Bisher haben wir explizit über ein Wort etwas gesagt, nämlich über das Wort:

und

Hier haben wir das getan, indem wir so etwas wie eine Zeigegeste vollzogen haben. Wir haben einen Doppelpunkt verwendet und das Wort dann eine Zeile weiter aufgeführt. Das jedes Mal zu tun, wenn wir über ein Wort sprechen wollen, ist jedoch recht mühselig. Eine gängige Konvention, die es erlaubt, systematisch zwischen einem Wort in Verwendung und einem Wort, auf das Bezug genommen oder das erwähnt wird, zu unterscheiden, ist die Verwendung von Anführungszeichen.

Verwendung von Anführungszeichen: Ein Anführungsausdruck bezeichnet immer das Zeichen, das sich zwischen den jeweils äußersten Anführungszeichen befindet. Wir legen zusätzlich fest, dass Anführungsausdrücke – Ausdrücke, die durch die Anwendung von Anführungszeichen entstehen – **sich immer auf den Typ beziehen**, von dem das konkrete sprachliche Zeichen, das die Anführungszeichen umschließen, ein Vorkommnis ist, und nicht auf das Vorkommnis selbst. Der Unterschied zwischen Vorkommnissen und Typen ist leicht zu illustrieren. In der folgenden Liste

Vorkommnisse und Typen

- Philosophie
- Logik
- Philosophie

kommen nur zwei Typen von Wörtern vor, aber drei Vorkommnisse. In ähnlicher Weise ist die Antwort auf die Frage, wie viele Buchstaben das Wort »Vorkommnisse« enthält, »12«, wenn Vorkommnisse gezählt werden, aber »9«, wenn nur Buchstaben-Typen gezählt werden. Vorkommnisse werden auch »Instanzen« oder, in Anlehnung an die englische Redeweise, »Token« genannt. Eine Randbemerkung: Wie wir Ausdrücke voneinander unterscheiden, das heißt, nach welchen Kriterien ein Typ sich von anderen Typen unterscheidet, ist keine ausgemachte Sache. Auf einer Ebene, die uns hier nicht interessiert, könnten wir zwischen verschiedenen Schreibweisen (Groß- und Kleinschreibung) oder zwischen verschiedenen Buchstabentypen unterscheiden. Wir wollen aber hier von Worttypen so sprechen, dass ein Worttypus eben als ein **Eintrag im Lexikon einer Sprache** erscheint.

Identität der Buchstabenreihen, die den Ausdruck bilden, kann dafür nicht hinreichend sein, denn dieselben Buchstabenkombinationen können unterschiedliche Bedeutungen haben, also mehrdeutig sein, wie etwa im Deutschen der Ausdruck »Bank«. Sie können sogar verschiedenen Wortgruppen angehören, die wir in der Logik unterscheiden wollen. So können wir beispielsweise zwischen der Verwendung von »weiß«, als Adjektiv, das sich auf eine Farbe bezieht, und der Verwendung als Verb, das sich auf einen epistemischen Zustand bezieht, unterscheiden. Also sollten wir folgende vorläufige Charakterisierung angeben: Sprechen wir über Worttypen, so meinen wir **Wörter in einer bestimmten Verwendungsweise**. Damit haben wir unser erstes Ziel erreicht: Indem wir Anführungszeichen in diesem Sinne verwenden, können wir über Sprache sprechen.

Definition

> Das Resultat einer **Anwendung von Anführungszeichen** auf einen Ausdruck bezeichnet genau den Ausdruckstyp in einer bestimmten Verwendung, von dem der Ausdruck ein Vorkommnis ist.

Was ist ein Argument? Da wir nun einige Hilfsmittel haben, um über Sätze und andere Ausdrücke des Deutschen zu sprechen, können wir etwas genauer auf den Zusammenhang von Logik und Argumentation eingehen. Betrachten wir dazu ein Argument (Stump/Kretzmann 1998, 192):

Beispiel

(2) Ein vollkommenes Wesen weiß alles.
(3) Ein Wesen, das alles weiß, weiß stets, welcher Zeitpunkt gegenwärtig ist.
(4) Ein Wesen, das stets weiß, welcher Zeitpunkt gegenwärtig ist, unterliegt der Veränderung.
(5) Ein vollkommenes Wesen unterliegt der Veränderung.

In diesem Argumentationsfragment können wir **verschiedene Rollen der Sätze** unterscheiden. Die Sätze (2) bis (4) etwa sollen Satz (5) stützen. Hinsichtlich dieser Rollen können wir Sätze in Argumenten unterscheiden. Die ersten Sätze nennen wir mit Hinblick auf diese Rollen **Prämissen**, den letzten Satz **Konklusion**. Es ist wichtig zu beachten, dass Sätze innerhalb eines Arguments sowohl die Rolle einer Prämisse als auch die einer Konklusion spielen können. Vollständig lautet das Argument wie folgt:

Beispiel

(1) Ein vollkommenes Wesen unterliegt keiner Veränderung.
(2) Ein vollkommenes Wesen weiß alles.
(3) Ein Wesen, das alles weiß, weiß stets, welcher Zeitpunkt gegenwärtig ist.
(4) Ein Wesen, das stets weiß, welcher Zeitpunkt gegenwärtig ist, unterliegt der Veränderung.
(5) Ein vollkommenes Wesen unterliegt der Veränderung.
(6) Ein vollkommenes Wesen ist kein vollkommenes Wesen.
(7) Es gibt kein vollkommenes Wesen.

Hier spielt Satz (5) sowohl die Rolle einer Konklusion (geschlossen aus (2)–(4)), als auch die Rolle einer Prämisse, nämlich zusammen mit Satz (1) für Satz (6). Der Zusammenhang zwischen Prämissen und Konklusionen ist, wie erwähnt, dieser: Die **Prämissen sollen die Konklusion stützen**. Eine Möglichkeit (und zwar eine ziemlich gute), das zu tun, besteht darin, dass die Wahrheit der Prämissen die Wahrheit der Konklusion verbürgt oder garantiert. Ein Weg, ein gutes Argument zu bauen, könnte also darin bestehen, Prämissen zu verwenden, deren Wahrheit die Wahrheit der Konklusion garantieren würde. Wie wir gesehen haben, ist das eine derjenigen Eigenschaften von Sätzen, die wir mit logischen Mitteln transparent machen wollen. Ein solches Stützungsverhältnis findet sich jedoch nicht in allen guten Argumenten. In dem folgenden Argument garantiert die Wahrheit der Prämissen nicht die Wahrheit der Konklusion:

Beispiel

(1) Klaus ist Student.
(2) Alle Studenten, die ich kenne, befinden sich zwischen dem 1. und dem 35. Semester.
(3) Klaus befindet sich zwischen dem 1. und dem 35. Semester.

Es gibt also Argumente, die zwar ganz gut sein können, die aber ihre Güte nicht aus der oben charakterisierten logischen Beziehung zwischen Prämissen und Konklusion ziehen. Wir können auch sagen: Dass etwas ein gutes Argument ist, ist **nicht hinreichend** dafür, dass die Wahrheit der Prämissen die Wahrheit der Konklusion garantiert. Außerdem kann diese Beziehung vorliegen, ohne dass wir von einem Argument sprechen würden:

Beispiel

(1) Klaus ist Student.
(2) Klaus ist Student

Das ist beim besten Willen **kein Argument, im alltagssprachlichen Sinn** des Wortes. Aber dennoch stützt die Wahrheit von (1) die Wahrheit von (2). Zumindest diese logische Beziehung ist also nicht hinreichend dafür, um zwei Sätze, die in dieser Beziehung zueinander stehen, als Argument auszuzeichnen. Und so viel sei schon hier verraten: Die Logik hilft da überhaupt nicht weiter. Es gibt also sprachliche Gebilde, die die logische Struktur mancher Argumente haben, aber keine Argumente sind, und Argumente, die (gute) Argumente sind, obwohl sie nicht die logische Struktur von Argumenten haben. Dennoch wollen wir hier, wie das in der Logik üblich ist, eine Terminologie übernehmen, die über diese Unterschiede hinwegtäuscht: Wir werden auch den Übergang von einem Satz zu sich selbst als »Argument« bezeichnen. Gelegentlich werden wir, um diese besondere Redeweise deutlich zu machen, auch von »logischen Argumenten« sprechen – in all den Fällen, in denen es uns nicht um ein Argument im alltagssprachlichen Sinne geht. Wir können also sagen, dass etwas eine Prämisse in einem Kontext für eine Konklusion ist, wenn die Prämisse ein Satz ist, der in diesem Kontext zur Stützung der Konklusion verwendet wird.

Eine Charakterisierung von Argumenten, die aus Prämisse(n) und Konklusion(en) bestehen, könnte also so aussehen:

Zum Begriff

Ein **Argument** ist eine Gruppe von Sätzen, welche mindestens zwei Untergruppen von Sätzen (mit gegebenenfalls lediglich einem Mitglied) miteinander verbindet (nämlich die Gruppe der Prämissen mit der Gruppe der Konklusionen); die Verbindung zwischen den beiden Gruppen besteht darin, dass in dem Kontext dieses Argumentes die Prämissen die Konklusionen stützen sollen.

Das sind **Charakterisierungen, die noch an ein alltägliches Verständnis von Argumentation anschließen**. Was als Argument gilt, hängt vom Kontext der Verwendung ab und dem beabsichtigten Stützungsverhältnis. Für die Zwecke der Logik kann es jedoch hilfreich sein, **vom Kontext zu abstrahieren**. Was als Prämisse und was als Konklusion eines Arguments gilt, und auch was ein Argument ist, soll vollkommen unabhängig von unseren Absichten oder einer konkreten Verwendung festgelegt werden.

Warum wir einen solchen Begriff brauchen, kann man sich ggf. daran klarmachen, dass der Zusammenhang, dass die Wahrheit eines Satzes die eines anderen garantiert, auch unabhängig von unseren Absichten und dergleichen besteht.

Mengen: Und wir müssen uns noch weiter von einem alltäglichen Verständnis des Argumentbegriffs entfernen: Aus technischen Gründen ist es wichtig, **Argumente ohne Prämissen** zuzulassen (das brauchen wir später für Sätze, die nicht falsch sein können, und die daher bereits ohne Prämissen schon ›gestützt‹ sind; s. Kap. 7.2). Eine Möglichkeit, das zu tun, besteht darin, Argumente im Sinne der Logik als Mengen aufzufassen, die aus zwei Elementen bestehen: einer ggf. leeren Menge von Sätzen und einem Satz. Der einzelne Satz ist die Konklusion, die Elemente der Menge, die Element des Arguments ist, sind die Prämissen. Zur Bezeichnung von Mengen verwenden wir Mengenklammern »}« und »{«.

Beispiel

Im folgenden Beispiel für ein Argument im logischen Sinne sind p und q die Prämissen, r ist die Konklusion:
$\{\{p, q\}, r\}$

Wir können also Argumente als Mengen beschreiben, und wir können die Ausdrücke »Prämisse« und »Konklusion« in diesem technischen Sinne charakterisieren: Die Konklusion ist Element des Arguments, während die Prämissen Elemente der Menge sind, die selbst Element des Arguments ist. Das Argument als Menge zu klassifizieren ist das technische ›Echo‹ der Idee, ein Argument als »Gruppe von Sätzen« zu bezeichnen (s. o.), und die zwei Gruppen (Prämissen und Konklusionen), von denen oben die Rede war, finden sich hier ebenfalls wieder: Ein Argument besteht aus genau zwei Elementen, einer (potentiell leeren) Menge und einem Satz.

Definition

Etwas ist ein Argument genau dann, wenn es eine Menge ist, die zwei Elemente hat: einen Satz (genannt »Konklusion«) und eine Menge, die entweder leer ist oder ebenfalls Sätze (genannt »Prämissen«) als Elemente enthält.

Wenn wir Argumente aufschreiben, wird es allerdings hilfreich sein, die Prämissen etwas zu ordnen und mit Zahlen zu versehen, die es uns erlauben, auf die einzelnen Prämissen Bezug zu nehmen. Zusätzlich kann es sinnvoll sein, die Konklusion als solche auszuzeichnen. Wir werden daher Argumente als Gruppen von Sätzen aufschreiben und Konklusionen in einem Argument markieren.

Konvention

Argumentnotation: Wir schreiben Prämissen und Konklusionen untereinander, wobei pro Zeile ein Satz steht. Prämissen und Konklusionen werden fortlaufend nummeriert ((1), (2), ...). Vor eine Konklusion schreiben wir das Zeichen »∴«.

Wir können hier das oben angegebene Argument bzw. die Argumente, denn es gibt ja mehrere Konklusionen, wie folgt strukturieren:

Beispiel

(1) Ein vollkommenes Wesen unterliegt keiner Veränderung.
(2) Ein vollkommenes Wesen weiß alles.
(3) Ein Wesen, das alles weiß, weiß stets, welcher Zeitpunkt gegenwärtig ist.
(4) Ein Wesen, das stets weiß, welcher Zeitpunkt gegenwärtig ist, unterliegt der Veränderung.
(5) ∴ Ein vollkommenes Wesen unterliegt der Veränderung.
(6) ∴ Ein vollkommenes Wesen ist kein vollkommenes Wesen.
(7) ∴ Es gibt kein vollkommenes Wesen.

Schlüssigkeit und Gültigkeit: Nun können wir unsere Überlegung zur Wahrheitsabhängigkeit zwischen verschiedenen Sätzen aus Kapitel 2.1 auf diesen Argumentbegriff anwenden und damit die Begriffe der Gültigkeit und der Schlüssigkeit definieren:

Definition

Ein Argument ist **gültig** genau dann, wenn es aus Prämissen und Konklusion derart besteht, dass die Wahrheit der Prämissen die Wahrheit der Konklusion garantiert.

Nun ist auch folgendes Argument gültig:

Beispiel

(1) Alle Menschen sind Mathematiker.
(2) Mathematiker werden niemals Logik verstehen.
(3) ∴ Kein Mensch wird jemals Logik verstehen.

Hier wird von offensichtlich falschen Prämissen zu einer falschen Konklusion übergegangen. Dennoch ist das Argument gültig: unter der Annahme der Wahrheit der Prämissen muss auch die Konklusion wahr sein. Wir brauchen, um gute logische Argumente von bloß gültigen logischen Argumenten zu unterscheiden, einen weiteren Begriff: den der Schlüssigkeit.

Definition

Ein Argument ist **schlüssig** genau dann, wenn es gültig ist und alle seine Prämissen wahr sind.

Das schließt zumindest Fälle wie den gerade genannten aus. Wir wollen hier noch eine Festsetzung treffen, die der Vereinheitlichung der Sprechweise dient und die, wie wir später in Kapitel 6.3.4 sehen werden, im Rahmen gewisser Logiken durchaus sinnvoll ist. Oben hatten wir gesagt, dass zum Gegenstand der Logik alle Sätze gehören, die wahr oder falsch sind. Wir wollen das nun etwas enger ziehen und sagen, dass alle Aussagen den Gegenstand der Logik ausmachen, wobei der Begriff der Aussage so definiert ist:

Definition

> Etwas ist eine **Aussage** genau dann, wenn es entweder wahr oder falsch ist.

2.3 | Deduktive und induktive Argumente

Manche Argumente sollen ihre Güte aus logischen Beziehungen zwischen den Prämissen und den Konklusionen ziehen – sie sind (unter anderem deshalb) gut, weil sie gültig sind. Andere Argumente verhalten sich da anders. Es gibt verschiedene Arten und Weisen, Argumente voneinander zu unterscheiden. Eine klassische Unterscheidung ist die zwischen deduktiven und induktiven Argumenten. Dabei gibt es zwei konkurrierende Verwendungen der Ausdrücke »deduktives« und »induktives Argument«. Zunächst kann man das so verstehen, dass deduktive Argumente solche sind, **in denen vom Allgemeinen aufs Besondere geschlossen wird**, während im Falle induktiver Argumente **vom Besonderen aufs Allgemeine** geschlossen wird. Das ist eine etwas schwammige Unterscheidung, aber sie ist manchmal recht hilfreich, um verschiedene Zusammenhänge zwischen Prämissen und Konklusionen zu erhellen. Ein deduktives Argument wäre etwa:

Beispiel

Deduktives Argument

(1) Alle Griechen sind Philosophen.
(2) Sokrates ist Grieche.
(3) ∴ Sokrates ist Philosoph.

Ein induktives Argument könnte wie folgt aussehen:

Beispiel

Induktives Argument

(1) Die erste Bohne in der Verpackung ist verschimmelt.
(2) Die zweite Bohne in der Verpackung ist verschimmelt.
(3) Die dritte Bohne in der Verpackung ist verschimmelt.
(4) Die vierte Bohne in der Verpackung ist verschimmelt.
(5) ∴ Alle Bohnen in der Verpackung (ca. 100 Bohnen) sind verschimmelt.

Interessanterweise haben wir es im ersten Fall mit einem gültigen Argument zu tun, im zweiten Fall hingegen nicht. Das deckt sich mit einer anderen Verwendung der Ausdrücke »induktiv« und »deduktiv«, nach der **deduktive Argumente logisch gültige Argumente** sind, während induktive Argumente solche sind, bei denen zwar ein **Stützungsverhältnis** zwischen Prämissen und Konklusionen bestehen soll, die Wahrheit der Prämissen jedoch nicht die Wahrheit der Konklusion garantiert. In der zuerst genannten Verwendungsweise der Ausdrücke wird nichts über die Art des Stützungsverhältnisses gesagt. Das Argument

Beispiel

(1) Alle Personen dieser Gruppe stehen oder sitzen, wobei ein Großteil von ihnen steht.
(2) Peter gehört zu dieser Gruppe.
(3) ∴ Peter steht.

ist dem Bohnenargument insofern ähnlich, als dass die Wahrheit der Prämissen die Wahrheit der Konklusion nicht garantiert. Aber es ist (in der zuerst genannten Verwendung) ein deduktives Argument. Es wird vom Allgemeinen aufs Besondere geschlossen. Dennoch ist es nicht logisch gültig. Hier noch ein Beispiel für ein (zumindest auf den ersten Blick) induktives Argument, bei dem vom Besonderen aufs Allgemeine geschlossen wird, das logisch gültig ist:

Beispiel

(1) Peter ist Grieche.
(2) Aristoteles ist Grieche.
(3) Aristoteles und Peter bilden die Gruppe G.
(4) ∴ Alle Mitglieder der Gruppe G sind Griechen.

Das sollte zumindest ein Problembewusstsein für die Verwendung der Ausdrücke »induktiv« und »deduktiv« schaffen.

Nun ist es an der Zeit, systematisch vier verschiedene Aspekte voneinander zu unterscheiden, die einer Logik zukommen, und deren gesonderte Betrachtung im Rahmen eines Philosophiestudiums gleichermaßen gerechtfertigt scheint.

2.4 | Logik und Philosophie

Logik als Werkzeug: Zunächst soll der Aspekt genannt werden, den man als »Logik für die Philosophie« bezeichnen könnte. Hier ist die Logik ein Werkzeug für die Philosophie. Wollen wir das Geschäft der Philosophie wenigstens halbwegs vernünftig betreiben, so müssen wir eine **Idee davon bekommen, was ein gutes Argument ist**. Wie sich mit dem bislang gewonnenen Vokabular leicht zeigen lässt, sind manche guten Argumente solche, die ihre Güte aus den logischen Eigenschaften ihrer Komponenten ziehen.

Man sollte dabei folgendes Prinzip im Kopf behalten: Es gilt weder, dass jedes gültige logische Argument ein gutes Argument im philosophischen oder alltäglichen Sinne ist, noch gilt, dass jedes gute Argument im philosophischen oder alltäglichen Sinne seine Güte aus den logischen Eigenschaften seiner Komponenten zieht.

Schnittmenge der Bereiche des guten Arguments und der Logik

Die Bereiche des guten Arguments und der Logik haben eine kleine, aber hoch interessante Schnittmenge. Damit hat ein Teil der Logik sekundär mit manchen Argumenten im philosophischen oder alltagssprachlichen Sinn etwas zu tun, denn manche logischen Argumente sind Argumente in diesem Sinne, und insofern **kann ein Teil der Logik** zumindest einen Teil des rationalen Argumentierens und damit auch zumindest **einen Teil des rationalen Denkens darstellen**. Zusätzlich ermöglicht uns die formale Sprache der Logik, Mehrdeutigkeiten der natürlichen Sprache zu erkennen und explizit zu machen, und damit **größere Transparenz in Argumentationen zu bringen**. Kompetenz in der Logik hilft darüber hinaus vor allem dabei, **Argumente zu kritisieren**. Das kann auf zweierlei Art und Weise geschehen. Zunächst werden gelegentlich Folgerungsbehauptungen aufgestellt, die sich bei genauerem Hinsehen als falsch herausstellen. Darüber hinaus erleichtert einem ein logisches Training, versteckte Annahmen in Argumentationen des Gegenübers zu identifizieren. Manchmal werden nämlich Prämissen unterschlagen, die aber notwendig sind, um die behauptete Konklusion zu stützen. Werden diese Annahmen transparent gemacht, so kann eine zunächst plausibel scheinende Argumentation sich schnell als brüchig herausstellen.

Logik als Gegenstand philosophischer Debatten

Philosophie der Logik: Aus einer anderen Perspektive wird die Logik selbst Gegenstand philosophischer Debatten. Wenn wir eine Logik beschreiben, dann beschreiben wir sie in verschiedenen Hinsichten: Wir beschreiben sie hinsichtlich ihres Vokabulars, der syntaktischen Beziehungen, die zwischen den Ausdrücken der Logik bestehen und hinsichtlich der Wahrheit bzw. Falschheit oder, allgemeiner, hinsichtlich der semantischen Werte, welche diese Ausdrücke annehmen können. (Um einem potentiellen Missverständnis vorzubeugen: Der Ausdruck »semantischer Wert« orientiert sich an der Rede eines »Wertes« einer Funktion, oder eines Messwertes und hat nichts mit moralischen oder ethischen Werten zu tun.) Damit gehen wir **bestimmte Festlegungen** ein **hinsichtlich des Zusammenhangs von Syntax und Semantik**, hinsichtlich dessen, was ein semantischer Wert ist und was überhaupt als semantischer Wert betrachtet werden kann. Außerdem wollen wir, dass unsere Logiken **in einer bestimmten Beziehung zur Alltagssprache** stehen – sie sollen uns die der Alltagssprache zugrunde liegenden Strukturen (idealisiert) verstehen helfen. All diese Begriffe und Beziehungen geben selbst Anlass zu philosophischen Diskussionen. Nehmen wir eine entsprechende Perspektive auf die Logik ein, machen wir sie also zum Gegenstand philosophischer Diskussionen, so betreiben wir Philosophie der Logik.

Geschichte der Logik: Der dritte Aspekt besteht in einer historischen Perspektive. Sowohl die **Entwicklung der Logik als auch die Philosophie der Logik** haben eine lange Geschichte. Und da sich die Logik nicht ohne gewisse Absichten entwickelt, haben die sich im Laufe der Zeit wandelnden Absichten auch zu unterschiedlichen Logiken geführt, die für unterschiedliche Zwecke mehr oder weniger gut geeignet sind. Da die Logik traditionell Teil der Philosophie ist, und das Philosophiestudium auch den Aspekt der Philosophiegeschichte umfasst, bildet die Geschichte der Logik einen Teil eines solchen Studiums.

Eine Sprache lernen: Der vierte Aspekt nun ist eng mit den ersten drei Perspektiven verknüpft: Wir können eine Logik einfach lernen. Das heißt, dass wir eine Sprache lernen und mit dieser Sprache arbeiten. Das ist Voraussetzung dafür, eine der anderen Perspektiven erfolgreich einnehmen zu können. Im Unterschied zur ersten Perspektive, aus der die Logik als Werkzeug für philosophisches Argumentieren betrachtet wird, ist das Erlernen einer **Logik kein spezifisch philosophisches Unterfangen**. Auch wird beim Erlernen einer Logik die Logik nicht selbst philosophisches Thema, ebenso wenig wie dafür ihre Geschichte thematisiert werden muss.

Auf alle vier Aspekte wird hier immer wieder verwiesen werden, wenn diese Aspekte den Fortgang des Buches auch in unterschiedlichem Maße bestimmen werden. Die Philosophie der Logik (Aspekt 2) setzt beispielsweise eine gewisse Kenntnis der Logik voraus, so dass erst einmal ein rudimentäres Verständnis bestimmter Logiken geschaffen werden muss (Aspekt 4). Entsprechend wird Aspekt 2 am wenigsten Beachtung finden. Der dritte Aspekt wird in eigenen Abschnitten angesprochen werden, etwa im Zusammenhang mit der Aristotelischen Logik (Kap. 14). Das Ziel dieses Buches besteht darin, die Grundlagen zu legen, um zwei Logiken zu erlernen (Aspekt 4), immer mit Blick auf die Relevanz der Logik für das erfolgreiche philosophische Argumentieren (Aspekt 1).

Literatur

Stump, Eleonore/Kretzmann, Norman: »Ewigkeit«. In: Christoph Jäger (Hg.): *Analytische Religionsphilosophie*. Paderborn 1998, S. 161–195.

3 Grundlagen der Aussagenlogik

Im Folgenden soll es darum gehen, das Verständnis der Logik weiter zu vertiefen. Wie schon erwähnt, sind Logiken selbst Sprachen. Hier wollen wir in eine solche Sprache einführen, und zwar in die Sprache der sogenannten **Aussagenlogik (»AL«)**. Wenn wir uns einem Gegenstand wie einer Sprache nähern wollen, dann müssen wir ihn irgendwie beschreiben. Eine (künstliche, formale) **Sprache kann man in drei Hinsichten beschreiben**:

- hinsichtlich der Zeichen, die in ihr Verwendung finden (**Vokabular**),
- hinsichtlich der Regeln, nach denen diese Zeichen verknüpft werden (**Syntax**) und
- hinsichtlich der Bedeutung, die diese Zeichen haben (**Semantik**).

In diesem Kapitel werden wir uns mit Vokabular und Syntax beschäftigen, bevor wir im nächsten Kapitel auf die Semantik dieser Sprache zu sprechen kommen. Wir werden aber schon jetzt, nach einigen einleitenden Worten dazu, wie eine Sprache gebaut wird, auf semantische Überlegungen Bezug nehmen – schließlich sind es diese, die die Zusammensetzung des Vokabulars und die Regeln auf syntaktischer Ebene leiten werden. Wir wollen mit der Sprache etwas aussagen, und insofern muss die Sprache dem, was wir aussagen wollen, angemessen sein.

Zurück zum **Modellcharakter** einer Logik: Die Sprache einer Logik soll auf syntaktischer Ebene eine Reihe von Strukturen ihres Gegenstandsbereichs transparent machen. Sie soll, ggf. idealisiert, Strukturen oder Formen aufzeigen, die wir auch in der natürlichen Sprache finden, und die unter anderem dafür verantwortlich sind, dass, unabhängig vom Inhalt des Gesagten, Beziehungen wie diese bestehen können: dass die Wahrheit eines Satzes die Wahrheit eines anderen Satzes garantieren kann.

Zusätzliches Material finden Sie im Kapitel »Grundlagen der Aussagenlogik« des Online-Kurses.

Zusatzmaterial online

3.1 | Schematische Ausdrücke

Sehen wir uns zu Beginn noch einmal das Beispiel aus dem vorangegangen Kapitel an.

Beispiel Die Wahrheit des Satzes:

(1) Aristoteles ist Grieche und Platon ist Grieche.

verbürgt die Wahrheit des folgenden Satzes:

(2) Platon ist Grieche.

Entsprechend ist folgendes Argument gültig:

Beispiel (1*) Aristoteles ist Grieche und Platon ist Grieche.
(2*) ∴ Platon ist Grieche.

Wir hatten schon bemerkt, dass die einzelnen Sätze (»Aristoteles ist Grieche«, »Platon ist Grieche«) bei der Frage, warum dieses Argument gültig ist, keine Rolle spielen. Es scheint vielmehr lediglich an der **Struktur des Arguments** zu liegen. Wann immer wir zwei Sätze mit einem »und« verknüpfen und als Prämisse für eine Konklusion verwenden, die identisch mit einem dieser Sätze ist, so erhalten wir ein gültiges Argument. Es ist also sinnvoll, die Sätze durch irgendeinen neutralen Ausdruck zu ersetzen, um die relevante Struktur zu charakterisieren. Wir abstrahieren von der Bedeutung der Sätze »Aristoteles ist Grieche« und »Platon ist Grieche«, indem wir Großbuchstaben vom Anfang des Alphabets an ihrer Stelle als **Schemabuchstaben** verwenden. So erhalten wir ein **Argumentschema**:

Beispiel (1) A und B.
(2) ∴ B.

Bei der Bildung dieses Argumentschemas haben wir Schemabuchstaben verwendet. Dieses Argumentschema selbst hat keine eigentliche Bedeutung – es ist nicht Teil einer Sprache. Es gibt bloß die **Struktur bedeutungstragender Gegenstände** (wie etwa der Sätze »Aristoteles ist Grieche« und »Platon ist Grieche«) an. Das folgende Schaubild verdeutlicht den Zusammenhang zwischen natürlicher Sprache und einem durch Abstraktion gewonnenen Schema:

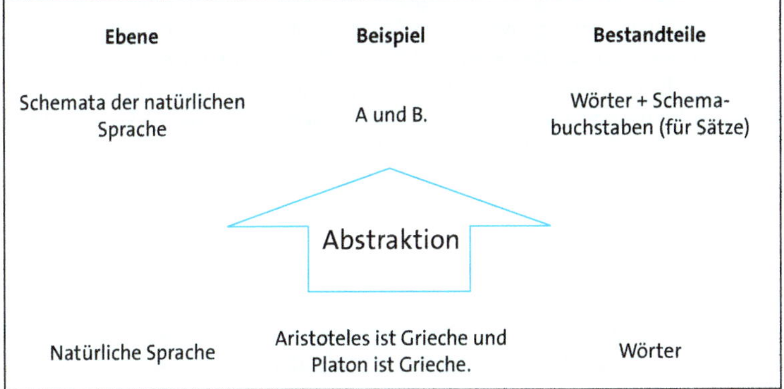

Wir verwenden hier Großbuchstaben, könnten aber auch beliebige andere Zeichen verwenden und das Schema zum Beispiel so angeben: ☺ und ☯. Die Zeichen selbst spielen keine Rolle – ihre Funktion erschöpft sich darin, **vom Inhalt des auf der Ebene natürlicher Sprache Gesagten zu abstrahieren**.

Hier die entsprechenden Definitionen:

> Etwas ist ein schematischer Ausdruck genau dann, wenn es mindestens ein nicht bedeutungstragendes Element enthält, das nicht Teil eines bedeutungstragenden Elements ist, und es eine Regel gibt, die für jedes dieser Elemente angibt, welche Ausdrücke für sie eingesetzt werden dürfen, damit aus dem gesamten Ausdruck ein bedeutungstragender Ausdruck entsteht.

Definition

Die Regel hatten wir oben implizit angegeben: Die **Schemabuchstaben sollen für Sätze stehen**. Damit wissen wir nun, wie wir eine sogenannte Instanz des Schemas generieren können:

> Etwas ist die Instanz eines Schemas genau dann, wenn es durch regelkonformes Ersetzen der schematischen Ausdrücke aus dem Schema gewonnen werden kann, wobei gleiche schematische Ausdrücke durch Gleiches ersetzt werden.

Definition

Diese Redeweise ist dadurch motiviert, dass wir **einzelne Schemata als Beschreibungen von Strukturtypen** auffassen können. Nun sind Instanzen von Schemata keine konkreten Vorkommnisse auf dem Papier, sondern ihrerseits Typen. Das auf der Seite 24 angegebene Argument etwa ist eine Instanz des Schemas, und diese eine Instanz ist in diesem Buch bislang dreimal aufgetaucht (s. auch Kap. 2).

Bezeichnung von Schemata: Nun handelt es sich bei dem oben angegebenen Schema um ein Argumentschema. Um zu bestimmen, welcher

Art ein Schema ist, soll hier folgende Konvention zur Generierung von Bezeichnungen für Schemata vereinbart werden: Wir benennen ein Schema nach der Art der Ausdrücke, zu denen die Instanzen des Schemas gehören. Ein Schema, dessen Instanzen Argumente sind – bei denen wir also Argumente erhalten, wenn wir die Schemabuchstaben korrekt ersetzen – heißt also **Argumentschema**. Entsprechend ist ein **Aussagenschema** ein Schema, dessen Instanzen Aussagen sind. Diese Konvention ist recht liberal: Wir erlauben alle möglichen Charakterisierungen in den Bezeichnungen für Schemata. Während etwa ein **Satzschema unbestimmt** lässt, ob die Instanzen entweder wahr oder falsch sind, verlangt ein Aussagenschema, dass seine Instanzen entweder wahr oder falsch sind (wir hatten ja oben gefordert, dass eine Aussage entweder wahr oder falsch sein muss). Wir müssen nur darauf achten, welche Regel wir zur Ersetzung der Schemabuchstaben angeben und wie sich daraus die Instanzen der komplexen schematischen Ausdrücke ergeben, damit wir wissen, um was für ein Schema es sich handelt. Wir haben nun also eine Möglichkeit, die logische Form von Sätzen anzugeben. Die Grundidee, die wieder an den **Modellcharakter einer Logik** erinnert, lässt sich dabei intuitiv wie folgt formulieren: Wir abstrahieren von unwichtigem Material und beschränken uns aufs Wesentliche.

Beschränkung aufs Wesentliche

Daher sollten wir auch an dieser Stelle die etwas ungenaue Sprechweise aus Kapitel 2 präzisieren: Es geht uns im Folgenden eigentlich nicht um Argumente, sondern um Argumentschemata, da wir uns ja gerade für die **Stützungsverhältnisse** interessieren, die **unabhängig von den Inhalten** bestehen. Wir werden daher an dieser Stelle eine etwas andere Definition von Gültigkeit einführen, die auf Argumentschemata angewendet wird. Außerdem werden wir die Idee des Stützungsverhältnisses etwas technischer fassen, indem wir fordern, dass die Wahrheit der Prämissen die Wahrheit der Konklusion garantiert. Und das geht am einfachsten, wenn wir ausschließen, dass die Prämissen wahr sein können und gleichzeitig die Konklusion falsch.

Definition

> Ein Argumentschema ist gültig genau dann, wenn es unmöglich ist, dass die Prämissen zusammen wahr sind und die Konklusion gleichzeitig falsch ist.

3.2 | Die Idee einer formalen Sprache: Vokabular und Syntax

Eine ähnliche Strategie wie bei der Generierung von Schemata können wir nun auch bei der **Einführung der Sprache einer Logik** verfolgen. Die Logik soll ja logische Formen zugänglich machen, und genau das hat unser Argumentschema ja auch getan. Allerdings werden wir bei der Entwicklung einer Logik anders vorgehen. Eine Logik ist selbst eine Sprache. Eine Sprache ist vollständig charakterisiert durch das Vokabular, das sie enthält, durch die syntaktischen Regeln, die uns erklären, wie eine solche Sprache aufgebaut wird, und durch eine Semantik, die angibt, was die Elemente der Sprache bedeuten. Werfen wir zunächst einen Blick auf Vokabular und Syntax.

Zunächst einmal gilt: Wir können Vokabular und Syntax, und damit eine Sprache, **so bauen wie wir möchten**. Wir können etwa festlegen, dass eine Sprache S wie folgt charakterisiert ist, wobei wir uns eben nicht für die Bedeutung der Zeichen bzw. des Vokabulars der Sprache interessieren:

Beispiel

Eine Sprache

Vokabular
L
*

Syntax
Es gelte,

(1) dass »L*« eine wohlgeformte Formel von S ist und
(2) dass sonst keine Folge von Zeichen von *s* eine wohlgeformte Formel von S ist.

»Ist eine wohlgeformte Formel einer Sprache« ist dabei ein Ausdruck, der die Eigenschaft ausdrückt, wirklich Teil der Sprache zu sein und nicht lediglich ein willkürlich aus Teilen der Sprache zusammengewürfeltes Etwas. So können wir sagen, dass die Zeichenfolge »Schema Zahl gelb Schema« kein Satz des Deutschen ist. Es ist überhaupt gar kein Ausdruck der deutschen Sprache, obwohl er aus Ausdrücken, die Teile des Deutschen sind, zusammengesetzt ist. Diese letzte Bedingung ist hinreichend, um den Ausdruck als »Formel« des Deutschen zu bezeichnen.

Definition

> Etwas ist eine Formel einer Sprache genau dann, wenn es eine Folge von Zeichen ist, die Elemente des Vokabulars dieser Sprache sind.

In unserer neuen Terminologie ist dieser Satz aber keine **wohlgeformte Formel** des Deutschen. Im Falle einer neuen Sprache müssen wir also immer genau bestimmen, welche Kombinationsmöglichkeiten von Zeichen erlaubt sind und welche nicht, um einen echten, wohlgeformten Ausdruck der Sprache zu erhalten. Da wir es sind, die diese neue Sprache entwickeln, sind uns da alle Freiheiten gegeben. Halten wir zunächst fest:

Definition

> Etwas ist eine wohlgeformte Formel einer Sprache genau dann, wenn es eine Formel dieser Sprache ist, die sich den syntaktischen Regeln dieser Sprache konform verhält.

Wir haben nun also das Vokabular und die Syntax von S angegeben. Noch einmal: Das dient **nur zur Illustration, was es heißt, eine Sprache zu generieren**. Als Modell für interessante Strukturen der natürlichen Sprache taugt die in diesem Abschnitt entwickelte Sprache überhaupt nicht. Wir müssen also, um eine Sprache zu entwickeln, die als relevantes Modell der natürlichen Sprache dienen kann, geschickter vorgehen.

3.3 | Vokabular und Syntax von AL

Konstruktion einer sinnvollen Sprache: Wir wollen nicht beliebige Sprachen konstruieren, sondern die konstruierten Sprachen sollen auch sinnvoll sein. Im gegenwärtigen Fall wollen wir eine Sprache entwickeln, die es uns erlaubt, bestimmte **Strukturen der natürlichen Sprache** widerzuspiegeln, und zwar Strukturen, die von Sätzen, die auf bestimmte Art und Weise verknüpft sind, instanziiert werden. Wie wir im obigen Schaubild Schemabuchstaben für Aussagen eingeführt hatten, sollten wir nun **Ausdrücke** in unsere Sprache aufnehmen, **die einen direkten Vergleich zwischen Aussagen der natürlichen Sprache und unserer Logik erlauben**. Dazu brauchen wir Ausdrücke, die bei einem solchen Vergleich für Aussagen stehen können. Es ist sinnvoll, das recht einheitlich zu handhaben, und nicht etwa zu erlauben, dass Aussagen durch Ziffern, Buchstaben, Rauten usw. vertreten werden können. Das ist aber lediglich ein didaktischer oder psychologischer Punkt, kein inhaltlicher. Die Logik, deren Vokabular wir nun zu beschreiben beginnen, heißt »AL« (»Aussagenlogik«).

Wir wollen hier festlegen, dass die folgenden Zeichen die Rolle von Aussagen in AL spielen:

Beispiel

Zeichen für Aussagen

p, q, r ... (ggf. auch mit Ziffernsubskript: p_1, p_2 ...)

Zu beachten ist, dass diese Zeichen, unsere Satzbuchstaben, **keine Schemabuchstaben** sind! Wir hatten definiert, dass etwas nur dann ein Schemabuchstabe ist, wenn es von einer Regel begleitet wird, die uns Möglichkeiten der Substitution (Ersetzung) angibt. Zeichen wie »p«, »p_1« und »q« spielen in AL eine Rolle, die der von Sätzen in der natürlichen Sprache ähnelt. Anders als Schemabuchstaben sind die Zeichen der Logik selbst Teil einer Sprache. Allerdings haben sie mit Schemabuchstaben eine Gemeinsamkeit: Sie haben ohne Interpretation (s. Kap. 4) erst einmal keine Bedeutung in AL.

Anders verhält sich das mit anderen Zeichen. Würden wir etwa die Teilsätze der Prämisse unseres Platon-Aristoteles-Arguments mit einem »oder« anstatt eines »und« verbinden, so wäre das entsprechende Argument nicht gültig. Die Wahrheit eines Satzes der Form »A oder B« garantiert nicht die Wahrheit der entsprechenden Teilsätze. Es liegt nun auf der

Hand, dass wir, wenn wir in der Lage sind, diese und ähnliche Zeichen ordentlich zu beschreiben, **Argumentstrukturen** angeben können, die für die Gültigkeit (oder auch die Ungültigkeit) der Argumente verantwortlich sind, unabhängig vom Inhalt der durch Ausdrücke wie »und« und »oder« verknüpften Teilsätze.

Junktoren

Logische Konstanten: Während wir also im Kontext bestimmter Argumente vom Inhalt von Sätzen (wie »Aristoteles ist Grieche« und »Platon ist Grieche«) absehen können, gibt es andere **Zeichen, deren Inhalt durchaus von Belang ist für die Strukturen**, für die wir uns interessieren. In gewissem Sinne lassen diese Zeichen, deren Bedeutung relevant ist, diese Strukturen erst entstehen. Warum diese Zeichen relevante natürlichsprachliche Strukturen entstehen lassen, werden wir erst beantworten können, wenn wir über ihre Bedeutung sprechen. Man kann der Einführung in die Syntax von AL in diesem Abschnitt nicht ansehen, warum auf diese Weise ein interessantes Modell der natürlichen Sprache entstehen soll. Im nächsten Kapitel wird diese Frage geklärt werden.

Hier kommt der **Zeichenapparat im Überblick** (genauere Erklärungen folgen unten):

Überblick

Logische Konstanten von AL

- »∧« soll für das natürlichsprachliche »und« stehen, es ist das **Konjunktionszeichen**, das zwei Teilsätze, die Konjunkte, zu einer Konjunktion verbindet;
- »∨« soll für das natürlichsprachliche »oder« stehen, es ist das **Disjunktionszeichen**, das zwei Disjunkte zu einer Disjunktion verbindet;
- »¬« soll für das natürlichsprachliche »es ist nicht der Fall, dass« stehen, es ist das **Negationszeichen**, das eine Aussage zur Negation macht;
- »→« soll für das natürlichsprachliche »wenn ..., dann ...« stehen, es ist das **Implikationszeichen**, das zwei Teilsätze, das Antezedens (oder Vordersatz, erster Teilsatz) und das Konsequens (oder Nachsatz, zweiter Teilsatz), zur Implikation verbindet.

Diese Ausdrücke werden auch »**Junktoren**« genannt und die AL entsprechend auch »**Junktorenlogik**«. Wir können nun Ausdrücke der natürlichen Sprache in AL übersetzen. Während wir Schemata durch Abstraktion erreichten, gelangen wir durch Übersetzung zu Aussagen in AL. Hier eine Ergänzung des oben aufgeführten Schaubilds:

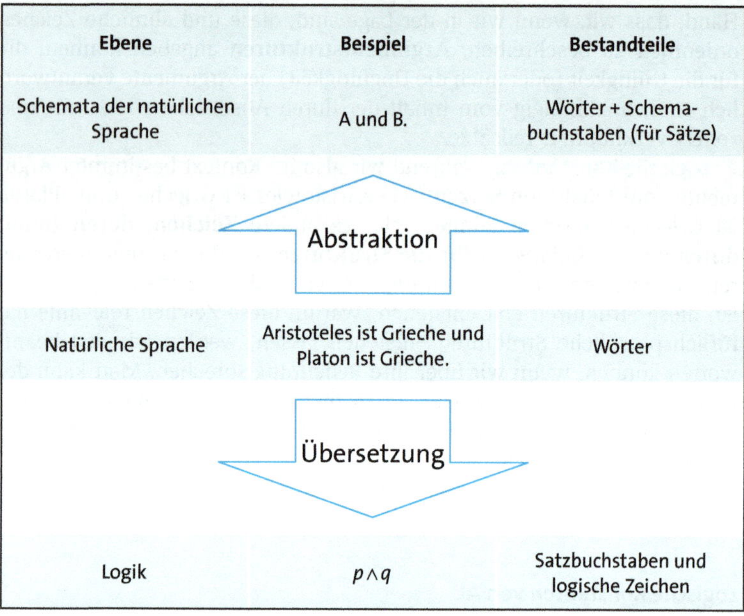

Außerdem brauchen wir noch Klammern, um Mehrdeutigkeiten zu vermeiden. Damit ist unser Vokabular vollständig beschrieben. Zur Übersichtlichkeit wollen wir dies noch einmal systematisch festhalten:

Definition

Vokabular von AL

Satzbuchstaben	$p, q, r, \ldots$	(mit oder ohne Subskripte)
Junktoren	$\neg$	Negationszeichen
	$\wedge$	Konjunktionszeichen
	$\vee$	Disjunktionszeichen
	$\rightarrow$	Implikationszeichen
Klammern	),(	

Syntaktische Regeln: Jetzt brauchen wir noch ein paar Regeln, die es uns erlauben, diese Zeichen so zu arrangieren, dass wir nur solche **Zeichenketten** erhalten, **die den Strukturen entsprechen, für die wir uns interessieren**. Eine Aneinanderreihung von Zeichen wie »$\rightarrow \wedge \rightarrow$« wäre etwa ein unerwünschtes Resultat, da diese Zeichenkette keine der Rollen übernehmen kann, die wir ihr gern zudenken würden. Da wir mit den syntaktischen Regeln diese Rollen erst festlegen (sie wohnt den Zeichen nicht unabhängig von unseren Regeln inne), sollten wir also auf die natürlichsprachlichen Zeichen schauen und uns an ihren syntaktischen Eigenschaften orientieren. Das natürlichsprachliche »und« spielt mit Hinblick auf Sätze die folgende Rolle: Es verbindet ganze Sätze, und damit erhalten wir einen neuen Satz. (Es gibt noch, zumindest an der sprachlichen

Oberfläche, eine andere Verwendung des »und«, etwa in »Peter und Klaus gehen spazieren«, was zumindest unter einer Lesart nahelegt, dass sie *miteinander* spazieren gehen. Ein solcher Satz kann nicht, wie etwa der Satz »Peter und Klaus sind groß«, ohne Weiteres in zwei Teilsätze, die mit »und« verbunden sind, aufgespalten werden, s. Kap. 4.6). Dasselbe gilt für »oder« und »wenn ... dann«: Auch diese Zeichen verbinden zwei ganze Sätze miteinander zu einem neuen Satz. Es handelt sich dabei um zweistellige Junktoren. Es gibt auch einstellige: »Es ist nicht der Fall, dass« wird vor einen einzelnen Satz gestellt, um einen neuen Satz zu bilden. Die Idee ist, dass sich alle natürlichsprachlichen Verneinungen so rekonstruieren lassen (ob das so ist, ist wieder eine Frage der Philosophie der Logik bzw. der Sprachphilosophie). Mit diesen Einsichten können wir uns nun fast ans Werk machen.

Zwei- und einstellige Junktoren

Rekursivität: An dieser Stelle ergibt sich ein kleines systematisches, aber lösbares Problem. Wir wollen im Folgenden keine Liste aller Sätze geben, die unsere Sprache, AL, enthält; vielmehr soll sie, wie auch die natürliche Sprache, unendlich viele Sätze enthalten. Darin unterscheidet sie sich von der oben skizzierten Sprache S. Wie aber können wir **mit endlichen Mitteln** (das soll hier ja nicht ewig dauern) **eine unendliche Sprache beschreiben**? An dieser Stelle hilft uns das Mittel der sogenannten rekursiven Definition. Die Idee ist recht einfach: Zunächst bestimmen wir eine **Basis von wohlgeformten Formeln**, geben also tatsächlich so etwas wie eine Liste an. Dazu sollen uns die Satzbuchstaben »*p*« etc. dienen. Dann definieren wir **Regeln, die beschreiben, was eine wohlgeformte komplexe Formel von AL ist**, indem wir uns auf die Teile dieses komplexen Ausdrucks und die Art und Weise beziehen, wie diese Teile zusammengesetzt sind. Diese Teile wiederum können komplex oder einfach sein, und darin besteht der ganze Trick: Da wir wissen, welche elementaren Ausdrücke wir haben, können wir ganz allgemein darüber reden, wann eine komplexe Formel wohlgeformt ist, sofern wir jede Art und Weise angeben, wie wir zu einer solchen komplexen Formel gelangen. Wir können also jede beliebig komplexe Formel durch Anwendung einer der Regeln in eine noch komplexere Formel einbinden. Wir wenden also Regeln auf regelhaft gebildete Ausdrücke erneut an, und das können wir immer wieder tun. In diesem Sinne ist die Charakterisierung der Sprache rekursiv. Die Regel zur Anwendung von Anführungszeichen ist z. B. eine rekursive Definition, denn sie kann auch auf Anführungsausdrücke angewendet werden. Hier noch einmal die Definition:

Definition

> Das Resultat einer **Anwendung von Anführungszeichen** auf einen Ausdruck bezeichnet genau den Ausdruckstyp in einer bestimmten Verwendung, von dem der Ausdruck ein Vorkommnis ist.

Hier die Erläuterung an einem Beispiel:

Beispiel **Rekursivität**

Der Ausdruck »Logik« ist verschieden von dem Ausdruck »»Logik«« (dieser bezieht sich auf einen Anführungsausdruck), und wir können die Regel zur Anwendung von Anführungsausdrücken immer weiter anwenden und so prinzipiell immer längere Anführungsausdrücke generieren, die voneinander verschieden sind. Alle Ausdrücke, die auf diese Weise gewonnen werden, sind wohlgeformt, ganz gleich, ob sie selbst Resultat der Anwendung der Regel sind.

Zurück zur Syntax von AL. Geben wir eine adäquate rekursive Definition, so haben wir unsere Sprache vollständig hinsichtlich Wohlgeformtheit beschrieben. Oder doch fast: Wenn wir lediglich positive Regeln zur Herstellung neuer wohlgeformter Formeln angeben, so schließen wir damit nicht aus, dass es noch andere Wege gibt, eine wohlgeformte Formel zu bauen. Doch wollen wir das ausschließen, da wir unsere Sprache ja vollständig und nicht nur partiell beschreiben wollen. Also fügen wir einfach die Bedingung hinzu, **dass außer den angegebenen Regeln keine andere zum Erfolg führen wird** – nur nach den angegebenen Regeln lassen sich wohlgeformte Formeln bilden.

Wenn wir nun *über* die Elemente unserer Sprache sprechen, müssen wir etwas aufpassen. Für die einfachen, basalen Elemente unserer Sprache können wir Anführungsausdrücke verwenden. Um aber auch über **komplexere Elemente** systematisch sprechen zu können, verwenden wir die griechischen Buchstaben »φ« und »ψ« als Schemabuchstaben für wohlgeformte Formeln von AL. Wir gehen also wieder von Ausdrücken einer Sprache zu Schemabuchstaben über. Diese können sowohl für komplexe als auch für einfache Formeln stehen. Hier eine weitere Ergänzung des oben angeführten Schaubilds: Wir abstrahieren von Aussagen von AL und erhalten Aussagenschemata; diese können wir dann **einbetten in Aussagen über Aussagen in AL**. Sie sind Teil der Sprache, die wir verwenden, um über Formeln von AL zu sprechen, also Teil unserer **Metasprache**.

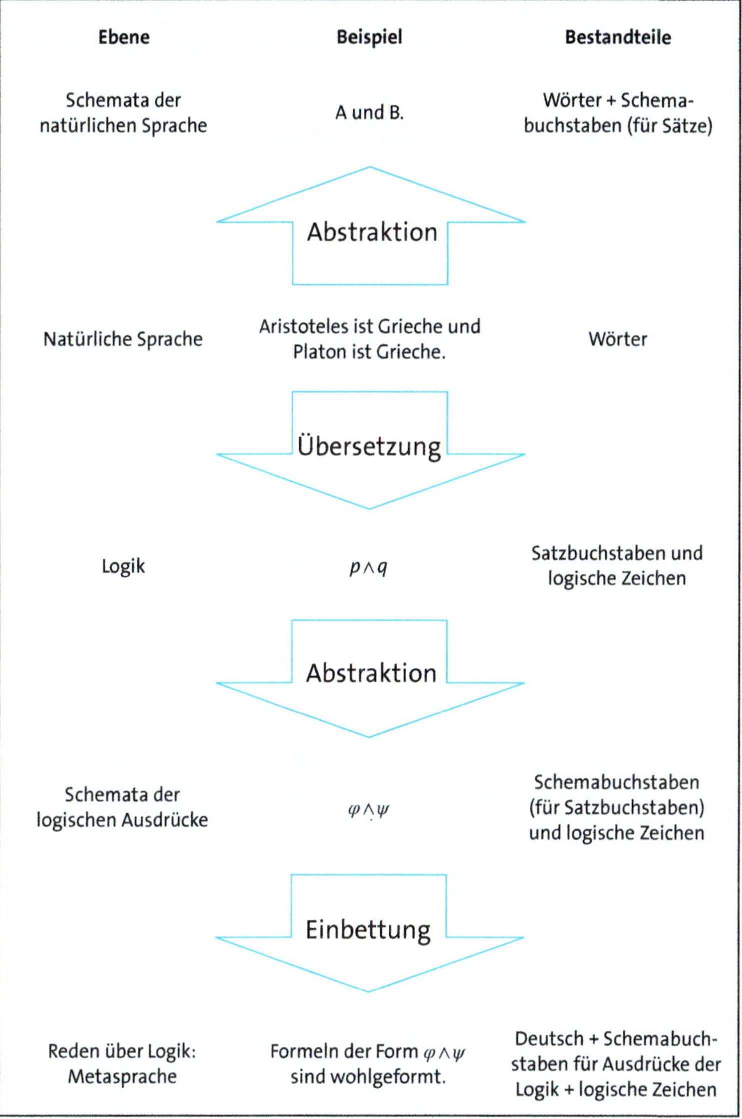
Ebene
Beispiel
Bestandteile
Schemata der natürlichen Sprache
A und B.
Wörter + Schemabuchstaben (für Sätze)
Abstraktion
Natürliche Sprache
Aristoteles ist Grieche und Platon ist Grieche.
Wörter
Übersetzung
Logik
p∧q
Satzbuchstaben und logische Zeichen
Abstraktion
Schemata der logischen Ausdrücke
φ∧ψ
Schemabuchstaben (für Satzbuchstaben) und logische Zeichen
Einbettung
Reden über Logik: Metasprache
Formeln der Form φ∧ψ sind wohlgeformt.
Deutsch + Schemabuchstaben für Ausdrücke der Logik + logische Zeichen

So können wir nun die syntaktischen Regeln von AL angeben:

Definition

Syntax von AL

(1) »*p*«, »*q*«, »*r*« ... (Satzbuchstaben) sind wohlgeformte Formeln von AL.
(2) Wenn φ und ψ wohlgeformte Formeln von AL sind, dann ist $(\varphi \wedge \psi)$ wohlgeformt.
(3) Wenn φ und ψ wohlgeformte Formeln von AL sind, dann ist $(\varphi \rightarrow \psi)$ wohlgeformt.
(4) Wenn φ und ψ wohlgeformte Formeln von AL sind, dann ist $(\varphi \vee \psi)$ wohlgeformt.
(5) Wenn φ eine wohlgeformte Formel von AL ist, dann ist $\neg\varphi$ wohlgeformt.
(6) Keine weitere Formel ist wohlgeformt.

Fügen wir noch eine **Klammerkonvention** hinzu, die lediglich dazu dient, weniger schreiben zu müssen; wir können die äußere Klammerung ignorieren. Klammern benötigen wir, **um Mehrdeutigkeiten zu vermeiden**. Wenn wir etwa sagen: »Es gibt zum Nachtisch Eis oder Schokolade und Obst«, so ist zunächst (ohne entsprechende Betonung) unklar, ob es in jedem Fall Obst gibt und wir zusätzlich zwischen Eis und Schokolade wählen können, oder ob es entweder Eis oder Obst mit Schokolade gibt. Durch Klammerungen können wir die Mehrdeutigkeit auflösen: »Es gibt zum Nachtisch Eis oder (Schokolade und Obst)«. Die äußeren Klammern allerdings sind nicht nötig zur Vermeidung von Mehrdeutigkeiten. Manche Logikeinführungen stellen eine Reihe weiterer Klammerkonventionen auf. So ist es aus Gründen der Übersichtlichkeit sinnvoll, Klammern in langen Konjunktionen zu ignorieren, da in Konjunktionen keine Mehrdeutigkeiten auftreten und wir entsprechend in einem solchen Falle keine Hierarchisierung vornehmen müssen. Wir beschränken uns hier auf eine Konvention.

Konvention

Äußere Klammern können weggelassen werden.

Damit haben wir AL hinsichtlich Vokabular und Syntax vollständig beschrieben. Kommen wir nun zu einem Beispiel einer wohlgeformten Formel von AL und betrachten kurz ihren Aufbau gemäß den syntaktischen Regeln. Dazu bedarf es noch einer kleinen terminologischen Festlegung, da Formeln sehr lang werden können. Wir wollen den Junktor, der die größte Reichweite hat, den »**Hauptjunktor**« nennen. Es ist also derjenige **Junktor, dessen Regel als letzte bei der Erstellung der Formel angewendet** wurde.

Beispiel

$(p \vee (q \rightarrow r)) \wedge (p \vee (q \rightarrow r))$

Diese Formel ist eine Instanz von $(\varphi \wedge \psi)$, also eine Konjunktion mit dem Konjunktionszeichen als Hauptjunktor. Um den Aufbau nachzuvollziehen, beginnen wir jedoch lieber mit den verknüpften Teilen: $(q \rightarrow r)$ ist wohlgeformt nach (1) und (3). $(p \vee (q \rightarrow r))$ ist also wohlgeformt nach (1) und (4). Die gesamte Formel ist wohlgeformt, weil die Teilformeln wohlgeformt sind und nach Regel (2) miteinander verknüpft sind. (Daher ist »∧« der Hauptjunktor.) Zusätzlich wurde die Klammerkonvention angewendet.

4 Semantik der Aussagenlogik

Im letzten Kapitel sind wir die ersten beiden Schritte auf dem Weg zu einer vollständigen Beschreibung der Sprache der Aussagenlogik gegangen. In diesem Kapitel kommen wir zum dritten und letzten Schritt sowie zu Eigenschaften von einigen wohlgeformten Formeln von AL, die sich auf der Basis dieses letzten Schrittes beschreiben lassen, und die zu den Eigenschaften zählen, die für die Logik von großer Bedeutung sind. Wir haben bereits festgestellt, dass die Wahrheit mancher komplexer Sätze lediglich von der Wahrheit der Teilsätze und der Art der Verknüpfung dieser Teilsätze abhängt. Außerdem haben wir im letzten Kapitel eine Anweisung entwickelt, wie wir Ausdrücke der Sprache von AL generieren können, typischerweise durch Verknüpfungen mit einem Junktor. Wir hatten darauf hingewiesen, dass die **Bedeutung der Junktoren**, anders als die der durch sie verknüpften Elemente, für die Logik wichtig ist. Die Bedeutung der für die Logik relevanten Junktoren soll nun auf eine bestimmte Art und Weise charakterisiert werden. Und damit wird auch die Frage geklärt, wieso auf diese Weise ein relevantes Modell der natürlichen Sprache entsteht. Im letzten Kapitel wurden die Junktoren ja lediglich syntaktisch charakterisiert. Dieses Mal wollen wir uns damit beschäftigen, **was sie mit den Wahrheitswerten der Sätze tun**, die sie miteinander verbinden. Damit geben wir der Sprache von AL eine eigene Semantik.

Zu diesem Kapitel finden Sie zusätzliches Material im Kapitel »Semantik der Aussagenlogik« des Online-Kurses. Zusatzmaterial online

4.1 | Semantik und Wahrheit

Eine semantische Beziehung ist, grob gesprochen, eine Beziehung zwischen einem Zeichen und dem, worauf es sich bezieht, etwa dem mit dem Zeichen herausgegriffenen Gegenstand. Wir können beispielsweise sagen, dass der Ausdruck »Venus« die Venus herausgreift, oder dass der Ausdruck »heiß« den Begriff der Hitze ausdrückt. Das ist eine sehr grobe Beschreibung, aber sie hilft für den Zweck, den wir hier verfolgen. Man kann nun **Zeichen als bloße Hülsen auffassen, denen wir Werte zuweisen**. Genau so sollten wir uns den Zeichen der AL nähern: Wir haben zwar die Struktur der Zeichen und die syntaktischen Regeln mit Bezug auf natürlichsprachliche Zusammenhänge motiviert, und diese Zusammenhänge mögen ja semantischer Natur sein, aber genau genommen haben wir bisher nur eine Klasse bedeutungsloser Zeichen vor uns.

Wie nun Ausdrücke im Deutschen semantische Werte haben, sollen auch die Ausdrücke von AL semantische Werte erhalten.

Wahrheitswerte: Wir werden den wohlgeformten Formeln von AL einen Wahrheitswert, nämlich den Wert **Wahr oder Falsch**, als semantischen Wert zuweisen. Diese Idee spielt auch in der formalen Semantik eine entscheidende Rolle (vgl. hierzu die klassischen Arbeiten Heim/Kratzer 1998 und Larson/Segal 1995). Es gibt dafür eine Reihe philosophischer Begründungen, auf die wir hier nicht eingehen können, und eine ganz pragmatische, und die soll uns bei der Motivation dieses Vorgehens helfen.

Doch bevor wir uns diese ansehen, sollten wir erst einmal unsere (diesem Prozedere vermutlich gegenläufigen) Intuitionen ordnen: Wir sollen diejenigen Formeln, die in unserer Logik für Aussagen der natürlichen Sprache stehen, so behandeln, als würden sie nur ihren Wahrheitswert bedeuten. Zunächst scheint diese Idee doch recht weit hergeholt. In einer natürlichen Sprache sagen wir mit Sätzen etwas, etwa dass das Wetter gerade schlecht ist, oder dass hier in diesem Abschnitt von Wahrheitswerten die Rede ist. Entsprechend ist das Gesagte ein semantischer Wert eines Satzes. Und dieses Gesagte ist mit Sicherheit kein Wahrheitswert. Wie können wir dann **sinnvoll von dem Gesagten abstrahieren**?

Wir hatten ja bereits oben angemerkt, dass wir von dem mit Sätzen Gesagten im Falle von gültigen Argumenten abstrahieren können: So wurde die Einführung von Schemabuchstaben motiviert. Dennoch spielen die Sätze in einem Argument genau eine Rolle: Sie steuern ihren Wahrheitswert bei. Sehen wir uns dazu einmal den folgenden (schematischen) Fall an (wobei die Schemabuchstaben Buchstaben für Aussagen sind):

Beispiel

(1) A
(2) ∴ Nicht A

Dieses Schema kann nicht gültig sein: Wenn die Prämisse wahr ist, ist die Konklusion garantiert falsch (und die Definition der Gültigkeit schließt diesen Fall gerade aus). Wir sehen deutlich, dass lediglich die **Verhältnisse zwischen den Wahrheitswerten der Sätze** eine Rolle spielen, und was die Sätze, die Instanzen dieses Schemas bilden könnten, im konkreten Falle wirklich besagen, ist für die Struktur, die wir betrachten, ohne Belang. Deshalb ist es aus pragmatischen Gründen sinnvoll, die Rolle von Sätzen im Zusammenhang der AL darauf zu reduzieren, Wahrheitswerte beizusteuern. Und genau das tun wir, indem wir wohlgeformte Formeln von AL so interpretieren, als bedeuteten sie Wahrheitswerte.

4.2 | Wahrheitsfunktionalität und das Charakterisieren von Funktionen

Semantik von Junktoren: Bislang haben wir versucht, die Idee zu motivieren, dass die semantische Rolle von Aussagen sich in bestimmten Kontexten darauf reduzieren lässt, einen Wahrheitswert beizusteuern. Unsere Sprache enthält aber neben den wohlgeformten Formeln, die für Aussagen stehen, noch die Junktoren. Auch die bedürfen einer Semantik. Gehen wir nun kurz darauf ein, warum sich auch in diesem Falle eine Semantik bereitstellen lässt, die lediglich auf Wahrheitswerte Bezug nimmt. Aussagen bzw. wohlgeformte Formeln steuern Wahrheitswerte bei, und diejenigen Junktoren, die in AL Eingang finden (s. die Liste in Kap. 3), bilden komplexe Aussagen, deren Wahrheitswert systematisch und vollständig von den Wahrheitswerten der verbundenen Sätze und dem Junktor abhängt. Diese Eigenschaft von Junktoren bezeichnet man als »**Wahrheitsfunktionalität**«, und diese Eigenschaft erklärt, warum genau diese Junktoren in die Liste oben Eingang gefunden haben. Es sind die wahrheitsfunktionalen Junktoren, und ihre Wahrheitsfunktionalität ist eng mit denjenigen Strukturen der natürlichen Sprache korreliert, die wir mit unserer Logik transparent machen wollen:

Definition

> Ein Ausdruck ist wahrheitsfunktional genau dann, wenn der Ausdruck Sätze zu neuen Sätzen derart miteinander verknüpft, dass der Wahrheitswert des verknüpften Satzes diesem allein aufgrund der Art der Verknüpfung und der Wahrheitswerte der verknüpften Teilsätze zukommt.

Sehen wir uns dazu ein Beispiel an. Die folgenden Sätze können wir mit unterschiedlichen Junktoren verknüpfen und daran verdeutlichen, worin die Wahrheitsfunktionalität der Junktoren besteht.

Beispiel

(SATZ-1)	Es gibt eine größte Primzahl.
(SATZ-2)	Porzellan ist zerbrechlich.

Verbinden wir beide Sätze mit einem »und«, so erhalten wir einen falschen Satz:

Beispiel

(SATZ-1 »und« SATZ-2)	Es gibt eine größte Primzahl und Porzellan ist zerbrechlich.

Das liegt nun einfach daran, dass einer der beiden Teilsätze falsch ist, und nicht etwa an dem, was mit diesen Sätzen mitgeteilt wird. Immer, wenn wir einen falschen und einen wahren Satz mit dem Junktor »und« verbinden, erhalten wir einen falschen Satz. Analog erhalten wir immer, wenn wir einen wahren und einen falschen Satz mit dem Junktor »oder« verbinden, einen wahren Satz. So auch in diesem Falle:

Beispiel

(SATZ-1 »oder« SATZ-2)	Es gibt eine größte Primzahl oder Porzellan ist zerbrechlich.

Ausdrücke wie »oder« und »und«, und auch die anderen oben aufgeführten Ausdrücke, sind in diesem Sinne wahrheitsfunktional. Das erklärt auch, warum die Wahrheit eines Satzes der Form »A und B« sowohl die Wahrheit von A, als auch die von B garantiert – eine wahre Aussage mit »und« als Hauptjunktor muss zwei wahre Teilsätze enthalten, die mit diesem »und« verbunden sind.

Andere Ausdrücke, die Sätze miteinander zu Sätzen verknüpfen, verhalten sich anders, etwa der Ausdruck »weil«: Gesetzt den Fall, dass es gerade regnet und deshalb die Straße nass wird. Dann gilt: Die Straße wird nass, weil es regnet. Hier werden zwei wahre Sätze zu einem wahren Satz verknüpft. Doch »weil« verknüpft nicht jedes Paar wahrer Sätze zu einem wahren Satz (anders als »und« das tut): Es stimmt schlicht nicht, dass Tische Tische sind, weil dies hier ein Logikbuch ist. Bei »weil« handelt es sich *nicht* um einen wahrheitsfunktionalen Junktor.

Junktoren als Funktionen: Die im vorangegangenen Kapitel eingeführten Junktoren sind allesamt wahrheitsfunktional. Entsprechend lässt sich auch ihre semantische Rolle im Hinblick darauf beschreiben, wie sie den Wahrheitswerten von Teilsätzen, die sie verknüpfen, Wahrheitswerte der verknüpften Sätze zuordnen. Wir fassen die Bedeutung von Junktoren entsprechend als Funktionen auf, die **Wahrheitswerte auf Wahrheitswerte abbilden**. Dazu müssen wir uns kurz den Begriff der Funktion genauer ansehen.

Definition

> Eine Funktion ist etwas, das Gegenstände (in einem möglichst weiten Sinn von »Gegenstand«, grob alles, was man zählen kann) einander zuordnet. Eine Funktion hat einen **Gegenstandsbereich**, aus dem sie ihre sogenannten **Argumente** bezieht, die sie dann auf **Werte** aus ihrem **Wertebereich** abbildet.

Hier zwei Beispiele: Die **Funktion $x + 1$** bildet jede natürliche Zahl auf ihren Nachfolger (die nachfolgende Zahl) ab. Wir können auch die **Relation des Besitzens** als Funktion auffassen. Nehmen wir an, dass nur Menschen etwas besitzen, und dass alle Menschen irgendetwas besitzen. Dann ist der Gegenstandsbereich der Funktion die Menge aller Menschen, und der Wertebereich all das, was besessen wird. Die Funktion des Besitzens ordnet nun jedem Gegenstand des Gegenstandsbereichs (den wir hier zu Illustrationszwecken auf Menschen beschränken) mindestens einen Gegenstand des Wertebereichs zu. Jedem Menschen (Argument) ordnet die Funktion des Besitzens also die Gegenstände zu, die dieser Mensch besitzt (Werte). Wir können nun die Funktion des Besitzens einmal charakterisieren, indem wir sie inhaltlich beschreiben. Etwas zu besitzen ergibt sich aus sozialen und juristischen Tatsachen, vielleicht auch psychologischen Einstellungen und Handlungsmöglichkeiten. (Zeitliche Aspekte vernachlässigen wir hier einfach, und tun so, als wäre die Relation des Besitzens eine zeitlich stabile Relation, als würden Menschen also das, was sie besitzen, immer besitzen.) Damit wird uns mitgeteilt, worin die Relation besteht, was sie ausmacht.

Funktionen, Paare und Tupel: Zumindest prinzipiell wäre es aber auch möglich, die Relation über all die Gegenstandsfolgen zu beschreiben, die **aus Argumenten (der Funktion) einerseits und Werten (der Funktion) andererseits** bestehen. Das wäre eine ziemlich lange und unnütze Beschreibung. Nehmen wir an, Angela Merkel besäße lediglich ein Krypto-Handy und einen Hosenanzug, und nehmen wir an, die Funktion ordnete einem jeden Menschen die Menge der Dinge zu, die er besitzt, so enthielte diese Beschreibung eine Bezeichnung für ein Paar von Gegenständen, bestehend aus Angela Merkel und der Menge {Krypto-Handy, Hosenanzug}. Um Paare zu bezeichnen verwenden wir die Zeichen »<« und »>«. Das gerade charakterisierte Paar ist also dieses: <Angela Merkel, {Krypto-Handy, Hosenanzug}>. Ein **Paar** ist ein **N-Tupel** (wobei »N« für eine natürliche Zahl steht), ein Gegenstand mit N Elementen, bei der die Reihenfolge der Elemente eine Rolle spielt. Diese Eigenschaft können wir uns hier zu Nutze machen, indem wir sagen, das erste Element eines Tupels sei das Argument, das zweite sei die Menge der im Besitz des Arguments befindlichen Gegenstände (der Wert). Eine solche Beschreibung enthielte für alle Menschen, die etwas besitzen, ein solches Paar. Ähnlich könnte man auch im Falle der Funktion $x + 1$ verfahren und eine Menge aus Paaren natürlicher Zahlen bilden, wobei immer das zweite Element eines Paares der Nachfolger des ersten Elementes ist.

Wie gesagt, eine solche Charakterisierung ist möglich, und sie macht deutlich, dass Funktionen ihre **Argumente auf Werte abbilden**. Zugleich taugt eine solche Charakterisierung zu Darstellungszwecken nicht. Klüger ist es da, den systematischen Zusammenhang zu beschreiben, der zwischen Argumenten und ihren Werten besteht. Im Falle des Besitzens ist das, wie gesagt, ein Zusammenhang, der sich aus sozialen und juristischen Tatsachen, vielleicht auch psychologischen Einstellungen und Handlungsmöglichkeiten ergibt.

Wahrheitswerte und Junktoren: Im Falle von Junktoren ist die Sache jedoch etwas anders gelagert. Funktionen, die durch zweistellige Junktoren ausgedrückt werden, nehmen zwei Wahrheitswerte als Argumente, einstellige, wie die durch das »¬« (entsprechend: »es ist nicht der Fall, dass«) ausgedrückte Funktion, nehmen lediglich einen Wahrheitswert als Argument. Sie alle ordnen den Wahrheitswerten der Aussagen, auf die sie angewendet wurden, einen neuen Wahrheitswert zu. Man sagt auch: Sie bilden diesen Wahrheitswert bzw. diese Werte wieder auf einen Wahrheitswert ab. Das ist dann der Wahrheitswert der neuen, komplexen Aussage, die den Junktor enthält. Darin erschöpft sich schon die semantische Rolle der Junktoren! Und da es nun lediglich zwei Wahrheitswerte gibt, ist es überhaupt gar kein Problem, die von Junktoren ausgedrückten Funktionen über ihre Argumente und Werte zu beschreiben. Der Grund:

Im Falle zweistelliger Junktoren gibt es für die entsprechende Funktion **lediglich vier mögliche Kombinationen aus Wahrheitswerten** als Argumenten, die den gesamten Gegenstandsbereich erschöpfen, und lediglich zwei Wahrheitswerte, die den Wertebereich erschöpfen. Im Falle eines einstelligen Junktors und der entsprechenden Funktion umfasst der Wertebereich ebenfalls zwei Wahrheitswerte, doch in diesem Fall enthält auch der Gegenstandsbereich nur zwei Argumente, nämlich Wahr und Falsch. Diese Tatsache können wir uns zu Nutze machen und eine **kanonische Darstellung der Bedeutung von Junktoren** einführen – die Wahrheitswerttabelle.

4.3 | Wahrheitswerttabellen und AL

Fassen wir noch einmal zusammen: Wir interessieren uns für Aussagen im gegebenen Kontext der AL nur hinsichtlich ihrer Wahrheit und Falschheit, und so scheint es gerechtfertigt, sich die Freiheit zu nehmen so zu tun, als seien Wahrheitswerte schlicht die semantischen Werte von Aussagen. Das soll keine philosophische Einsicht in die Semantik einer natürlichen Sprache sein – obwohl es das in den Augen vieler Philosophinnen und Philosophen ist – sondern es soll lediglich ein Hilfsschritt sein, um die wahrheitsfunktionalen Junktoren charakterisieren zu können. Wir tun so, als bedeuteten Aussagen und ihre Pendants in der Logik Wahrheitswerte, und wir charakterisieren bestimmte Junktoren über Zusammenhänge, die sie zwischen diesen Satzbedeutungen herstellen.

Semantik von »und«: Beginnen wir mit dem alltagssprachlichen Junktor »und«. Setzen wir fest, dass wir für den Wahrheitswert Wahr immer »w« schreiben und für den Wahrheitswert Falsch immer »f«. »Und« bildet Sätze, die genau dann wahr sind, wenn beide Teilsätze, die das »und« miteinander verbindet, wahr sind. In der **Funktionsredeweise**: Der Junktor »und« drückt eine Funktion aus, die das Paar $<w, w>$ auf w abbildet, und alle anderen Paare auf f. Auf diese Weise können wir die Rolle, die »und« in einer Aussage spielt, für unsere Zwecke hinreichend klar charakterisieren: Sie erschöpft sich darin, Aussagen so miteinander zu verbinden, dass die entstehende komplexe Aussage wahr ist, wenn beide verbundenen Teilsätze wahr sind, und falsch in allen anderen Fällen.

Alle möglichen Wahrheitswertverteilungen

Wahrheitswerttabellen: Diese Art der Charakterisierung kann systematischer vorgenommen werden, indem wir uns sogenannter Wahrheitstafeln oder Wahrheitswerttabellen bedienen. Eine Wahrheitswerttabelle für einen zweistelligen Junktor enthält zwei Platzhalter für Sätze, einen Platzhalter für den komplexen Satz, den wir charakterisieren wollen, und alle möglichen Verteilungen der Werte w und f auf die Teilsätze sowie das Resultat, das der Verknüpfung der Teilsätze entspricht. Für das logische »∧«, das dem alltagssprachlichen »**und**« in dieser Hinsicht gleicht, erhalten wir:

φ	ψ	$\varphi \wedge \psi$
w	w	w
w	f	f
f	w	f
f	f	f

Semantik zweistelliger Junktoren: Wir können nun systematisch vorgehen und alle möglichen zweistelligen wahrheitsfunktionalen Junktoren definieren. Für zwei Teilsätze ergeben sich vier verschiedene Möglichkeiten, die Werte wahr und falsch zu verteilen. Für diese Verteilungen ergeben sich nun wiederum sechzehn Möglichkeiten, nach denen die Wahrheitswerte der Verknüpfung von den Wahrheitswerten der Teilsätze abhängen können. Einige dieser Junktoren, die wir so charakterisiert haben, finden ihr Pendant in der natürlichen Sprache, aber nicht alle tun das. Und auch in der Logik spielen nicht alle diese Junktoren eine Rolle. Warum es möglich ist, mit einigen dieser Junktoren auszukommen, soll hier schon einmal angedeutet werden: Man kann manche der Junktoren durch andere definieren, so dass man mit einem recht kleinen Zeichenapparat auskommt. Doch dazu später mehr. Hier eine Tabelle mit den Junktoren, die wir für AL eingeführt haben.

φ	ψ	$\varphi \vee \psi$	$\varphi \rightarrow \psi$	$\varphi \wedge \psi$
w	w	w	w	w
w	f	w	f	f
f	w	w	w	f
f	f	f	w	f

Oder: Wir haben also das Pendant zum natürlichsprachlichen »**oder**«, nämlich »∨«, so charakterisiert, dass es zwei Teilsätze immer so verbindet, dass die Verbindung (der resultierende Satz) genau dann falsch wird, wenn die Teilsätze beide falsch sind.

Implikation: Das Pendant zum natürlichsprachlichen »**wenn … dann …**« haben wir so charakterisiert, dass es genau dann falsch wird, wenn das Antezedens (der Vordersatz) wahr und das Konsequens (der Nachsatz) falsch wird. (Sowohl »Antezedens« also auch »Konsequens« werden mit »s« am Schluss geschrieben; der Plural lautet »Antezedentien« bzw. »Konsequentien«.) Das ist natürlich ein Stück weit entfernt von dem alltagssprachlichen »wenn … dann …«, das häufig Zusammenhänge zwischen Antezedens und Konsequens nahelegt, die hier nicht berücksichtigt werden. Der Satz »Wenn es Schweine regnet, dann kaue ich gelbe Bohnen« ist nach AL-Interpretation genau so wahr, wie der Satz »Wenn Sie diesen Satz gerade nicht lesen, dann sind Sie eine Lampe«, oder, angenommen es regnet gerade nicht, »Wenn es gerade regnet, dann wird die Straße nicht nass«. Daran muss man sich gewöhnen, doch vielleicht kann man dem etwas abgewinnen, wenn man sich das so vorstellt, dass das

Antezedens wirklich als Bedingungssatz gedacht wird: Wir wollen mit einem solchen Satz nur etwas über Situationen aussagen, **in denen die Bedingung auch tatsächlich erfüllt ist**. Alltagssprachlich haben wir vergleichbare Fälle bei Versicherungen wie »Wenn jemand aufmerksam die Übungen macht, dann wird er oder sie die Klausur bestehen«. Diese Versicherung wird nur dann falsch, wenn es Leute gibt, die zwar immer aufmerksam die Übungen gemacht haben (das Antezedens ist wahr), aber trotzdem nicht die Klausur bestehen (das Konsequens ist falsch). Alle anderen Fälle schließt die Versicherung nicht aus. Ansonsten hilft vielleicht die Erinnerung, dass wir es hier mit einem **Modell** zu tun haben, in dem sich ggf. einige Aspekte der natürlichen Sprache, die es repräsentiert, nicht wiederfinden.

In diesem Zusammenhang soll kurz auf eine Redeweise eingegangen werden, die in der Philosophie weit verbreitet ist. Wir **unterscheiden** oft **zwischen notwendigen und hinreichenden Bedingungen**, und das kann man mithilfe der Implikation veranschaulichen. Das Antezedens ist eine hinreichende Bedingung für das Konsequens, und umgekehrt ist das Konsequens eine notwendige Bedingung für das Antezedens. Ein Blick auf die Wahrheitswerttabelle sollte klarmachen, wie das gemeint ist: Ist die Implikation wahr, so garantiert die Wahrheit des Antezedens die Wahrheit des Konsequens – erstere ist hinreichend für letztere. Zugleich ist ausgeschlossen, dass das Antezedens wahr wird, wenn das Konsequens falsch ist – die Wahrheit des Konsequens ist notwendig für die Wahrheit des Antezedens.

So kann die Logik der Philosophie helfen: Nun sollte noch einmal auf einen Aspekt verwiesen werden, unter dem die Logik der Philosophie helfen kann: Da die Wahrheit mancher Sätze von der Wahrheit der Teilsätze systematisch abhängt, können wir in Argumentationen, die von Junktoren Gebrauch machen, systematisch nach denjenigen Sätzen suchen, die für die Wahrheit der gesamten Argumentation verantwortlich sind. Wir können also mithilfe dieser Semantik für AL das **Prüfen von Argumenten strukturieren**. Allerdings müssen wir auch immer, wie sich im Falle der Implikation zeigt, darauf achtgeben, dass wir die AL-Methoden nur auf Teile der natürlichen Sprache anwenden, auf die sie sich auch anwenden lassen.

Und noch ein Hinweis: Was wir hier gerade tun, ist, eine informelle Methode anzugeben, wie die Semantik von Elementen von AL bestimmt werden kann. Bevor wir zu einer eindeutigeren Herangehensweise kommen, soll diese Methode noch einmal vollständig zu Ende geführt werden.

Semantik einstelliger Junktoren: Neben den zweistelligen Junktoren gibt es dreistellige, vierstellige, ... und auch einstellige Junktoren. Es kann vielleicht schon jetzt gesehen werden, dass wir drei- oder mehrstellige Junktoren ganz einfach aus den bisher vorgestellten gewinnen können: Es kommt da nichts Neues hinzu. Einen einstelligen Junktor haben wir bereits erwähnt: Das Pendant zum natürlichsprachlichen »**es ist nicht der Fall, dass**« bzw. »nicht«. Es wird durch das logische »¬« wiedergegeben. Dieses Mal benötigen wir lediglich einen Platzhalter und zwei Zeilen, in denen wir die mögliche Wahrheitswertverteilung angeben (denn zwei

Wahrheitswerte können wir auf einen Satz nur so verteilen, dass der Satz entweder wahr oder falsch ist):

φ	$\neg\varphi$
w	f
f	w

Bevor wir nun dazu übergehen, uns diese Überlegungen an einigen Beispielen zu verdeutlichen, sollten wir kurz zusammenfassen, was hier passiert ist. Eigentlich ist das ganz einfach: Wir haben uns einer Reihe von Zeichen (»φ«, »ψ«, »w«, »f«,) sowie eines Schemas (der Tabelle plus Anweisungen, wie die Zeichen darauf zu verteilen sind) bedient, und haben damit den semantischen Beitrag verschiedener Junktoren zu den mit ihnen gebildeten Aussagen vollständig charakterisiert. Man kann auch in einem etwas laxen Sinne sagen, dass wir sie definiert haben.

4.4 | Eine Semantik für AL

Geben wir nun eine Semantik für AL an, und zwar indem wir uns wieder des Mittels der rekursiven Definition bedienen. Sei α ein Schemabuchstabe für beliebige Satzbuchstaben p, q, r, … . Wir definieren nun eine Bewertungsfunktion V, die uns den Zusammenhang zwischen semantischen Werten von wohlgeformten Formeln φ, ψ… von AL und den semantischen Werten von solchen wohlgeformten Formeln, die sich aus φ, ψ … ggf. mit Junktoren bilden lassen, angibt. Sei $\mathfrak{I}$ nun eine Interpretationsfunktion, die jedem Satzbuchstaben von AL den Wert w oder f zuweist. Wir können damit eine Bewertungsfunktion definieren, die es uns erlaubt, die Wahrheitswertabhängigkeiten genau so zu bestimmen, wie das die Wahrheitswerttabellen tun.

Definition

Für eine jede Interpretationsfunktion von Satzbuchstaben von AL, $\mathfrak{I}$, ist die **Bewertungsfunktion** $V_{\mathfrak{I}}$ genau die Funktion, die einer jeden wohlgeformten Formel entweder w oder f zuordnet, und nach der für alle Satzbuchstaben α und alle wohlgeformten Formeln φ, ψ gilt:

(1) $V_{\mathfrak{I}}(\alpha) = \mathfrak{I}(\alpha)$
(2) $V_{\mathfrak{I}}(\varphi \rightarrow \psi) = w$ genau dann, wenn $V_{\mathfrak{I}}(\varphi) = f$ oder $V_{\mathfrak{I}}(\psi) = w$
(3) $V_{\mathfrak{I}}(\varphi \wedge \psi) = w$ genau dann, wenn $V_{\mathfrak{I}}(\varphi) = w$ und $V_{\mathfrak{I}}(\psi) = w$
(4) $V_{\mathfrak{I}}(\varphi \vee \psi) = w$ genau dann, wenn $V_{\mathfrak{I}}(\varphi) = w$ oder $V_{\mathfrak{I}}(\psi) = w$
(5) $V_{\mathfrak{I}}(\neg\varphi) = w$ genau dann, wenn $V_{\mathfrak{I}}(\varphi) = f$

Doch können wir genau die hier relevanten Informationen auch den Wahrheitswerttabellen entnehmen.

4.5 | Kontradiktion und Tautologie

Wir können nun zwei Eigenschaften von Aussagen in AL charakterisieren, die manchen Aussagen zukommen, weil diese eine bestimmte Form haben. Das lässt sich leicht an Beispielen der natürlichen Sprache illustrieren. Die Aussage »Wenn Platon ein Philosoph ist, dann ist Platon ein Philosoph« ist **in gewisser Hinsicht trivial**. Und ganz gleich, welche Aussagen wir in das folgende Schema einsetzen: »Wenn A, dann A« – wir werden immer einen solch trivialen Satz erhalten. Im Unterschied dazu wird jede Instanz des folgenden Schemas falsch: »A und nicht A«; es kann nicht sein, dass Platon ein Philosoph und (zugleich) kein Philosoph ist. Um Pendants dieser zwei Arten von Aussagen für unsere Logik zu charakterisieren, definieren wir den Begriff der Tautologie und den der Kontradiktion:

Definition

> Eine Aussage ist eine Tautologie genau dann, wenn für jede Wahrheitswertbelegung der Teilaussagen die gesamte Aussage wahr ist.

Hier können wir verallgemeinern und den **Begriff der logischen Wahrheit** einführen. Eine Aussage ist logisch wahr genau dann, wenn sie wahr ist aufgrund ihrer logischen Form, wenn also – den zuvor gemachten Beobachtungen entsprechend – die Inhalte der Sätze nichts zur Wahrheit oder Falschheit beitragen. Was eine logische Form ist, das versuchen die einzelnen Logiken transparent zu machen und die AL beschäftigt sich mit logischer Form auf Ebene der Junktoren.

Definition

> Eine Aussage ist logisch wahr genau dann, wenn sie wahr ist aufgrund ihrer logischen Form.

(Am Ende dieses Kapitels kommen wir zu einem Beispiel einer logischen Wahrheit, die nicht mit AL-Mitteln behandelt werden kann.)

Das Gegenstück zur Tautologie bildet nun die Kontradiktion:

Definition

> Eine Aussage ist eine Kontradiktion genau dann, wenn für jede Wahrheitswertbelegung der Teilaussagen die gesamte Aussage falsch ist.

Beide Eigenschaften – die, eine Tautologie zu sein, und die, eine Kontradiktion zu sein – kommen bestimmten Aussagen zu, weil diese eine bestimmte logische Form haben. Es liegt schließlich lediglich an der Verteilung der Teilsätze und an den Junktoren, ob die Aussage insgesamt wahr oder falsch ist, ganz gleich, wie die Wahrheitswerte auf die Teilaussagen verteilt werden. Eine Aussage, die weder eine Tautologie noch eine Kontradiktion ist, ist kontingent:

Definition

Eine Aussage ist kontingent genau dann, wenn sie weder eine Tautologie noch eine Kontradiktion ist.

Bevor wir nun zum Verhältnis von natürlicher Sprache und AL kommen, seien noch folgende Beispiele wichtiger Tautologien vorgestellt:

Beispiele

Wichtige Tautologien

(1) $p \vee \neg p$
Das Gesetz vom ausgeschlossenen Dritten (*tertium non datur*)

(2) $\neg (p \wedge \neg p)$
Das Gesetz vom (ausgeschlossenen) Widerspruch

(3) $q \rightarrow (p \rightarrow q)$
Die 1. Paradoxie der Implikation

(4) $\neg p \rightarrow (p \rightarrow q)$
Die 2. Paradoxie der Implikation (*ex falso quodlibet*)

Diese Tautologien lassen sich so charakterisieren: Das **Gesetz vom ausgeschlossenen Dritten** (1) läuft darauf hinaus, dass eine jede Aussage entweder wahr oder falsch ist, eine dritte Möglichkeit steht nicht zur Verfügung. **Das Gesetz vom ausgeschlossenen Widerspruch** besagt, dass keine Kontradiktion (wie etwa, dass Platon ein Philosoph und zugleich kein Philosoph ist) wahr sein kann. Die **1. Paradoxie der Implikation** resultiert aus der Charakterisierung des Implikationspfeils: Eine Implikation wird immer wahr, wenn ihr Konsequens wahr wird (Wahrheitstafel in Kap. 4.3). Und wie im letzten Beispiel zu sehen ist, ist eine Implikation mit falschem Antezedens immer wahr. Das liegt daran, dass Implikationen nur in einem Fall falsch werden: wenn nämlich das Antezedens wahr und das Konsequens falsch ist. Daraus ergibt sich die **2. Paradoxie der Implikation**.

Zur Vertiefung

Antinomie, Paradoxie und Widerspruch

In der modernen Logik gibt es unterschiedliche Verwendungsweisen der Begriffe »Antinomie« und »Paradoxie«. Am wohl häufigsten wird das Wort »Antinomie« gebraucht, wenn ein Satz und sein Gegenteil gleich gut in einem System bewiesen werden können. Ein Beispiel für eine Antinomie in diesem Sinne werden wir in Kapitel 6.3.2 kennenlernen. Damit **stellen Antinomien Widersprüche dar, die aus einem System abgleitet werden können**, und die daher auf Probleme im System hinweisen.
Eine **Paradoxie** stellt im Gegensatz zur Antinomie aber kein echtes Problem des Systems dar – es handelt sich lediglich um **Sätze, die intuitiv wenig oder gar nicht einleuchtend sind**, obwohl sie in einem System völlig harmlos sein können. Die Paradoxien der Implikation sind hier her-

vorragende Beispiele: Dass eine Implikation mit falschem Antezendes automatisch wahr ist, ist innerhalb des Systems der Logik kein Problem – es läuft lediglich gegen unsere Intuitionen, so dass es uns schwerfällt, das zu akzeptieren. Es handelt sich also nicht um Widersprüche im logischen Sinn, sondern um Gegenläufigkeiten zu unseren Intuitionen.
(Dass diese beiden Begriffe nicht trennscharf verwendet werden, sieht man z. B. an der Bezeichnung »Lügner-Paradox« für Sätze wie »Dieser Satz ist nicht wahr«. Nach den obigen Ausführungen handelt es sich hierbei nämlich um mehr als eine Paradoxie, da solche Sätze nicht nur intuitiv schwierig sind, sondern auch für die entsprechenden Systeme, in denen man sie bilden kann, ein Problem darstellen.)
»**Widerspruch**« (oder »Kontradiktion«) schließlich ist der allgemeinste der drei Begriffe. Mit ihm bezeichnen wir einfach nur Sätze, die nicht wahr sein können (und zwar unabhängig davon, ob sich diese Sätze aus einem System ergeben oder ob sie aus Annahmen oder Prämissen abgleitet werden können). Syntaktisch wird eine Widerspruch definiert als die **Konjunktion eines beliebigen Satzes mit seiner Negation** (s. Beweisregel 10: Negationseinführung). Dieser logische Sinn von »Widerspruch« ist nicht zu verwechseln mit dem Sinn von »Widerspruch«, in dem von gesellschaftlichen Widersprüchen oder Antagonismen gesprochen werden kann. Solche sind definiert über zuwiderlaufende Interessen, widerstreitende Verhaltensmuster oder allgemeiner: Prinzipien. Sie lassen sich nicht in einem formal-logischen Widerspruch darstellen, ohne relevante Aspekte zu vernachlässigen.

Ähnlich wie bei der Implikation verhält es sich nun auch bei gültigen Argumenten: Bei ihnen ist ausgeschlossen, dass die Prämissen wahr und die Konklusion falsch ist. Daher ist es so, dass aus Prämissen, die nicht allesamt zugleich wahr werden können, tatsächlich jeder beliebige Satz folgt (es kann ja nie der Fall eintreten, dass sie allesamt wahr werden). Das bedeutet auch, dass **aus einer Kontradiktion Beliebiges folgt**.

Nachdem wir uns nun mit der Syntax, der Semantik von AL und einigen Eigenschaften von wohlgeformten Formeln von AL (bestimmten Aussagen in AL) auseinandergesetzt haben, kommen wir zum Zusammenhang zwischen natürlichsprachlichen Aussagen und Aussagen in AL. Dabei wird auch gezeigt, wie man eine Wahrheitswerttabelle anwendet, um Sätze darauf zu prüfen, ob sie tautologisch, kontradiktorisch oder kontingent sind.

4.6 | Natürliche Sprache und AL

Die Idee hinter der Entwicklung der AL bestand ja darin, bestimmte **natürlichsprachliche Zusammenhänge im Modell transparent zu machen**. Die wohlgeformten Formeln von AL repräsentieren also gewissermaßen bestimmte Strukturen und Eigenschaften natürlichsprachlicher Sätze. Bezüglich der Bestimmung dieser Strukturen und Eigenschaften hat uns das letzte Kapitel weiter gebracht: Es geht um diejenigen Strukturen, die sich aus wahrheitsfunktionalen Junktoren ergeben. Dazu gehört die Eigenschaft, die wir bereits im ersten Kapitel angesprochen haben – die Eigenschaft mancher Paare von Sätzen so zu sein, dass die Wahrheit des einen Satzes die Wahrheit des anderen Satzes verbürgt. Und es gehört auch die Eigenschaft dazu, eine Kontradiktion oder eine Tautologie zu sein. Wir sollten nun Konventionen entwickeln, die uns den Übergang von natürlichsprachlichen Sätzen zu wohlgeformten Formeln von AL erlauben.

Überführung in AL: Es sollte dabei klar sein, dass eine solche Überführung nur gelingen kann, wenn ein natürlichsprachlicher Ausdruck seine **Entsprechung in AL** findet. Sehen wir uns noch einmal das Vokabular von AL an: Es enthält Satzzeichen und Zeichen für einige Junktoren. Entsprechend können wir Sätze und diejenigen Junktoren nach AL überführen, die ihr Pendant in AL haben, und sonst nichts. Dabei soll gelten, dass wir immer versuchen, alle Sätze und alle in AL darstellbaren Junktoren zu berücksichtigen.

Beispiel

(Satz 1) Ich stehe hier, und ich werde hier stehen bleiben, wenn ich ein Eis bekomme.

Natürlich kann dieser Satz als »*p*« in AL wiedergegeben werden. Doch soll uns AL ja dabei nützen, die logische Struktur von Sätzen wiederzugeben, und es geht bei dieser Überführung nach »*p*« offensichtlich allerhand verloren. Berücksichtigen wir alle in AL darstellbaren Junktoren, so erhalten wir die folgenden Satzteile, denen wir Buchstaben zuweisen:

p: Ich stehe hier.
q: Ich bekomme ein Eis.
r: Ich werde hier stehen bleiben.

Damit erhalten wir die folgende Überführung in AL:

$(p \wedge (q \rightarrow r))$

Eine solche Überführung besteht immer aus zwei Teilen: In einem ersten Schritt weisen wir den Satzzeichen ihr natürlichsprachliches Pendant zu, und erst in einem zweiten Schritt fügen wir die sogenannte »Formalisierung« hinzu. Das Formalisieren von natürlichsprachlichen Ausdrücken ist nicht immer ganz leicht. Das liegt oft daran, dass man, um alltagssprachlich einen Satz mit einem Junktor zu verbinden, die grammatikalische Struktur ändern muss. Um etwa zwei Sätze im Deutschen mit einem »Wenn … dann …« zu verbinden, ändern wir die Position des Verbs. Bei der Umformung vernachlässigen wir das.

Schwieriger wird es, wenn ein Junktor auf der Satzoberfläche gar keine Sätze miteinander verbindet. Einen solchen Fall haben wir bereits bezüglich des natürlichsprachlichen »und« erwähnt (s. Seite 31). Sehen wir uns dazu drei Beispiele an, und nutzen diese Gelegenheit, um in die **Verwendung von Wahrheitstafeln zur Überprüfung von Sätzen in AL** einzuführen.

Beispiele

(Satz 2) Aristoteles ist der Lehrer Alexanders des Großen und der Schüler Platons.
(Satz 3) Aristoteles und Platon sind Griechen.
(Satz 4) Aristoteles und Platon sind keine Brüder.

Im Falle von (Satz 2) und (Satz 3) haben wir es mit einer ökonomischeren Ausdrucksweise zu tun: Hier wird einfach ein Teil weggelassen, der für die logische Analyse wichtig ist, und wir können leicht sehen, dass wir die Sätze vervollständigen (und nicht etwa ihre Bedeutung verändern), wenn wir sie wie folgt verstehen:

(Satz 2*) Aristoteles ist der Lehrer Alexanders und er ist der Schüler Platons.
(Satz 3*) Aristoteles ist ein Grieche und Platon ist ein Grieche.

Was aber machen wir mit dem dritten Satz? Nun, bei genauerem Hinsehen scheint es so, als handelte es sich auch hier um eine elliptische Version des Satzes:

(Satz 4*) Aristoteles ist kein Bruder Platons und Platon ist kein Bruder Aristoteles'.

In solchen Fällen sollte man abwägen: Spielt das »und« in diesem Satz eine unverzichtbare Rolle für einen gegebenen Zusammenhang oder nicht? Wenn ja, mag es sinnvoll sein, den Satz entsprechend ausführlich zu formalisieren, wenn nicht, kann man das auch getrost bleiben lassen. Im folgenden Falle etwa muss das nicht sein (Form-1 soll eine logische Struktur des Satzes 5 wiedergeben):

(Satz 5) Wenn Aristoteles und Platon keine Brüder sind, und wenn gilt, dass, wenn Aristoteles und Platon keine Brüder sind, sie dann verschiedene Eltern haben, dann gilt: Aristoteles und Platon haben verschiedene Eltern.

p: Aristoteles und Platon sind Brüder.
q: Aristoteles und Platon haben verschiedene Eltern.
(Form-1) $((\neg p \wedge (\neg p \rightarrow q)) \rightarrow q)$

Analyse mittels Wahrheitstabelle: Sehen wir uns nun die Wahrheitswerttabelle an, denn die soll uns ja darüber Aufschluss geben, ob die Junktoren die Teilaussagen zu einer Tautologie, einer Kontradiktion oder einer kontingenten Aussage verbinden. Beim Schreiben der entsprechenden Wahrheitswerttabelle geht man nach folgendem Prinzip vor: Man arbeitet sich von den kleinsten wahrheitswerttragenden Einheiten zu der größten Einheit der gesamten Formel vor. Um die **Wahrheitswertverteilung** der gesamten Formel zu bestimmen, muss man die Wahrheitswertverteilung von »$(\neg p \wedge (\neg p \rightarrow q))$« und von »$q$« bestimmen, denn diese und die Art der Verknüpfung (»$\rightarrow$«, der Hauptjunktor) bestimmen ja die Wahrheitswertverteilung der gesamten Formel. Um die Wahrheitswertverteilung von »$(\neg p \wedge (\neg p \rightarrow q))$« zu bestimmen, müssen wir natürlich wieder die Wahrheitswertverteilung der nächstkleinsten Einheiten bestimmen, nämlich »$\neg p$« und »$(\neg p \rightarrow q)$«, die hier mit dem »$\wedge$« verbunden sind. Denn die Wahrheitswertverteilung der gesamten Formel hängt wieder von den Teilformeln und der Wahrheit der Verknüpfung ab.

Wir schreiben also in die erste Reihe zunächst die Teilaussagen, der Reihe nach angefangen bei der kleinsten (den Satzbuchstaben) bis hinauf zur größten Einheit (der auszuwertenden komplexen Aussage). Dann tragen wir für die Satzbuchstaben alle möglichen Wahrheitswertverteilungen ein und ermitteln Schritt für Schritt die Wahrheitswerte der nächsten komplexen Aussage gemäß unserer Semantik der Junktoren, die in Kapitel 4.3 unter Rekurs auf Wahrheitswerttabellen beschrieben wurde:

p	q	$\neg p$	$(\neg p \rightarrow q)$	$(\neg p \wedge (\neg p \rightarrow q))$	$((\neg p \wedge (\neg p \rightarrow q)) \rightarrow q)$
w	w	f	w	f	w
w	f	f	w	f	w
f	w	w	w	w	w
f	f	w	f	f	w

Wie zu erwarten, bilden die den Junktoren entsprechenden Funktionen hier alle Wahrheitswertverteilungen auf den Wahrheitswert Wahr ab: Es handelt sich um eine Tautologie.

Im nächsten Beispiel allerdings ist der Fall anders gelagert; wir können mit unserer bisherigen Analyse der logischen Form nicht zeigen, dass Satz 6 eine Tautologie ist:

Beispiel

(Satz 6) Wenn Aristoteles und Platon keine Brüder sind, und wenn gilt, dass, wenn Aristoteles kein Bruder Platons ist, er andere Eltern als Platon hat, dann hat Aristoteles andere Eltern als Platon.
p: Aristoteles und Platon sind Brüder.
q: Aristoteles ist ein Bruder Platons.
r: Aristoteles hat andere Eltern als Platon.
(Form-2) $((\neg p \wedge (\neg q \rightarrow r)) \rightarrow r)$

Die Wahrheitswerttabelle wäre entsprechend (nun mit acht möglichen Wahrheitswertverteilungen, da wir ja drei Teilsätze haben):

p	q	r	$\neg q$	$\neg p$	$(\neg q \rightarrow r)$	$(\neg p \wedge (\neg q \rightarrow r))$	$((\neg p \wedge (\neg q \rightarrow r)) \rightarrow r)$
w	w	w	f	f	w	f	w
w	w	f	f	f	w	f	w
w	f	w	w	f	w	f	w
w	f	f	w	f	f	f	w
f	w	w	f	w	w	w	w
f	w	f	f	w	w	w	f
f	f	w	w	w	w	w	w
f	f	f	w	w	f	f	w

Obwohl man doch erwarten würde, dass auch dieser Satz eine Tautologie ist, gibt es eine mögliche Belegung mit Wahrheitswerten, nach der dieser Satz falsch wird. Auf den zweiten Blick ist das allerdings auch plausibel, denn wir haben bei unserer bisherigen Analyse (Form-2) **die relevante Struktur nicht eingefangen**. Es gibt alltagssprachliche Pendants zu (Form-2), die wir nicht als tautologisch oder, wie wir auch sagen können, logisch wahr betrachten würden. Der folgende Satz ist ein solcher Fall:

Beispiel (Satz 7) Wenn ich hier nicht stehe, und wenn gilt, dass, wenn nicht alle Ampeln grün sind, es zu regnen beginnt, dann beginnt es zu regnen.

Dieser Satz drückt offensichtlich **keine logische Wahrheit** aus. Doch liegt das etwa daran, dass wir es hier mit einer logischen Wahrheit zu tun haben, die die **Grenzen der AL** sprengt? Dass es derartige logische Wahrheiten gibt, werden wir unten zeigen. Im vorliegenden Fall erfasst (Form-2) nicht die relevante Struktur des Satzes »Aristoteles und Platon sind keine Brüder«. Wir können diesen Satz so umformen, dass wir eine Tautologie, also eine logische Wahrheit in AL, für Satz 6 erhalten. Formen wir zunächst diesen (Satz 6) um:

(Satz 6*) Wenn Platon kein Bruder Aristoteles' ist und Aristoteles kein Bruder Platons, und wenn gilt, dass, wenn Aristoteles kein Bruder Platons ist, er andere Eltern als Platon hat, dann hat Aristoteles andere Eltern als Platon.
p: Platon ist ein Bruder Aristoteles'.
q: Aristoteles ist ein Bruder Platons.
r: Aristoteles hat andere Eltern als Platon.
(Form-3) $(((\neg p \wedge \neg q) \wedge (\neg q \rightarrow r)) \rightarrow r)$

Die entsprechende Wahrheitswerttabelle sieht so aus:

p	q	r	$\neg p$	$\neg q$	$(\neg p \wedge \neg q)$	$(\neg q \rightarrow r)$	$((\neg p \wedge \neg q) \wedge (\neg q \rightarrow r))$	$(((\neg p \wedge \neg q) \wedge (\neg q \rightarrow r)) \rightarrow r)$
w	w	w	f	f	f	w	f	w
w	w	f	f	f	f	w	f	w
w	f	w	f	w	f	w	f	w
w	f	f	f	w	f	f	f	w
f	w	w	w	f	f	w	f	w
f	w	f	w	f	f	w	f	w
f	f	w	w	w	w	w	w	w
f	f	f	w	w	w	f	f	w

Mögliche Tücken: Es ist also durchaus sinnvoll, genauer hinzusehen und zu überprüfen, ob nicht noch **ein Gedanke im Argument versteckt** ist, der keinen expliziten Ausdruck an der sprachlichen Oberfläche findet. Es lauern da noch andere Tücken: So wollen wir etwa festlegen, dass **das alltagssprachliche »aber«** in ein »∧« zu überführen ist. Motiviert ist das dadurch, dass wir den thematischen Bezug, den wir durch die Verwendung eines »aber« im Gegensatz zum »und« herstellen, nicht als semantisch relevant ansehen: Denn zumindest gilt, dass, wenn wir ein »aber« verwenden, um zwei Sätze A und B miteinander zu verbinden, beide wahr sein müssen, damit der gesamte Satz wahr wird.

Das einschließende »oder«: Und noch ein weiterer Junktor verdient Beachtung: die Disjunktion und ihr Verhältnis zum natürlichsprachlichen »oder«. Ein Blick auf die Tabelle zeigt, dass es sich bei dieser um das sogenannte einschließende »oder« handelt. Das bedeutet, dass ein Satz, der diesen Junktor als Hauptjunktor enthält, auch dann wahr wird, wenn beide Teilsätze wahr sind. In der Umgangssprache scheinen wir manchmal nahezulegen, dass, wenn wir zwei Teilsätze mit einen »oder« verbinden, bloß einer der beiden wahr sein kann, etwa in: »Als Vorspeise gibt es Suppe oder Salat.« Obwohl hier sicher nicht explizit ausgeschlossen wird, dass auch beides aufgetragen werden kann, scheint es doch um **zwei echte Alternativen** zu gehen. Darauf sollte man bei einer Formalisierung achten.

Grenzen der Junktorenlogik: Es gibt Wahrheiten, die prima facie trivial erscheinen, die sich aber nicht mit den bisherigen Mitteln als Tautologien darstellen lassen. Nehmen wir hierzu wieder ein Beispiel, das (Form-2) entspricht:

(Satz 8) Wenn kein Mensch ein Gott ist, und wenn gilt, dass, wenn etwas kein Gott ist, es dann auch nicht allmächtig ist, dann ist kein Mensch allmächtig. Beispiel

Dieser Satz ist logisch wahr, aber warum das so ist, das werden wir erst beschreiben können, wenn wir uns mit der sogenannten **Prädikatenlogik** beschäftigt haben.

Fassen wir noch einmal zusammen: Wir überführen Sätze der Alltagssprache erfolgreich in die Sprache der AL, indem wir möglichst alle Junktoren, die ein Pendant in der AL haben, bei der Überführung berücksichtigen, und indem wir gelegentlich von der grammatikalischen Oberfläche abstrahieren, um an den relevanten Kern der Aussage heranzukommen. In diesem Sinne repräsentiert AL als Modell einfache und komplexe Aussagen der natürlichen Sprache und macht Eigenschaften dieser Aussagen transparent, die diesen Aussagen aufgrund ihrer Struktur bzw. ihrer Form zukommen, wobei die für AL relevanten Strukturen sich aus wahrheitsfunktionalen Junktoren ergeben.

Literatur

Heim, Irene/Kratzer, Angelika: *Semantics in Generative Grammar*. Malden, Mass. 1998.

Larson, Richard K./Segal, Gabriel: *Knowledge of Meaning: An Introduction to Semantic Theory*. Cambridge, Mass. 1995.

5 Systematik der Junktoren

Nachdem wir uns im letzten Kapitel mit der Semantik der Aussagenlogik und damit auch ihrer Beziehung zur natürlichen Sprache sowie ihrer Funktion für uns auseinandergesetzt haben, soll nun noch einmal das **Verständnis der zentralen Bausteine von AL** geschärft werden, unabhängig davon, in welchem Zusammenhang AL zur natürlichen Sprache oder zu Argumenten steht. Wir wenden uns damit der **internen Struktur** unseres Modells zu und sehen von seiner Repräsentationsfunktion oder seiner potentiellen Funktion mit Bezug auf unsere Argumentationspraxis ab. Um AL zu verstehen und um mit AL auch arbeiten zu können, muss man sich mit einigen der Details von AL vertraut machen. Dazu soll dieses Kapitel Anregungen bieten. Im Kapitel 5.3 werden wir kurz auf eine prominente Rolle eines Junktors in der Philosophiegeschichte verweisen – den Versuch Wittgensteins, unter Rekurs auf einen einzelnen Junktor eine allgemeine Form von Sätzen anzugeben.

Zu diesem Kapitel finden Sie zusätzliches Material im Kapitel »Systematik der Junktoren« des Online-Kurses.

Zusatzmaterial online

5.1 | Interdefinierbarkeit

Bereits im letzten Kapitel hatten wir angedeutet, dass es wesentlich mehr wahrheitsfunktionale Junktoren gibt als diejenigen, die wir für unsere Sprache von AL definiert haben. Zugleich hatten wir angemerkt, dass bereits einige dieser Zeichen ausreichen – es lassen sich **Junktoren durch andere Junktoren definieren**. Mithilfe von Wahrheitstafeln lässt sich das leicht illustrieren. Wir vergleichen einfach zwei Wahrheitstafeln für verschiedene Junktorenkombinationen. Erhalten wir immer dieselben Wahrheitswerte für dieselben Wahrheitswertverteilungen, können wir die Junktoren durcheinander definieren. Anders ausgedrückt: Zwei Sätze lassen sich auf unterschiedliche Weisen mit Junktoren zu komplexeren Aussagen verknüpfen, und verschiedene Kombinationen von Junktoren können mit Hinblick auf die Wahrheitswertverteilung dasselbe Ergebnis liefern. Wir sprechen in diesem Fall auch von der **Interdefinierbarkeit der Junktoren**.

Wahrheitswertverteilungen: Zunächst sollten wir uns aber klar machen, wie viele zweistellige Junktoren es geben könnte. Da wir immer zwei Sätze miteinander kombinieren, und jeder Satz zwei Wahrheitswerte haben kann, erhalten wir vier verschiedene Interpretationen, die den vier Zeilen der Wahrheitswerttabelle entsprechen. Da nun ein mit einem Junktor aus diesen beiden Sätzen gebildeter komplexer Satz wiederum zwei Wahrheitswerte haben kann, wir also für jede Zeile uns neu zwischen »w« und »f« entscheiden können, gibt es hier 4^2, also 16 mögliche Kombinationen, die wir hier einmal auflisten. Für die meisten Möglichkeiten haben wir kein eigenes Zeichen, so dass wir die entsprechende ›Überschrift‹ in der Kopfzeile frei lassen. Wir tragen aber auch gleich zwei weitere Symbole ein, auf die wir in Kapitel 5.2 zurückkommen werden:

16 Junktoren

φ	ψ		$\varphi \vee \psi$			$\varphi \rightarrow \psi$			$\varphi \wedge \psi$	$\varphi \mid \psi$						$\varphi \downarrow \psi$	
w	w	w	w	w	w	w	w	w	w	f	f	f	f	f	f	f	f
w	f	w	w	w	w	f	f	f	f	w	w	w	w	f	f	f	f
f	w	w	w	f	f	w	w	f	f	w	w	f	f	w	w	f	f
f	f	w	f	w	f	w	f	w	f	w	f	w	f	w	f	w	f

Und nun zu unserem Beispiel. Sehen wir uns dafür zunächst die Implikation an:

φ	ψ	$\varphi \rightarrow \psi$
w	w	w
w	f	f
f	w	w
f	f	w

Wie wir sehen, wird eine Implikation genau dann wahr, wenn ihr Antezedens falsch oder ihr Konsequens wahr ist. Entsprechend ist eine Implikation genau dann wahr, wenn eine Aussage wahr ist, welche die folgende Struktur aufweist: $(\neg \varphi \vee \psi)$. Das lässt sich mit einer Wahrheitstafel zeigen:

φ	ψ	$\neg\varphi$	$(\neg\varphi \vee \psi)$
w	w	f	w
w	f	f	f
f	w	w	w
f	f	w	w

Tatsächlich reichen Negation und Disjunktion völlig aus, um alle anderen möglichen zwei- oder mehrstelligen Junktoren zu definieren. Zum Beispiel können wir durch sie auch die Konjunktion definieren. Sie wird genau dann wahr, wenn beide verbundenen Aussagen wahr werden, wenn es also nicht der Fall ist, dass die eine oder die andere falsch ist. Wir erhalten:

φ	ψ	$\neg\varphi$	$\neg\psi$	$(\neg\varphi \vee \neg\psi)$	$\neg(\neg\varphi \vee \neg\psi)$
w	w	f	f	f	w
w	f	f	w	w	f
f	w	w	f	w	f
f	f	w	w	w	f

Der Ausdruck wird also genau dann wahr, wenn beide verbundenen Teilausdrücke wahr sind. Wieder handelt es sich hier natürlich nicht um echte Definitionen. Aber wir wollen es an dieser Stelle dabei belassen und so tun, als hätten wir hier etwas definiert. Kommen wir nun zu den beiden bislang vernachlässigten Junktoren, die wir oben in die Tabelle eingefügt hatten.

5.2 | Sheffer-Strich und Peirce-Pfeil

Sparsamkeit: Diese beiden Junktoren, Sheffer-Strich (»|«) und Peirce-Pfeil (»↓«) sind **nicht Teil des Vokabulars von AL**. Dennoch sind sie für uns interessant, denn sie weisen beide eine Eigenschaft auf, die sie von allen anderen zweistelligen Junktoren unterscheidet: Es lassen sich durch sie allein alle anderen Junktoren definieren. Und das bedeutet, dass wir alles, was wir in unserer Logik ausdrücken können, auch **nur mithilfe eines einzigen Junktors** ausdrücken könnten. Das eröffnet uns auf der einen Seite die Möglichkeit, sehr sparsam über alle möglichen Sätze zu sprechen (das werden wir uns nachher ansehen), auf der anderen Seite aber würde es unsere ansonsten sehr übersichtlichen und einfachen Sätze zu komplizierten Monstern aufblähen (und das sehen wir gleich bei den Beispielen der Interdefinierbarkeit). Wenden wir uns zunächst dem Sheffer-Strich zu (benannt nach dem US-amerikanischen Logiker Henry Maurice Sheffer).

Der Sheffer-Strich ist ein senkrechter Strich: »|«. Es handelt sich dabei um einen Junktor, für den es **keine Übersetzung ins Deutsche** gibt, so dass wir uns mit komplizierteren Beschreibungen behelfen müssen: Er verbindet zwei Sätze zu einem Satz, der genau dann falsch wird, wenn beide verknüpften Aussagen wahr sind. Es ist also die Negation des »und«. Schematisch drückt man das so aus, wobei die Buchstaben Schemabuchstaben für Sätze sind: Wenn man sagt, dass es nicht der Fall sei, dass A und B, so wird diese Aussage genau dann wahr, wenn entweder A falsch ist oder wenn B falsch ist, oder wenn sie beide falsch sind. Falsch wird sie genau dann, wenn A und B wahr sind, die Konjunktion also wahr ist. Damit haben wir auch schon gezeigt, dass dieser Junktor sich wie folgt definieren lässt: $\neg(\varphi \wedge \psi)$. Das sehen wir, wenn wir die Spalte unter dem Sheffer-Strich mit der Spalte links daneben vergleichen: In ihr ist die Wahrheitswertverteilung der Konjunktion angegeben. Die Negation einer Konjunktion bildet die Wahrheitswerte **auf ihr Gegenteil** ab, also auf die Wahrheitswerte unter dem Sheffer-Strich.

φ	ψ	$\varphi \wedge \psi$	$\varphi \mid \psi$
w	w	w	f
w	f	f	w
f	w	f	w
f	f	f	w

Wir werden hier nicht zeigen, dass man damit wirklich alle möglichen Junktoren definieren kann; das soll lediglich für diejenigen Junktoren gezeigt werden, die wir hier bearbeiten, also für »∧«, »→«, »∨«, »¬«. Die Wahrheitswertverteilung der Konjunktion lässt sich recht einfach herstellen: Wenn wir eine mit dem Sheffer-Strich aus »φ« und »ψ« hergestellte Aussage mit sich selbst durch den Sheffer-Strich verbinden: »$((\varphi \mid \psi) \mid (\varphi \mid \psi))$«, dann erhalten wir eine Aussage, die mit der Konjunktion von »φ« und »ψ« äquivalent ist. Das liegt daran, dass eine solche Sheffer-Strich-Aussage falsch ist, wenn »φ« und »ψ« wahr sind, und ansonsten wahr. Verbinden wir nun eine solche Aussage mit sich selbst, so erhalten wir eine Aussage, die wahr ist, wenn »φ« und »ψ« wahr sind (da die beiden verbundenen Scheffer-Strich-Aussagen in diesem Fall beide falsch sind), und die ansonsten falsch ist, da die Wahrheitswerte der verbundenen Scheffer-Strich-Aussagen in allen anderen Positionen den Wert wahr ergeben. In der Tabelle:

φ	ψ	$(\varphi \mid \psi)$	$((\varphi \mid \psi) \mid (\varphi \mid \psi))$
w	w	f	w
w	f	w	f
f	w	w	f
f	f	w	f

Bevor wir nun die Implikation und die Disjunktion betrachten, ist es sinnvoll, sich den Zusammenhang zwischen Sheffer-Strich und Negation klarzumachen. Da eine Sheffer-Strich-Aussage falsch wird, wenn beide Teilaussagen wahr sind (und sonst wahr), kann man einfach eine Aussage mit sich selbst durch den Sheffer-Strich verbinden, um ihre Negation auszudrücken: Immer, wenn die Aussage wahr ist, wird die entsprechende Sheffer-Strich-Aussage falsch, und in dem andern Fall (wenn sie falsch ist), wird die Sheffer-Strich-Aussage wahr. In der Tabelle:

φ	$(\varphi \mid \varphi)$
w	f
f	w

Eine Implikation »$\varphi \rightarrow \psi$« wird nur dann falsch, wenn das Antezedens »φ« wahr und das Konsequens »ψ« falsch ist. Eine Sheffer-Strich-Aussage wird allerdings nur dann falsch, wenn beide Teilaussagen »φ« und »ψ« wahr sind. Um also die Implikation durch den Sheffer-Strich auszudrücken, müssen wir das Antezedens »φ« mit der Negation des Konsequens »ψ« (die genau dann wahr ist, wenn »ψ« falsch ist) durch den Sheffer-Strich verbinden. In diesem Fall wird nämlich die komplexe Sheffer-Strich-Aussage nur dann falsch, wenn das Antezedens wahr und das Konsequens falsch ist. Die Negation, überführt in den Sheffer-Strich, haben wir schon oben kennengelernt: »$\psi \mid \psi$«. Es ergibt sich also folgende Tabelle:

φ	ψ	$(\psi \mid \psi)$	$(\varphi \mid (\psi \mid \psi))$
w	w	f	w
w	f	w	f
f	w	f	w
f	f	w	w

Eine Disjunktion »$\varphi \vee \psi$« ist nur dann falsch, wenn beide Teilaussagen »φ« und »ψ« falsch sind. Da der Sheffer-Strich aber nur zwei wahre Aussagen zu einer falschen verbindet, müssen wir die Negationen der beiden Aussagen »φ« und »ψ« mit dem Sheffer-Strich verbinden, um eine der Disjunktion äquivalente Aussage zu erhalten. In der Tabelle:

φ	ψ	$(\varphi \mid \varphi)$	$(\psi \mid \psi)$	$((\varphi \mid \varphi) \mid (\psi \mid \psi))$
w	w	f	f	w
w	f	f	w	w
f	w	w	f	w
f	f	w	w	f

Der Peirce-Pfeil (benannt nach Charles Sanders Peirce) ist ein Pfeil nach unten »$\downarrow$«. Bei ihm können wir ähnlich verfahren wie beim Sheffer-Strich. Die Definition des Pfeils kann der Tabelle entnommen werden (er entspricht dem **»weder ... noch« des Deutschen**): Ein mit dem Peirce-Pfeil verknüpfter Satz wird genau dann wahr, wenn die beiden Teilsätze falsch sind. Die Definitionen der anderen Junktoren mithilfe des Peirce-Pfeils sind als Übungsaufgaben auf der Online-Plattform zu finden.

Zusatzmaterial online

φ	ψ	$\varphi \downarrow \psi$
w	w	f
w	f	f
f	w	f
f	f	w

Namen für Verknüpfungen: Abschließend sollte angemerkt werden, dass wir hier keine Namen für Verknüpfungen angegeben haben, die sich **aus der Anwendung** der beiden neuen Junktoren ergeben. Während wir eine

Aussage, die mit dem Implikationszeichen als Hauptjunktor gebildet ist, »Implikation« nennen, fehlt eine entsprechende Bezeichnung für diese beiden Junktoren. Wir haben hier auf Konstruktionen wie »Sheffer-Strich-Aussage« zurückgreifen müssen. Zugleich wird hier deutlich, dass wir in unseren Bezeichnungen für die Junktoren, mit denen wir zuvor gearbeitet haben, etwas ungenau waren: Wir haben manchmal sowohl die Funktion, die durch das Implikationszeichen ausgedrückt wird, »Implikation« genannt, als auch die entsprechend verknüpfte Aussage. Also: Sowohl der semantische Wert von »$\rightarrow$« wurde als »Implikation« bezeichnet, als auch Sätze der Form »$\varphi \rightarrow \psi$«. Manche geben den Junktoren eigene Namen, wie »Implikator«, »Negator« etc. Diesen zusätzlichen Aufwand haben wir uns hier gespart, da aus dem Kontext deutlich werden sollte, in welcher Verwendung wir die Ausdrücke gebrauchen.

Die Vorteile der Verwendung bestimmter Junktoren anstelle äquivalenter Formulierungen, die sich anderer Junktoren bedienen, ergeben sich aus Gründen, die nichts mit der Bedeutung der Junktoren zu tun haben. Da wir unsere Junktoren lediglich über die Zusammenhänge, die sie zwischen den Wahrheitswerten von Teilsätzen und resultierendem Satz herstellen, charakterisieren, kann die Bedeutung nicht den Ausschlag dafür geben, welche Junktoren wir zur Analyse wählen. Doch **unterscheiden sich die unterschiedlichen Junktoren hinsichtlich der Transparenz**, die sie für uns mit Bezug auf bestimmte Aspekte der natürlichen Sprache haben. Vergegenwärtigen wir uns dazu noch einmal, wie wir die Implikation durch eine Verknüpfung von Negation und Disjunktion definiert haben. Wir haben festgestellt, dass eine Implikation genau dann wahr wird, wenn das Antezedens falsch ist oder das Konsequens wahr, wobei in dieser Verwendung von »oder« die Möglichkeit offen gelassen wird, dass beides der Fall ist – es handelt sich um das einschließende »oder«. Das zeigt uns nun sehr deutlich, unter welchen Bedingungen eine entsprechende Formel den Wahrheitswert falsch bekommt: Genau dann, wenn das Antezedens wahr und das Konsequens falsch ist. Dieser Zusammenhang zwischen Implikation einerseits und Negation und Disjunktion andererseits kann *uns* helfen, die Funktion der Implikation besser zu verstehen. Wir werden uns im nächsten Kapitel mit dem sogenannten »semantischen Beweisen« beschäftigen. Dabei werden wir auch auf eine bestimmte Beweisstrategie zu sprechen kommen, die sich diese Eigenschaft zu Nutze macht.

Zunächst soll aber an einem **Beispiel aus der Philosophie** gezeigt werden, dass Junktoren wie der Scheffer-Strich oder der Peirce-Pfeil durchaus auch ihren Nutzen haben, nämlich für eine elegante Beschreibung einer ganzen (formalen) Sprache.

5.3 | Aussagenlogik und Wittgensteins *Tractatus*

Der *Tractatus logico-philosophicus* von Wittgenstein (1922) ist eines der klassischen Bücher der Philosophie und eines der einflussreichsten Werke in der sogenannten analytischen Philosophie. In diesem Werk versucht

Wittgenstein, durch die logische Beschreibung der Sprache die **Möglichkeiten und Grenzen von Sprache** aufzuzeigen. Er will eine klare Grenze ziehen zwischen dem, was sagbar ist, und dem, was unsagbar ist; damit soll auch die Grenze der Philosophie, die sich notwendigerweise immer innerhalb des Sagbaren aufhalten muss, klar gezeichnet werden. Dass dieses Projekt letztendlich als gescheitert angesehen werden muss, zeigt sich nicht zuletzt darin, dass Wittgenstein selbst seine Theorie später verworfen hat und zu einem seiner leidenschaftlichsten Kritiker wurde.

Die allgemeine Form des Satzes: Eine zentrale These im *Tractatus* ist die These, eine allgemeine Form des Satzes angeben zu können. Hier wird versucht, **in einer einzigen Formel alle Möglichkeiten, sinnvolle Sätze zu bilden**, zu fassen. Im *Tractatus* heißt es in Satz 6: »Die allgemeine Form der Wahrheitsfunktion ist: $[\bar{p}, \bar{\xi}, N(\bar{\xi})]$. Dies ist die allgemeine Form des Satzes.« Um diese Formel zu verstehen, müssen wir zunächst einige Grundbegriffe klären: »$\bar{\xi}$« steht für die Klasse der Elementarsätze. Das sind **atomare Aussagen**, die voneinander logisch unabhängig sind. Zunächst zu den atomaren Aussagen: Das sind Aussagen, die aussagenlogisch nicht weiter analysiert werden können, die also in der AL durch »*p*«, »*q*«, »*r*« usw. ausgedrückt werden und keine Junktoren enthalten.

Definition

Eine Aussage ist **atomar**, wenn sie keine Junktoren enthält. Alle anderen Aussagen sind **komplex**.

Logisch unabhängig sind zwei Aussagen, wenn die eine unabhängig von der anderen wahr oder falsch sein kann, wenn sich also die beiden Wahrheitswerte nicht gegenseitig beeinflussen.

Definition

Zwei Aussagen φ und ψ sind **logisch unabhängig** voneinander, wenn der Wahrheitswert der einen Aussage nicht den Wahrheitswert der anderen Aussage bestimmt und umgekehrt.

Sehen wir uns nun ein Beispiel für atomare Aussagen an und entscheiden, ob es sich dabei um logisch voneinander unabhängige Aussagen handelt:

Beispiele

Atomare Aussagen

a) Peter ist groß.
b) Es regnet.
c) Die Erde wird nass.

Dabei gilt, dass (b) und (c) voneinander abhängig sind: Sobald (b) wahr ist, ist auch (c) wahr (das gilt zumindest in unserer Welt, da es sich um eine kausale Abhängigkeit handelt, und das soll hier zu Illustrationszwecken reichen; eine stärkere Form von logischer Abhängigkeit wäre derart, dass die Wahrheit der Sätze auch dann voneinander abhängt, wenn unsere kausalen Gesetze nicht gelten). Die Aussagen (a) und (b) hingegen sind logisch unabhängig voneinander: Die Wahrheit (oder Falschheit) der Aussage, dass Peter groß ist, hat keinen Einfluss auf die Wahrheit (oder Falschheit) der Aussage, dass es regnet (und umgekehrt).

Das Problem der Elementarsätze: Vordergründig sieht es nun so aus, als wäre (a) auch ein Beispiel für einen Elementarsatz im Sinne des *Tractatus*. Das ist aber leider nicht so, da laut Wittgenstein solche Sätze der natürlichen Sprache weiter analysiert werden müssen: In diesem Fall sähe die Analyse eventuell wie folgt aus: »Peter ist x Meter groß, und die Durchschnittsgröße des Menschen beträgt y Meter, und x ist größer als y.« Auch diese Analyse enthält noch keine (oder zumindest nicht nur) Elementarsätze im Sinne des *Tractatus*, da z. B. die Aussage, dass die Durchschnittsgröße des Menschen y Meter ist, weiter zerlegt werden müsste. Die **genaue Zerlegung von Sätzen** ist hierbei tatsächlich unklar – letztendlich scheitert das Projekt des *Tractatus* auch aus diesem Grund: Es können keine Elementarsätze gefunden werden, die die Grundlage aller anderen Aussagen bilden könnten (zunächst plausible Kandidaten scheitern daran, dass sie nicht logisch unabhängig voneinander sind).

Hier wollen wir es bei dieser Bemerkung belassen und die philosophischen Schwierigkeiten dieser Konzeption nicht weiter vertiefen. Hier soll es lediglich darum gehen, die Grundidee der Elementarsätze deutlich zu machen: Jeder Satz kann – gemäß dem *Tractatus* – zerlegt werden in eine logische Verknüpfung von Elementarsätzen, die ganz **basale Fakten** angeben und **voneinander logisch unabhängig** sind. Wenn das so wäre, dann könnte jeder (sagbare) Satz analysiert werden in eine komplexe aussagenlogische Aussage, die nur Elementarsätze als atomare Sätze enthält. Da die Wahrheit (bzw. Falschheit) dieser komplexen Sätze nur abhängig ist von der Wahrheit (bzw. Falschheit) der Elementarsätze, kann die Welt (das, »was der Fall ist«; *Tractatus*, Satz 1) vollständig beschrieben werden dadurch, dass jedem Elementarsatz ein Wahrheitswert zugeordnet wird. Um also zu wissen, ob eine Aussage wahr ist oder nicht, brauchen wir nur eine genaue logische Analyse der Aussage (das ist die Zerlegung der Aussage in Elementarsätze und logische Junktoren) und eine **vollständige Beschreibung der Welt**. Die Aufgabe der Philosophie ist es demnach, die Analyse der Aussagen in diesem Sinne zu leisten.

Alle möglichen Kombinationen: Die allgemeine Form des Satzes entsteht also dadurch, dass alle möglichen Kombinationen von Elementarsätzen und Junktoren (gemäß den rekursiven Regeln der Syntax; s. Kap. 3) angegeben werden. Hier bedient sich Wittgenstein nun der **Interdefinierbarkeit der Junktoren**: Wir brauchen, wie wir oben gesehen haben, nur einen Junktor zu definieren (nämlich entweder den Sheffer-Strich oder den Peirce-Pfeil), und können dann alle anderen Junktoren durch diesen einen ausdrücken. Wittgenstein entscheidet sich im Prinzip für den Peirce-Pfeil, der dadurch definiert ist, dass mit ihm gebildete Aussagen nur dann wahr sind, wenn beide Teilaussagen falsch sind. Wittgenstein bedient sich allerdings des Zeichens »*N*«, was er etwas anders einführt

(*Tractatus*; Satz 5.51): Wenn »*N*« nur eine Stelle hat, wie in »$N(\varphi)$«, dann soll es das gleiche bedeuten wie $\neg\varphi$. Wenn »*N*« allerdings zwei Stellen hat, wie in »$N(\varphi,\psi)$«, so soll es das gleiche bedeuten wie $\neg\varphi\wedge\neg\psi$. Dies ist ein kleiner Unterschied zum Peirce-Pfeil, da dieser ausschließlich als zweistelliger Junktor definiert ist.

Menge des Sagbaren

Die allgemeine Form der Wahrheitsfunktion $[\bar{p}, \bar{\xi}, N(\bar{\xi})]$ ist also wie folgt zu verstehen: »$\bar{p}$« zeigt die Klasse der sagbaren Sätze an, also die Menge aller Sätze, die überhaupt sinnvoll gesagt werden können (der Strich über dem »p« bedeutet, dass es sich um die Menge aller »p«s handelt – eine Notation, die Wittgenstein aus den zwischen 1910 und 1913 veröffentlichen *Principia Mathematica* von Alfred N. Whitehead und Bertrand Russell übernimmt, Russell/Whitehead 1962). Es ist also, der Idee nach, die Menge, die die **gesamte sinnvolle Sprache** umfasst. Sie wird durch die beiden folgenden Teile der Wahrheitsfunktion spezifiziert: »$\bar{\xi}$« ist die Klasse der Elementarsätze, wobei gilt, dass jeder Elementarsatz ein sinnvoller Satz ist. Diese Klasse ist natürlich in der Klasse der sagbaren Sätze enthalten. Aber es kommen noch weitere Sätze hinzu, nämlich genau diejenigen, die durch logische Verknüpfungen der Elementarsätze entstehen. Und die so entstandenen komplexen Sätze können weiter durch Junktoren verknüpft werden. Der letzte Teil der Formel, $N(\bar{\xi})$, soll genau das ausdrücken: die rekursive Anwendung des *N*-Junktors auf die Elementarsätze. Der Trick besteht genau darin, die allgemeine Form des Satzes so zu formulieren, dass sie eine rekursive Anwendung des *N*-Junktors erlaubt, so dass **unendlich viele Sätze aus (endlich vielen) Elementarsätzen** gebildet werden können. Da alle anderen möglichen Junktoren durch den *N*-Junktor ausgedrückt werden können, können durch diese Formel alle möglichen Sätze angegeben werden, die durch Kombination von Elementarsätzen und logischen Junktoren gebildet werden können. Und diese möglichen Sätze bilden, laut *Tractatus*, genau die Klasse der sagbaren Sätze. Die allgemeine Form des Satzes soll also die genauen Grenzen unserer Sprache darstellen.

Literatur

Russell, Bertrand/Whitehead, Alfred North: *Principia Mathematica*. Cambridge 1962.

Wittgenstein, Ludwig: *Tractatus Logico-Philosophicus*. London 1922.

6 Semantische Beweise

Bislang haben wir uns lediglich mit alltagssprachlichen Sätzen, wohlgeformten Formeln und der Übersetzung ersterer in letztere beschäftigt. Wir haben uns Gedanken zum Begriff der Tautologie und der logischen Wahrheit, der Kontradiktion und der kontingenten Aussage gemacht und eine Idee davon bekommen, welche Rolle Junktoren bei bestimmten Abhängigkeitsverhältnissen zwischen Wahrheitswerten komplexer Sätze einerseits und der sie konstituierenden Sätze andererseits spielen. Damit ist der Zusammenhang zu einem unserer Ziele, der **Evaluation bestimmter Argumente**, noch nicht ins Blickfeld geraten. Dem wollen wir uns nun zuwenden.

Zu diesem Kapitel finden Sie zusätzliches Material im Kapitel »Semantische Beweise« des Online-Kurses.

Zusatzmaterial online

6.1 | Semantische Folgerungsbeziehung in AL

Die zugrunde liegende Idee ist recht einfach, wenn wir uns an die Definition des Ausdrucks »Gültigkeit« erinnern: Ein Argumentschema oder Schluss (wir werden das nun als stilistische Varianten voneinander verwenden) ist genau dann gültig, wenn es nicht möglich ist, dass die Prämissen wahr, die Konklusion aber falsch ist. Es ist leicht zu sehen, dass wir mithilfe von Wahrheitstafeln **bestimmte Argumente auf ihre Gültigkeit prüfen** können. Wir müssen dafür lediglich die Prämissen und die Konklusion adäquat in AL-Formeln überführen und dann die Wahrheitswerte überprüfen: Wenn die Konklusion immer dann »w« erhält, wenn die Prämissen allesamt »w« erhalten, haben wir es mit einem gültigen Argument zu tun. Wir können auf dieser Einsicht aufbauend den Begriff der semantischen Folgerung für AL definieren:

Definition

> Eine Formel φ ist eine AL-semantische Folgerung aus den Formeln der Menge M, wenn für alle AL-Interpretationen $\mathfrak{I}$ und für alle Elemente ψ_1, ψ_2, ... ψ_n von M gilt: wenn $V_{\mathfrak{I}}(\psi_1) = w$ und $V_{\mathfrak{I}}(\psi_2) = w$ ... und $V_{\mathfrak{I}}(\psi_n) = w$, dann $V_{\mathfrak{I}}(\varphi) = w$.

Eine Interpretationsfunktion $\mathfrak{I}$ ordnet jedem Satzbuchstaben von AL entweder w oder f zu. Die Bewertungsfunktion $V_{\mathfrak{I}}$ bildet nun Werte, welche die Interpretationsfunktion den Satzbuchstaben zuweisen, auf Wahrheitswerte ab, entsprechend der Definition der Bewertungsfunktion auf Seite 45. Sie bildet für alle Satzbuchstaben die Wahrheitswerte auf sich selbst ab, ansonsten verhält sie sich entsprechend der Definition der Junktoren.

Anders gesagt: Eine Formel ist die semantische Folgerung aus einer Menge anderer Formeln genau dann, wenn gilt: Wenn ein jedes Element dieser Menge wahr wird, dann wird auch die Formel wahr, für die wir uns interessieren. Wir verwenden das Zeichen: »$\vDash_{AL}$« für »folgt AL-semantisch«. Semantisch nennen wir diese Folgerungsbeziehung, weil wir sie über **Wahrheitswertverteilungen** – die semantischen Werte unserer Formeln – charakterisieren. Wir schreiben die Behauptung, dass eine Formel aus anderen Formeln AL-semantisch folgt, wie folgt auf, wobei wir hier den Zusatz »AL« oft weglassen, da es aus dem Kontext klar wird, um welche Sorte semantischer Folgerung es sich handelt (später werden wir noch andere Folgerungsbegriffe einführen):

Konvention

Form der Folgerungsbehauptung

$\varphi_1, \varphi_2, \ldots, \varphi_n \vDash \psi$

Zusammenhang zu Argumenten: Ein Argument besteht aus Prämissen und einer Konklusion, und zumindest manche gültigen Argumente ziehen ihre Gültigkeit aus einer logischen Form, die sich in AL darstellen lässt. Entsprechend lassen sich Argumente prüfen, indem ihre Prämissen und ihre Konklusion in AL-Formeln überführt werden, und dann eine entsprechende Folgerungsbehauptung geprüft oder begründet wird. Wie aber begründen wir systematisch das Vorliegen einer solchen Folgerungsbeziehung? Nun, indem wir ihr Vorliegen beweisen.

6.2 | Semantisches Beweisen

Wir wollen hier von »semantischen Beweisen« sprechen, wenn die Begründung auf explizit vorgebrachten Überlegungen zu dem Zusammenhang der Wahrheitswerte der Prämissen und der Gültigkeit des Arguments beruht. Insofern ist eine **richtig verwendete Wahrheitstafel** zu einem gegebenen Argument eine semantische Begründung. Doch sollten wir uns klarmachen, dass wir den Bereich der Semantik verlassen, wenn wir einfach nur »w«s und »f«s auf die Tabelle verteilen, dann den Regeln zur Übertragung von »w«s und »f«s entsprechend der Charakterisierung der Junktoren folgen und anschließend nachsehen, ob sich die Werte so verteilen, dass wir sagen dürfen, die Folgerungsbeziehung liege vor. Dann verwenden wir die Regeln, die uns etwas über die Semantik erzählen, als syntaktische Anweisungen zur Herstellung einer Tabelle, in der bestimmte Zeichen stehen – nämlich »w«s und »f«s –, deren Verständnis als Zeichen für Wahrheitswerte für die Regelanwendung irrelevant ist.

Tatsächlich müssen wir für jede Art und Weise des semantischen Begründens immer Zeichen verwenden, und es scheint, als seien viele **Begründungsstrategien in syntaktischen Regeln beschreibbar**, so dass zumindest viele Begründungen auch bloß syntaktisch erfolgen könnten (also ohne, dass das Verständnis der Zeichen relevant wäre). Doch können wir, im Gegensatz zu rein syntaktischen Beweisverfahren, zu denen wir später kommen werden, im Falle gelungener semantischer Begründungen immer ablesen, wie die Gültigkeit einer Argumentform von der Verteilung der Wahrheit und der logischen Struktur abhängt.

Wenn hier und im Folgenden von »semantischer Begründung« die Rede ist, so soll damit immer eine Strategie bezeichnet werden, die zumindest **prinzipiell transparent** ist hinsichtlich der **Zusammenhänge zwischen Form und Wahrheitswerten** (und nicht nur zwischen Zeichen). Darunter fallen unter anderem natürlichsprachliche semantische Begründungen. Das heißt: Es geht um Begründungen, die sich des Deutschen und einiger Fachausdrücke bedienen, ohne dass dabei auf spezifische Regeln zu achten ist. Also sollten wir uns kurz klarmachen, wie man eine solche Begründung durchführt. Wenn wir etwa die Folgerungsbehauptung

$p, p \rightarrow q \vDash q$

vorliegen haben, dann können wir ihre Gültigkeit begründen. Es geht darum, zu zeigen, dass die Prämissen zusammengenommen nicht wahr werden können, ohne dass auch zugleich die Konklusion wahr wird. Hier die Begründung:

Beweis

Semantischer Beweis
Die Folgerungsbehauptung $p, p \rightarrow q \vDash q$ ist wahr.
Wenn die Prämissen zusammengenommen wahr sind, dann gilt, dass die erste Prämisse, also p wahr ist. Wenn die zweite Prämisse, also $p \rightarrow q$ wahr ist, und wenn zusätzlich noch p wahr ist, dann muss auch q wahr sein: Denn $p \rightarrow q$ wird nur dann falsch, wenn p wahr, q aber falsch ist. Nun soll $p \rightarrow q$ nicht falsch sein. Da p wahr ist, gibt es für $p \rightarrow q$ nur eine Möglichkeit, wahr zu werden: q muss wahr sein. Also gilt: Wenn die Prämissen wahr sind, dann muss auch die Konklusion wahr sein.

Damit haben wir eine prominente Schlussfigur eingeführt: den *Modus ponens*, auf den wir in Kapitel 7.1. noch einmal zurückkommen werden.

Direkter Beweis: Das war eine natürlichsprachliche semantische Begründung der Gültigkeit dieses Schlusses. Dabei müssen wir auf alle relevanten Junktoren Bezug nehmen bzw. auf die entsprechende Charakterisierung hinsichtlich ihrer Rolle für die Wahrheit von Sätzen, die mit ihrer Hilfe gebildet werden. Da die Prämissen als wahr angenommen werden sollen, haben wir eine Ausgangsbasis. Die entscheidende Frage lautet nur noch: Was erzählen uns die Junktoren über den Zusammenhang zwischen der Wahrheit der Prämissen und dem Wahrheitswert der Konklusion? Wenn, wie in dem vorangegangenen Beispiel, sich die Wahrheit der

Konklusion direkt aus der **Semantik der Junktoren** und der **Wahrheit der Prämissen** ergibt, ohne, dass wir über Formeln sprechen müssen, die gar nicht in der Folgerungsbehauptung enthalten sind, dann spricht man von einem direkten Beweis.

Manchmal erzählen uns die Junktoren aber auch gar nichts über den Zusammenhang der Wahrheitswerte von Prämissen und Konklusion, wie in dem folgenden Falle:

$$p, p \rightarrow p \vDash q$$

Manchmal ist es ohne Übung schwer zu sehen, was sie uns darüber erzählen (die folgende Behauptung ist wahr):

$$\neg p \rightarrow q,\ \neg q,\ p \rightarrow r \vDash r$$

Es gibt leider **kein allgemeingültiges Rezept** zur Herstellung eines semantischen Beweises. Es ist wirklich eine reine Trainingsfrage solche Begründungen oder Beweise angeben zu können. Zwei Typen semantischer Beweise sollen nun genauer unter die Lupe genommen werden. Sie werden unter dem Begriff des indirekten Beweisens zusammengefasst. Die eine nennt sich Beweis durch Widerspruch, die andere *Reductio ad absurdum* (was eigentlich nichts anderes heißt als »Rückführung auf einen Widerspruch«).

6.3 | Indirektes Beweisen

Die Unterscheidung zwischen dem Beweis durch Widerspruch und der *Reductio ad absurdum* ist recht technisch, aber sie hilft bei der Systematisierung der unterschiedlichen Vorgehensweisen. Dabei ist zu beachten, dass sie nicht immer vollzogen wird – häufig werden »*Reductio ad absurdum*«, »Beweis durch Widerspruch« und »indirekter Beweis« als stilistische Varianten voneinander verwendet. Ganz allgemein lässt sich das indirekte Beweisen darüber charakterisieren, dass man eine **Annahme** einführt, **die im Beweisverlauf diskutiert wird**, und deren Zurückweisung – so diese denn geboten ist – als Beweis der Folgerungsbehauptung, um die es ursprünglich ging, gewertet werden kann. Die Grundidee dabei ist folgende: Wir zeigen, dass alle Prämissen zusammen mit der Annahme nicht gleichzeitig wahr sein können, indem wir einen Widerspruch ableiten. Das bedeutet aber, dass, wenn die Prämissen wahr sind, die Annahme falsch sein muss. Daher können wir den abgeleiteten Widerspruch als Grund auffassen, die Annahme zurückzuweisen. Wenn wir nun noch die Annahme geschickt wählen, indem wir z. B. das ›Gegenteil‹ der Konklusion als Annahme wählen, können wir aus der Falschheit der Annahme auf die Wahrheit des ›Gegenteils‹ der Annahme, also die Wahrheit der Konklusion schließen und so zeigen, dass, wenn die Prämissen wahr sind, auch die Konklusion wahr sein muss, das Argument also gültig ist. Kommen wir nun zur ersten Variante, dem Beweis durch Widerspruch.

6.3.1 | Beweis durch Widerspruch

Hier ein einfaches Beispiel eines Arguments, dessen Gültigkeit sich durch einen Beweis durch Widerspruch darlegen lässt:

Beispiel

(1) Peter ist kein Student.
(2) Wenn Peter Studiengebühren zahlt, dann ist Peter ein Student.
(3) ∴ Peter zahlt keine Studiengebühren.

Wir gehen nun von der Wahrheit der Prämissen aus und **nehmen zusätzlich an**, die Konklusion sei falsch (dann würde, nach unserer obigen Definition, keine Folgerungsbeziehung vorliegen). Diese letzte Annahme ist die Annahme, von der oben die Rede war.

Beweis

Nehmen wir nun an, Peter zahle Studiengebühren (das Gegenteil der Konklusion), obwohl er kein Student ist (Prämisse 1), und obwohl gilt, dass, wenn Peter Studiengebühren zahlt, er ein Student ist (Prämisse 2).

Wir überprüfen, ob die Annahme zurückgewiesen werden muss, indem wir schauen, ob die Prämissen mit der Annahme verträglich sind: Sind sie es nicht, was sich darin zeigt, dass wir einen Widerspruch erhalten, dann kann also der Fall, dass die Prämissen wahr, die Konklusion aber falsch ist, offensichtlich nicht eintreten. Daher gilt in einem solchen Fall, dass (3) aus (1) und (2) folgt.

Wir wissen nun, dass Peter kein Student ist. (2) sagt uns darüber hinaus, dass, wenn Peter Studiengebühren zahlt, er ein Student sein muss. Nun sagt uns die Annahme, dass Peter Studiengebühren zahlt. Wenn die Annahme gilt, gilt das Antezedens der Implikation (sie sind miteinander identisch). Also muss auch das Konsequens der Implikation wahr sein – so ist die Implikation definiert. Wenn das Konsequens wahr ist, dann gilt: Peter ist ein Student.
Kombinieren wir das jedoch mit (1), so erhalten wir einen **Widerspruch im logischen Sinne**: Peter ist kein Student (Prämisse 1) und Peter ist ein Student (das folgt aus der Annahme und Prämisse 2).

Der Widerspruch ist offensichtlich der Annahme geschuldet. Also können wir die Annahme verneinen: **Widersprüche im logischen Sinne sind ausgeschlossen**. Wenn eine Annahme in einen solchen Widerspruch führt, dann muss sie falsch sein. Und das zeigen wir dadurch an, dass wir die Annahme verneinen. So erhalten wir die gesuchte Konklusion: Peter ist kein Student. Offensichtlich ist also das Argument gültig.

Da ein Widerspruch entsteht, muss die Annahme falsch sein, und es gilt: Peter zahlt keine Studiengebühren. Das ist die Konklusion, die also nicht falsch sein kann, wenn die Prämissen wahr sind. Das Argument ist also gültig.

Fassen wir noch einmal die **Taktik hinter dem indirekten Beweis** zusammen: Wir nehmen zunächst das Gegenteil der Konklusion an (die Annahme). In einem nächsten Schritt zeigen wir, dass die Annahme mit den Prämissen gemeinsam in einen Widerspruch führt. Anschließend verneinen wir die Annahme und erhalten so die gewünschte Konklusion – sofern das Argument oder die Folgerungsbehauptung wirklich gültig ist. Zum Abschluss wollen wir noch einen Blick auf ein philosophiegeschichtlich prominentes Beispiel eines Beweises durch Widerspruch werfen: Die dritte Antinomie der reinen Vernunft aus der *Kritik der reinen Vernunft* von Immanuel Kant.

6.3.2 | Ein Beispiel für den indirekten Beweis: Die dritte Antinomie aus der *Kritik der reinen Vernunft* von Immanuel Kant

Wenden wir uns nun einem berühmten Beispiel eines indirekten Beweises zu, nämlich einem prominenten Argument aus der *Kritik der reinen Vernunft*. Dabei wollen wir uns auf den zentralen Teil dieses Arguments konzentrieren, so dass wir die Anmerkungen Kants zum Argument völlig außer Acht lassen. Genauso wenig werden wir die Wahrheit der Prämissen diskutieren.

Beispiel

Der Antinomie der reinen Vernunft Dritter Widerstreit der transscendentalen Ideen.

Thesis. **Die Causalität nach Gesetzen der Natur ist nicht die einzige, aus welcher die Erscheinungen der Welt insgesammt abgeleitet werden können. Es ist noch eine Causalität durch Freiheit zu Erklärung derselben anzunehmen nothwendig.**
Beweis.
Man nehme an, es gebe keine andere Causalität, als nach Gesetzen der Natur; so setzt alles, was geschieht, einen vorigen Zustand voraus, auf den es unausbleiblich nach einer Regel folgt. Nun muß aber der vorige Zustand selbst etwas sein, was geschehen ist (in der Zeit geworden, da es vorher nicht war), weil, wenn es jederzeit gewesen wäre, seine Folge auch nicht allererst entstanden, sondern immer gewesen sein würde. Also ist die Causalität der Ursache, durch welche etwas geschieht, selbst etwas Geschehenes, welches nach dem Gesetze der Natur wiederum einen vorigen Zustand und dessen Causalität, dieser aber eben so einen noch älteren voraussetzt u. s. w. Wenn also alles nach bloßen Gesetzen der Natur geschieht, so giebt es jederzeit nur einen subalternen, niemals aber einen ersten Anfang und also

überhaupt keine Vollständigkeit der Reihe auf der Seite der von einander abstammenden Ursachen. Nun besteht aber eben darin das Gesetz der Natur: daß ohne hinreichend a priori bestimmte Ursache nichts geschehe. Also widerspricht der Satz, als wenn alle Causalität nur nach Naturgesetzen möglich sei, sich selbst in seiner unbeschränkten Allgemeinheit, und diese kann also nicht als die einzige angenommen werden.
Diesemnach muß eine Causalität angenommen werden, durch welche etwas geschieht, ohne daß die Ursache davon noch weiter durch eine andere vorhergehende Ursache nach nothwendigen Gesetzen bestimmt sei, d. i. eine absolute Spontaneität der Ursachen, eine Reihe von Erscheinungen, die nach Naturgesetzen läuft, von selbst anzufangen, mithin transscendentale Freiheit, ohne welche selbst im Laufe der Natur die Reihenfolge der Erscheinungen auf der Seite der Ursachen niemals vollständig ist. (Kant 1787, AA III, 308/310)

Von der Struktur müssen wir uns hier nur einen Bruchteil vergegenwärtigen: dass nämlich der erste Satz des Beweises das Gegenteil der These ist, aus welcher, so meint das zumindest Kant, ein Widerspruch abgeleitet wird, so dass durch **Negation der Annahme** wieder zur These übergegangen werden kann. Genauso verhält es sich im zweiten Teil der Antinomie:

Antithesis. Es ist keine Freiheit, sondern alles in der Welt geschieht lediglich nach Gesetzen der Natur:
Beweis.
Setzet: es gebe eine Freiheit im transscendentalen Verstande, als eine besondere Art von Causalität, nach welcher die Begebenheiten der Welt erfolgen könnten, nämlich ein Vermögen, einen Zustand, mithin auch eine Reihe von Folgen desselben schlechthin anzufangen; so wird nicht allein eine Reihe durch diese Spontaneität, sondern die Bestimmung dieser Spontaneität selbst zur Hervorbringung der Reihe, d. i. die Causalität, wird schlechthin anfangen, so daß nichts vorhergeht, wodurch diese geschehende Handlung nach beständigen Gesetzen bestimmt sei. Es setzt aber ein jeder Anfang zu handeln einen Zustand der noch nicht handelnden Ursache voraus und ein dynamisch erster Anfang der Handlung einen Zustand, der mit dem vorhergehenden eben derselben Ursache gar keinen Zusammenhang der Causalität hat, d. i. auf keine Weise daraus erfolgt. Also ist die transscendentale Freiheit dem Causalgesetze entgegen und eine solche Verbindung der successiven Zustände wirkender Ursachen, nach welcher keine Einheit der Erfahrung möglich ist, die also auch in keiner Erfahrung angetroffen wird, mithin ein leeres Gedankending.
Wir haben also nichts als Natur, in welcher wir den Zusammenhang und Ordnung der Weltbegebenheiten suchen müssen. Die Freiheit (Unabhängigkeit) von den Gesetzen der Natur ist zwar eine Befreiung vom Zwange, aber auch vom Leitfaden aller Regeln. Denn man kann nicht sagen, daß anstatt der Gesetze der Natur Gesetze der Freiheit in die Causalität des Weltlaufs eintreten, weil, wenn diese nach Gesetzen bestimmt wäre, sie nicht Freiheit, sondern selbst nichts anders als Natur wäre. Natur also und transscendentale Freiheit unterscheiden sich wie Gesetzmäßigkeit

und Gesetzlosigkeit, davon jene zwar den Verstand mit der Schwierigkeit belästigt, die Abstammung der Begebenheiten in der Reihe der Ursachen immer höher hinauf zu suchen, weil die Causalität an ihnen jederzeit bedingt ist, aber zur Schadloshaltung durchgängige und gesetzmäßige Einheit der Erfahrung verspricht, da hingegen das Blendwerk von Freiheit zwar dem forschenden Verstande in der Kette der Ursachen Ruhe verheißt, indem sie ihn zu einer unbedingten Causalität führt, die von selbst zu handeln anhebt, die aber, da sie selbst blind ist, den Leitfaden der Regeln abreißt, an welchem allein eine durchgängig zusammenhängende Erfahrung möglich ist. (Kant 1787, AA III, 309/311)

Wieder wird das Gegenteil der These angenommen: hier, indem gesagt wird, es gebe Freiheit. Daraus wird ein Widerspruch abgeleitet und es wird durch **Negation der Annahme** zur These übergegangen. Wieder erhalten wir die Struktur des indirekten Beweises.

6.3.3 | *Reductio ad absurdum*

Unterschied zum Beweis durch Widerspruch: Die *Reductio ad absurdum* unterscheidet sich vom Beweis durch Widerspruch durch ein kleines technisches Detail: Wenn wir eine Konklusion A beweisen wollen und diese daher als Annahme verneinen, und aus der Verneinung von A einen Widerspruch ableiten, dann dürfen wir zum **Gegenteil der Verneinung** von A übergehen. Die Rede vom »Gegenteil« ist jedoch für die Zwecke, die wir hier verfolgen, nicht sonderlich hilfreich: Sie allein erlaubt keine **Unterscheidung zwischen einer nicht- und einer doppelt negierten Aussage** als Gegenteil eines einfach negierten Satzes. Der Satz »es gibt kein Eis zum Nachtisch« hat die folgenden zwei Sätze zum Gegenteil: »es ist nicht der Fall, dass es kein Eis zum Nachtisch gibt« und »es gibt Eis zum Nachtisch«.

Wir wollen die Rede vom Gegenteil ersetzen durch die Rede davon, dass wir die Annahme verneinen. Wenn wir nun eine verneinte Aussage verneinen, ergibt das eine **verneinte Verneinung**. Davon können wir nun wieder übergehen zu der Aussage, die wir ursprünglich im Auge hatten: zu A. Dieser Zwischenschritt ist genau dann nötig, wenn wir eine negierte Aussage annehmen, um eine nicht-negierte Aussage zu beweisen. Wichtig ist in diesem Zusammenhang, dass wir beim Beweis durch Widerspruch eine verneinte Aussage beweisen wollen und die entsprechende nicht-verneinte Aussage (das Gegenteil) annehmen – wir nehmen aber nicht die doppelt verneinte Aussage an. Im Gegensatz dazu nehmen wir bei der *Reductio ad absurdum* eine verneinte Aussage an. Damit können wir dann durch einem Beweis durch Widerspruch die entsprechende **doppelt verneinte Aussage beweisen**. Erst dann kommt der Schritt dazu, der bei der *Reductio ad absurdum* nötig ist: Der Übergang von einer doppelt verneinten Aussage zu der Aussage ohne Negationen. Die *Reductio ad absurdum* ist also ein Beweis durch Widerspruch plus Übergang von einer doppelt verneinten Aussage zu der Aussage selbst.

In unserer alltäglichen Argumentationssituation überspringen wir diesen letzten Schritt häufig, und semantisch betrachtet ist ja eine doppelt verneinte Aussage äquivalent zu der nicht verneinten Aussage. Kant etwa macht im Beweis für die erste These diesen Sprung: Eine verneinte Annahme (»Man nehme an, es gebe keine andere Kausalität ...«) führt in einen Widerspruch und es wird direkt zur nicht verneinten These übergegangen (allerdings kann man die Annahme auch umdeuten zu »Man nehme an, es gebe nur eine Kausalität, nämlich die ...«; in dieser Lesart handelt es sich bei Kants Argument tatsächlich um einen Beweis durch Widerspruch, was auch die Formulierung der These und der Konklusion nahelegt). Das ist auch in Ordnung so, zumal auf der Bedeutungsebene der **Unterschied zwischen verneinten und nicht verneinten Aussagen sehr unklar** ist. So können wir etwa sagen, eine Person sei unverheiratet, sie sei nicht verheiratet und sie sei ledig. Wir scheinen damit genau dasselbe zu sagen, obwohl in der letzten Variante offensichtlich keine Verneinung auftritt (vgl. hierzu etwa Künne 2010). Doch werden wir später versuchen, die Beweisstrategien auf syntaktischer Ebene zu beschreiben. Und da ist es dann sinnvoll, die **Unterschiede an der sprachlichen Oberfläche ernst zu nehmen**. Kommen wir nun zu einem neuen Beispiel für eine *Reductio ad absurdum*:

Beispiel

(1) Peter zahlt Studiengebühren.
(2) Wenn Peter kein Student ist, dann zahlt er keine Studiengebühren.
(3) ∴ Peter ist ein Student.

Nehmen wir das Gegenteil der Konklusion an, dass also Peter kein Student sei. Ist er kein Student, dann zahlt er keine Studiengebühren, das ergibt sich aus der zweiten Prämisse. Unter der Annahme gilt also, dass er keine Studiengebühren zahlt. Zusammen mit der ersten Prämisse ergibt das den gesuchten Widerspruch: Peter zahlt Studiengebühren und Peter zahlt keine Studiengebühren. Wir dürfen also, wie wir jetzt sagen wollen, die Annahme verneinen: Wir erhalten das Ergebnis, dass es nicht der Fall ist, dass Peter kein Student ist. Erst im nächsten Schritt dürfen wir zur Konklusion übergehen, dass Peter ein Student ist. Denn: Die **doppelte Verneinung ist, nach dem Bivalenzprinzip, äquivalent zur Bejahung** (Gesetz der doppelten Negation: *Duplex negatio est affirmatio*). Dieser zusätzliche Schritt unterscheidet die *Reductio ad absurdum* vom Beweis durch Widerspruch. Tatsächlich ist es aber genau dieser Schritt, der nicht in allen Logiken gilt, eben weil das Bivalenzprinzip nicht in allen Logiken anerkannt wird (Priest 2008).

Definition

Bivalenzprinzip: Jede Aussage ist entweder wahr oder falsch.

Der **Unterschied** zwischen dem Beweis durch Widerspruch und der *Reductio ad absurdum* besteht **im letzten Schritt der *Reductio***, in dem das Gesetz der doppelten Negation angewendet wird. Dieses Gesetz gilt allerdings nur unter der Voraussetzung des Bivalenzprinzips. Wenn es gilt, dann garantiert die Wahrheit der Verneinung einer Aussage, dass die Aussage selbst falsch ist. Wenn aber nun eine verneinte Aussage wahrheitsgemäß nochmals verneint wird, läuft das darauf hinaus, dass die verneinte Aussage falsch ist. Da aber die Aussage selbst nur wahr oder falsch sein kann, bleibt nur die Wahrheit der Aussage als Möglichkeit der Bedeutung der doppelt negierten Aussage übrig.

Bivalenzprinzip in der AL: In der AL findet das Bivalenzprinzip seinen Ausdruck im **Gesetz des ausgeschlossenen Dritten** (*tertium non datur*): $p \vee \neg p$. Dieser Satz besagt, dass entweder die Aussage p wahr ist oder ihre Negation $\neg p$ wahr ist, p also falsch ist. Wie schon angedeutet, gilt das Bivalenzprinzip aber nicht in allen Logiken. In Logiken, in denen das Bivalenzprinzip nicht gilt, gilt auch das Gesetz vom ausgeschlossenen Dritten und das Gesetz der doppelten Negation nicht, und daher ist die *Reductio ad absurdum* kein logisch gültiger Schluss. Allerdings bleibt in solchen Logiken der Beweis durch Widerspruch unberührt: Er ist weiterhin gültig. Werfen wir einen kurzen Blick auf solche mehrwertigen Logiken oder Logiken, die eine sogenannte Wahrheitswertlücke zulassen.

6.3.4 | Das Bivalenzprinzip und nicht-klassische Logiken

Sätze, die weder wahr noch falsch sind: Es gibt Interpretationen von Aussagen, nach denen diese nicht entweder wahr oder falsch sind. Also gilt das Bivalenzprinzip nicht. Hier eine Überlegung, die das für Sätze motiviert: Manche Logiker sind der Ansicht, dass es wahre Sätze, falsche Sätze und Sätze gibt, die weder wahr noch falsch sind, und die damit in eine **Wahrheitswertlücke** fallen. Frege glaubte das etwa von manchen Sätzen, nämlich solchen, die keinen Bezugsgegenstand in der Welt haben, über den mit dem Satz etwas ausgesagt wird, wie z. B. »Der gegenwärtige König von Frankreich ist kahlköpfig« (Russell 1905). Es gibt keinen gegenwärtigen König von Frankreich. Entsprechend, so die Idee, ist ein solcher Satz weder wahr noch falsch. Im hier unterstellten Sinn von »Aussage« handelt es sich dabei aber nicht um eine Aussage, und auch Frege machte derartige Sätze nicht zum Gegenstand der Logik.

Mehr als zwei Wahrheitswerte

Dritter Wahrheitswert: Die **intuitionistische Logik** findet eine andere Motivation für die Annahme einer Wahrheitswertlücke für Aussagen. Dieser Ansatz geht davon aus, dass die Wahrheit einer Aussage in gewissem Sinne positiv belegt werden muss, dass es **also nicht reicht, das Gegenteil auszuschließen**. Etwas technischer: Um zu beweisen, dass eine negierte Aussage wahr ist, reicht es aus, zu zeigen, dass die Aussage selbst falsch ist. Der Beweis durch Widerspruch ist also ein Verfahren, um die **Wahrheit (einer verneinten) Aussage positiv zu belegen**. Anders verhält es sich aber, wenn eine negierte Annahme zum Widerspruch geführt wird: In diesem Fall haben wir nur positiv belegt, dass die verneinte Aussage falsch ist, dass also die doppelt verneinte Aussage wahr ist. Wir haben aber noch immer keinen positiven Beleg dafür gefunden, dass auch die Aussage selbst wahr ist. Vielmehr können wir in diesem Fall über die Wahrheit oder Falschheit der nicht-negierten Aussage keine Angaben machen – die Aussage fällt in eine Wahrheitswertlücke. Entsprechend sagen intuitionistische Logikerinnen und Logiker, dass es Aussagen (und nicht bloß Sätze) gibt, die weder wahr noch falsch sind. Diese Aussagen sind als Aussagen Gegenstand der Logik, so dass neben den Wahrheitswerten wahr und falsch entweder eine Lücke oder **ein dritter Wahrheitswert, z. B. unbestimmt**, eingeführt werden muss. Das Bivalenzprinzip gilt also in der intuitionistischen Logik nicht, und daher gilt auch weder das Gesetz vom ausgeschlossenen Dritten (eine Aussage kann eben nicht nur wahr oder falsch, sondern auch unbestimmt sein), noch das Gesetz der doppelten Negation (die Tatsache, dass die Falschheit einer negierten Aussage nachgewiesen wurde, lässt noch nicht den Schluss auf die Wahrheit der Aussage zu – sie könnte auch unbestimmt sein), noch kann die *Reductio ad absurdum* als Beweis verwendet werden.

Mehr Wahrheitswerte: Es gibt übrigens Logikerinnen und Logiker, die wesentlich mehr Wahrheitswerte akzeptieren, im stärksten Fall sogar unendlich viele, wonach nämlich alle (rationalen) Zahlen zwischen 0 und 1 für Wahrheitswerte stehen. Da nun – und das ist eine nicht in allen Logikeinführungen zu findende Eigenart unserer Herangehensweise – das Bivalenzprinzip als Definitionsmerkmal für den Begriff der Aussage aufgefasst wurde, und nicht als These darüber, wie sich Sätze, die in der Logik behandelt werden sollten, allgemein mit Bezug auf Wahrheit und Falschheit verhalten, müssten wir hier streng genommen sagen, dass in intuitionistischen (und anderen) Logiken **ein anderer Begriff der Aussage** verwendet wird. Denn dass in unserem Sinne eine Aussage weder wahr noch falsch ist, ist begrifflich unmöglich. Sich darauf zurückzuziehen wäre jedoch der Debatte wenig zuträglich. Wir werden, um unnötige Komplikationen zu vermeiden, weiter am Bivalenzprinzip festhalten.

Literatur

Kant, Immanuel: *Kritik der reinen Vernunft* [1787]. Akademie-Ausgabe. Berlin 1911.

Künne, Wolfgang: *Die Philosophische Logik Gottlob Freges: ein Kommentar: mit den Texten des Vorworts zu Grundgesetze der Arithmetik und der Logischen Untersuchungen I–IV*. Frankfurt a. M. 2010.

Priest, Graham: *An Introduction to Non-Classical Logic: From If to Is*. Cambridge/New York 2008.

Russell, Bertrand: »On Denoting«. In: *Mind* 14/56 (1905), S. 479–493.

gaben machen – die Aussage fällt in eine Wahrheitswertlücke. Entwe-der [illegible] Logik [illegible] Logiker, dass es Aussagen gibt, die nicht bloß [illegible] entweder wahr oder falsch sind. Diese Aus-sagen sind als Aussagen Gegenstand der Logik, so dass neben den Wahr-heitswerten wahr und falsch entweder eine Lücke oder ein dritter Wahr-heitswert, z. B. unbestimmt, eingeführt werden muss. Das Bivalenz-prinzip gilt also in der intuitionistischen Logik nicht, [illegible] daher gilt auch nicht das Gesetz vom ausgeschlossenen Dritten. Eine Aussage kann [illegible] nicht wahr oder falsch, [illegible] unbestimmt sein, noch [illegible]

7 Schlussfiguren und die Idee eines Kalküls

Dieses Kapitel umfasst drei verschiedene Aspekte. Zunächst soll das semantische Beweisen vertieft werden durch die Betrachtung einiger grundlegender Schlussfiguren. Anschließend wenden wir uns einer interessanten Parallelität zwischen Implikation und Folgerung zu, die eine erste Brücke zwischen der Semantik und der Syntax bildet, um im dritten Abschnitt die Idee eines Kalküls einzuführen.

Zu diesem Kapitel finden Sie zusätzliches Material im Kapitel »Schlussfiguren und die Idee eines Kalküls« des Online-Kurses. Zusatzmaterial online

7.1 | Beispiele klassischer Schlussfiguren

Nachdem wir im letzten Kapitel die Methode des semantischen Beweisens eingeführt haben und zwei Beweisstrategien vorgestellt hatten (direktes und indirektes Beweisen), werden wir nun anhand von klassischen Schlussfiguren diese Technik weiter vertiefen. Dabei sind die klassischen Schlussfiguren schon so gewählt, dass sie eine optimale Vorbereitung auf die im nächsten Kapitel einzuführenden Regeln des Kalküls darstellen. Sehen wir uns dazu zuerst folgendes Argument an:

Beispiel

(1) Zum Nachtisch gibt es Crème brûlée oder Crema catalana.
(2) Es gibt keine Crème brûlée zum Nachtisch.
(3) ∴ Es gibt Crema catalana zum Nachtisch.

Dieses Argument ist offensichtlich gültig. Wenn wir also die einzelnen Aussagen in die AL übersetzen, so wird zwischen den Prämissen und der Konklusion die Folgerungsbeziehung bestehen: $p \vee q, \neg p \vDash q$. Diese Schlussfigur wird übrigens auch ***Modus tollendo ponens*** genannt (zur Herkunft aus dem Lateinischen s. u. Kasten »Zur Vertiefung«). Sehen wir uns zwei Möglichkeiten an, die Gültigkeit dieser Schlussfigur zu beweisen. Zunächst durch eine direkte Beweismethode:

Direkter Beweis

Modus tollendo ponens
Die erste Prämisse $p \vee q$ ist nur dann falsch, wenn sowohl p als auch q falsch sind. Da aber p falsch ist (zweite Prämisse), kann die erste Prämisse nur noch wahr werden, wenn q wahr ist. Das bedeutet, dass in dem Fall, in dem alle Prämissen wahr sind, auch q (die Konklusion) wahr sein muss. Also besteht die Folgerungsbeziehung zwischen den Prämissen und der Konklusion.

Eine andere Möglichkeit wäre eine *Reductio ad absurdum*:

Indirekter Beweis

Modus tollendo ponens
Nehmen wir an, dass q falsch ist. Zusätzlich wissen wir, dass p falsch ist (zweite Prämisse). In diesem Fall ist auch $p \vee q$ falsch. Dies steht allerdings in Widerspruch zur ersten Prämisse, die gerade besagt, dass $p \vee q$ wahr ist. Daher muss die Annahme falsch sein, nach dem Bivalenzprinzip also q wahr sein, so dass die Konklusion aus den Prämissen logisch folgt.

In Kapitel 6.2 hatten wir schon den ***Modus ponens*** (oder genauer: den *Modus ponendo ponens*) kennengelernt: $p, p \rightarrow q \vDash q$. Diese Schlussfigur ist einfach zu beweisen. Eine andere berühmte Schlussfigur der Implikation heißt ***Modus tollens*** (oder genauer: *Modus tollendo tollens*): $\neg q, p \rightarrow q \vDash \neg p$. Einen ähnlichen Schluss haben wir in der Einleitung als Beispiel für einen Schluss angeführt, den Personen normalerweise nicht unmittelbar einleuchtend finden (hier in leicht angepasster Form):

Beispiel

(1) Das Haus befindet sich nicht auf der rechten Straßenseite.
(2) Wenn die Hausnummer gerade ist, dann befindet sich das Haus auf der rechten Straßenseite.
(3) ∴ Das Haus hat keine gerade Hausnummer.

Diese Schlussfigur ist am einfachsten durch einen Beweis durch Widerspruch zu beweisen:

Indirekter Beweis

Modus (tollendo) tollens
Nehmen wir an, dass p (»die Hausnummer ist gerade«) wahr ist. Dann gilt, dass auch q (»das Haus befindet sich auf der rechten Straßenseite«) wahr ist, denn die zweite Prämisse besagt, dass $p \rightarrow q$, und dies würde falsch, wenn p wahr und q falsch wäre. Daraus ergibt sich aber mit der ersten Prämisse der Widerspruch, dass q und $\neg q$ beide wahr sind. Also muss die Annahme falsch sein, also $\neg p$ (»das Haus hat keine gerade Hausnummer«) wahr sein.

Wir haben nun den *Modus ponendo ponens*, den *Modus tollendo ponens*, und den *Modus tollendo tollens* kennengelernt. Es wird kaum jemanden erstaunen, dass es auch den *Modus ponendo tollens* gibt: $p, \neg (p \wedge q) \vDash \neg q$. Auch die Gültigkeit dieser Schlussfigur lässt sich schön durch einen Beweis durch Widerspruch darlegen:

Indirekter Beweis

Modus ponendo tollens
Nehmen wir an, dass q wahr ist. Wir wissen durch die erste Prämisse, dass auch p wahr ist. Daher ist in diesem Fall auch $p \wedge q$ wahr (beide Konjunkte sind wahr). Dies führt aber mit der zweiten Prämisse in einen direkten Widerspruch: $(p \wedge q) \wedge \neg(p \wedge q)$. Daher muss die Annahme falsch sein, also $\neg q$ wahr sein.

Zur Vertiefung

Bezeichnungen der klassischen Schussfiguren

Die lateinischen Bezeichnungen für die klassischen Schlussfiguren kommen aus dem Mittelalter. »*Modus*« heißt einfach »Art und Weise«, kann also hier übersetzt werden mit »Schlussart«. »*Ponendo*« und »*tollendo*« sind Substantivierungen (Gerundien) der Verben »*ponere*« (bedeutet: setzen) und »*tollere*« (bedeutet: aufheben); »*ponens*« und »*tollens*« sind dazugehörige Partizipien, die mit »setzend« und »aufhebend« übersetzt werden können. Die Idee ist, dass eine nicht-verneinte (also affirmative) Aussage etwas behauptet (setzt), während eine verneinte Aussage den Inhalt aufhebt. Der Ausdruck »*Modus ponendo ponens*« kann also grob übersetzt werden als »setzende Schlussart durch Setzung«, wobei die Idee ist, dass eine der Prämissen eine Setzung ist (also eine nicht-negierte Aussage), und die Konklusion durch den Schluss gesetzt wird, also in einer nicht-negierten Aussage besteht. Entsprechend wird durch den *Modus ponendo tollens* (den aufhebenden Schluss durch Setzung) aufgrund einer affirmativen Prämisse eine negierte Konklusion abgeleitet. Diese Grundidee der lateinischen Bezeichnungen wird am besten klar, wenn man die vier Modi direkt miteinander vergleicht:

- *Modus ponendo ponens*: $p, p \rightarrow q \vDash q$
- *Modus tollendo ponens*: $\neg p, p \vee q \vDash q$
- *Modus ponendo tollens*: $p, \neg (p \wedge q) \vDash \neg q$
- *Modus tollendo tollens*: $\neg q, p \rightarrow q \vDash \neg p$

Anwendung der Schussfiguren: Wir haben nun einige grundlegende Schlussfiguren kennengelernt, die man bei komplexeren Argumenten immer wieder als ›Teilstücke‹ finden kann. Nehmen wir als Beispiel eines solchen komplexeren Arguments dasjenige aus dem letzten Kapitel (s. Kap. 6.2): $\neg p \rightarrow q, \neg q, p \rightarrow r \vDash r$. Hierbei handelt es sich um einen gültigen Schluss, wie jetzt bewiesen werden soll. Doch zunächst soll die Beweisidee klar gemacht werden: Aus der ersten und zweiten Prämisse ergibt sich durch den *Modus tollens* $\neg\neg p$, und daraus dann p. Daraus und aus der dritten Prämisse ergibt sich durch den *Modus ponens* r, also die Konklusion. Dass genau diese Schlussfiguren uns hier zum Ziel bringen, ist etwas, was man **durch Übung sehen lernt**. In diesem Fall kann man (wie gesagt mit etwas Übung) schon durch das Lesen der ersten beiden Prämissen sehen, dass p folgt: Wann immer eine Prämisse das negierte Konsequens einer anderen Prämisse ist, kann der *Modus tollens* angewendet werden. Wenn wir das gesehen haben, können wir direkt sehen, dass wir das Antezedens der dritten Prämisse zur Verfügung haben und also den *Modus ponens* anwenden können, der dann bereits zur Konklusion führt.

Stellen wir dies in einem semantischen Beweis ausführlich dar, so können wir verschiedene Strategien wählen. Eine Möglichkeit bestünde in einer *Reductio ad absurdum* (Beweisidee: Annahme $\neg r$, also $\neg p$ durch *Modus tollens* mit dritter Prämisse, also q durch *Modus ponens* mit erster Prämisse, und also Widerspruch zur zweiten Prämisse ...). Eine andere Möglichkeit reflektiert eher unsere anfänglichen Überlegungen:

Direkter Beweis

$\neg p \rightarrow q, \neg q, p \rightarrow r \vDash r$

Die erste Prämisse $\neg p \rightarrow q$ wird nur dann falsch, wenn p falsch und q falsch ist. Wenn allerdings die zweite Prämisse wahr ist, dann ist q falsch. Die erste Prämisse kann also nur gleichzeitig mit der zweiten Prämisse wahr sein, wenn p wahr ist. Wenn aber p wahr ist, so ist aufgrund der dritten Prämisse auch r wahr, da in dem anderen Fall (r ist falsch) die gesamte dritte Prämisse falsch würde. Also ist r wahr, wenn alle Prämissen wahr sind, und damit besteht die Folgerungsbeziehung zwischen Prämissen und Konklusion.

Als letztes Beispiel wollen wir uns folgendes Argument ansehen:

Beispiel

(1) Zum Nachtisch esse ich Crème brûlée oder Crema catalana.
(2) Wenn ich Crème brûlée zum Nachtisch esse, brauche ich einen Espresso.
(3) Wenn ich Crema catalana zum Nachtisch esse, brauche ich einen Espresso.
(4) ∴ Ich brauche einen Espresso.

Auch die Gültigkeit dieses Argumentes sollte intuitiv einleuchten. Wir gehen daher zur Behauptung der Folgerungsbeziehung über: $p \vee q$, $p \rightarrow r$, $q \rightarrow r \vDash r$. Diese Schlussfigur wird auch häufig »**Fallunterscheidung**« genannt. Die Idee dabei ist, dass wir zwei Fälle unterscheiden, in denen eine Disjunktion (hier: die erste Prämisse) wahr wird: p ist wahr oder q ist wahr (und dabei ist gleich der dritte Fall enthalten, in dem die Disjunktion wahr ist – der Fall, in dem beide Disjunkte wahr sind). Egal, welcher Fall eintritt, ist auch immer r wahr (wegen der zweiten und dritten Prämisse). Bringen wir diese Grundidee nun in die Form eines ausführlichen semantischen Beweises:

Beweis

Fallunterscheidung
Die erste Prämisse $p \vee q$ wird wahr, wenn mindestens eines der beiden Disjunkte wahr wird. Nehmen wir zunächst an, das erste Disjunkt *p* ist wahr. Dann ist aufgrund der zweiten Prämisse auch *r* wahr (wenn es falsch wäre, wäre die zweite Prämisse falsch). Nehmen wir nun an, das zweite Disjunkt *q* wäre wahr. In diesem Fall ist aufgrund der dritten Prämisse auch *r* wahr (wenn es falsch wäre, dann wäre die dritte Prämisse falsch). Also ist in beiden Fällen *r* wahr. Da aber die beiden Fälle alle Möglichkeiten abdecken, in denen die erste Prämisse wahr wird, muss – egal welches der Disjunkte nun tatsächlich wahr ist – immer auch *r* (die Konklusion) wahr sein. Es handelt sich also um ein gültiges Argument.

7.2 | Das Deduktionstheorem

Beziehung zwischen Folgerung und Implikation: Vielleicht ist der Leserin oder dem Leser bereits aufgefallen, dass gültige Argumente und Implikationen einige Ähnlichkeiten aufweisen: Eine Implikation wird nur dann falsch, wenn ihr Antezedens wahr und ihr Konsequens falsch ist. Ein Argument ist nur dann ungültig, wenn es möglich ist, dass seine Prämissen wahr und seine Konklusion gleichzeitig falsch ist. Diese Beziehung zwischen gültigen Argumenten, oder genauer: der Folgerungsbeziehung, und der Implikation in der AL soll nun **formal präzise gefasst** werden.

Das Deduktionstheorem besagt, dass eine Folgerungsbeziehung zwischen Prämissen p_1, p_2, ... p_n und einer Konklusion genau dann vorliegt, wenn die Implikation, welche die Konjunktion der Prämissen $(p_1 \wedge p_2 \wedge \ldots \wedge p_n)$ zum Antezedens und die Konklusion zum Konsequens hat, **tautologisch** ist (wobei der Übersichtlichkeit halber die inneren Klammern weggelassen wurden, da die Klammerung in einer langen Konjunktion willkürlich ist). Hier etwas genauer:

Definition

Deduktionstheorem
$\varphi_1, \varphi_2, \ldots \varphi_n \vDash \psi$ ist wahr genau dann, wenn gilt: $((\varphi_1 \wedge \varphi_2 \wedge \ldots \varphi_n) \rightarrow \psi)$ ist tautologisch.

Die Bedeutung des Deduktionstheorems für die Logik besteht darin, dass wir mit diesem Theorem die Möglichkeit haben, **Folgerungsbeziehungen**, die zwischen Sätzen bestehen, in der Sprache der Aussagenlogik selbst als Satz zu formulieren. Wir können also einer metasprachlichen Behauptung (dass zwei Sätze *p* und *q* in einer Folgerungsbeziehung zueinander stehen) einen Satz der Aussagenlogik (nämlich $p \rightarrow q$) zuordnen. Damit baut das Deduktionstheorem eine **Brücke zwischen der Metasprache**, in der wir über die Logik sprechen, **und der Sprache der**

Logik selbst. Wir können also gewissermaßen semantische Zusammenhänge in eine syntaktische Form bringen.

Woher nun aber der im Deduktionstheorem beschriebene Zusammenhang? Nun, das lässt sich leicht klären. Vergleichen wir die Definition der Gültigkeit mit der Definition der Implikation, und rufen wir uns ins Gedächtnis, dass eine Formel der Form $\varphi_1 \rightarrow \varphi_2$ auch als $\neg \varphi_1 \vee \varphi_2$ angegeben werden kann, so sehen wir den Zusammenhang praktisch vor uns. (Diese Form $\neg \varphi_1 \vee \varphi_2$ wird auch »**disjunktive Normalform**« genannt.) Eine Implikationsbeziehung liegt genau dann vor, wenn das Antezedens falsch oder das Konsequens wahr wird. Anders gesagt: Sie liegt nur dann nicht vor, wenn das Antezedens wahr und das Konsequens falsch wird. Genau die entsprechende Beziehung ist notwendig, damit ein Argument gültig ist: Die Wahrheit der Prämissen muss die Wahrheit der Konklusion garantieren. Wann tut sie das nicht? Nur dann, wenn es eine Wahrheitswertbelegung gibt, bei der die Prämissen wahr werden und die Konklusion falsch wird.

Tautologie und Folgerungsbeziehungen: Da Tautologien Sätze sind, die nie falsch werden können, besteht eine Folgerungsbeziehung zwischen allen Sätzen und einer Tautologie: Es ist ja gerade nicht möglich, dass die Konklusion falsch ist, sofern es sich bei ihr um eine Tautologie handelt (der Rest der Definition der Gültigkeit ist bei Tautologien nicht mehr interessant). Wir sagen daher, dass eine Tautologie aus allem (und damit auch aus der leeren Menge von Prämissen) folgt (da sie nicht falsch werden kann), und notieren das wie folgt (wobei hier φ eine Tautologie ist):

Konvention

> Eine Tautologie folgt aus allem: $\vDash \varphi$

Ganz ähnliche Überlegungen führen uns zu der Einsicht, dass aus **Widersprüchen** alles folgt: *Ex Falsum Quodlibet*. So können wir etwa begründen, dass sich aus $(p \wedge \neg p)$ alles folgern lässt. Denn diese Prämisse ist unter keinen Umständen wahr. Mithin ist es nicht möglich, dass sie wahr und eine beliebige Konklusion falsch wird. Diese Eigenschaft unserer Logik ergibt sich aus der Definition der Folgerung. Sie ist folgenreich, denn sie führt dazu, dass Systeme, in denen sich ein Widerspruch findet, logisch gesehen nicht mehr zu gebrauchen sind, da alles aus solchen Systemen folgt. Auch daher ist es aus Sicht der (klassischen) Logik so wichtig, Widersprüche zu vermeiden.

Mit diesem Hinweis zum Zusammenhang von Semantik (in Form der Folgerungsbeziehung) und Syntax (in Form tautologischer Sätze) haben wir den grundlegenden Teil zur Semantik von AL abgeschlossen und können uns nun einer syntaktischen Herangehensweise an das Überprüfen von Folgerungsbehauptungen und Argumenten nähern.

7.3 | Kalküle

Im Kapitel 6.2 hatten wir über den Zusammenhang zwischen einer semantischen Charakterisierung und semantischen Beweisen von Argumenten gesprochen. Nun haben wir dabei unsere Alltagssprache und einige Ausdrücke, die wir gesondert eingeführt haben, verwendet. Es gab viele verschiedene Möglichkeiten, diese Sprache zu verwenden, um ein Argument ›semantisch‹ zu beweisen. Beim semantischen Beweisen haben wir **auf semantische Werte Bezug genommen** und auf die Zusammenhänge zwischen diesen semantischen Werten, die durch die Bedeutung der in den Aussagen verwendeten Zeichen festlegt werden. Um über die semantischen Werte sprechen zu können, haben wir uns bestimmter Zeichen bedient, nämlich »w« und »f«, oder auch »Wahr« und »Falsch«. Man kann nun leicht sehen, dass semantische Beweise **bestimmte syntaktische Anforderungen** erfüllen müssen. Wir können nicht irgendwie sprechen, um eine semantische Begründung zu liefern, und es scheint möglich, bestimmte Begründungsstrategien lediglich syntaktisch zu charakterisieren. Wenn wir etwa sagen, wir wollen einen indirekten Beweis durchführen, dann können wir den ersten Schritt einfach charakterisieren: Schreibe eine Annahme auf, die sich von der Konklusion lediglich durch ein Negationszeichen unterscheidet, das sich auf die gesamte Aussage erstreckt. Hier an einem Beispiel, das noch nicht alle Feinheiten einer syntaktischen Charakterisierung eines Beweises umfasst, das aber die grundlegende Idee verdeutlichen soll:

$A \vDash A$	
Semantischer Beweis	**Syntaktischer Beweis**
Beim semantischen Beweisen können wir etwa so beginnen: Nehmen wir das Gegenteil der Konklusion an, also $\neg A$.	Syntaktisch könnten wir sagen: Schreibe »$\neg A$« und versieh es mit einem Zeichen (vielleicht »*«), das es als Annahme kennzeichnet. Wir erhalten: $\neg A^*$.
Semantisch könnten wir den nächsten Schritt so charakterisieren: Das ergibt mit der Prämisse zusammengenommen einen Widerspruch, denn A und $\neg A$ können nicht zugleich wahr sein.	Syntaktisch könnten wir das so charakterisieren: Verbinde die Prämisse mit der Annahme über eine Konjunktion: $A \wedge \neg A^*$.
Semantisch würden wir nun sagen: Da wir unter der Annahme einen Widerspruch abgeleitet haben, können wir die Annahme negieren und dann die doppelte Negation, die wir erhalten, streichen. Wir haben die Folgerungsbehauptung als gültig ausgewiesen.	Syntaktisch ließe sich das so formulieren: Wenn eine Aussage der Form »$\varphi \wedge \neg\varphi$« erreicht wurde, darf eine der Aussagenzeichen, die wir verwendet haben, um diese Aussage zu erhalten, mit einer Negation versehen werden. Wir dürfen also schreiben: »$\neg\neg A$«. Nun erlauben wir es, zwei Negationszeichen zu streichen. So erhalten wir: »A«.

Der syntaktische Blick: Nach der syntaktischen Charakterisierung erhalten wir eine Kette von Zeichen, die es uns erlaubt, von »A« zu »A« überzugehen, wenn sie und ihre Zusammenhänge richtig interpretiert werden.

Soweit funktioniert das genau wie beim semantischen Beweisen, allerdings ohne, dass uns die Übergangsregeln (etwa: Schreibe nach »$\neg\neg A$« »A«) selbst schon vermitteln würden, warum dieser Übergang als Begründung dient. Der syntaktische Blick auf einen Beweis ist etwa so, als würden wir uns einen semantischen Beweis ansehen und würden dabei nichts Inhaltliches verstehen, sondern **lediglich eine Struktur an der Sprachoberfläche** wahrnehmen und diese durch Regeln ausdrücken.

Wir haben die Folgebeziehung eingeführt, indem wir über den Begriff der Wahrheit und Zusammenhänge bzw. Abhängigkeiten zwischen Wahrheitswerten von Sätzen gesprochen haben. Auch das semantische Begründen oder Überprüfen der Gültigkeit von Argumenten zieht seine Plausibilität aus der Einsicht, dass es derartige Abhängigkeitsbeziehungen gibt. Indem wir darauf Bezug nehmen, können wir erklären, warum manche Argumentschemata gültig sind und andere nicht. Doch bereits in diesem Zusammenhang hatten wir erwähnt, dass man mit dem semantischen Begründen verschieden umgehen kann: Man kann es einmal verwenden, indem man sich über diese Zusammenhänge Gedanken macht, oder man kann **einer standardisierten Verfahrensweise folgen**, die zwar auf die semantischen Werte Bezug nimmt, die jedoch im bloßen Befolgen der syntaktischen Regeln bestimmter Ausdrücke besteht. Im Falle von Wahrheitstafeln können wir etwa entweder verstehend Zusammenhänge darstellen zwischen Wahrheitswerten von Teilsätzen und dem Wahrheitswert des durch Junktoren gebildeten Satzes, oder wir können schlicht »w«s und »f«s regelkonform auf eine Tabelle verteilen. Letztere Verfahrensweise hat im eigentlichen Sinne nicht mehr viel mit einer semantischen Begründung zu tun: Wir **abstrahieren von dem Gehalt der Zeichen** und den entsprechenden Zusammenhängen und konzentrieren uns lediglich auf die sprachlichen Regeln, die ein einheitliches Kommunizieren über diese Zusammenhänge ermöglichen.

Syntaktische Regeln

Grundidee eines Kalküls: Das funktioniert, weil syntaktische Regeln semantische Zusammenhänge bis zu einem gewissen Grade widerspiegeln, oder zumindest analoge Ergebnisse liefern. Diese Einsicht, dass es einen wie auch immer gearteten **Zusammenhang zwischen Syntax und Semantik** gibt, machen sich sogenannte »Kalküle« (beachte: *der* Kalkül) zu Nutze. In ihren Regeln wird überhaupt nicht mehr auf semantische Werte Bezug genommen, sondern es werden lediglich **Regeln zum Umgang mit Zeichen** an die Hand gegeben, die es erlauben, schrittweise von bestimmten Zeichenketten zu anderen Zeichenketten überzugehen. Auch hier sollte klar sein, dass der Beschreibung eines Kalküls, wie auch der Syntax und des Vokabulars einer Sprache, keine Grenzen gesetzt sind. Wir könnten einen Kalkül einführen, der den Übergang einer jeden Zeichenkette von AL zu einer beliebigen anderen Zeichenkette der AL erlaubt. Das wäre ein äußerst uninteressanter Kalkül, da er nicht den Begriff der Folgebeziehung einfängt, an dem wir interessiert sind, aber das ist prinzipiell gleichgültig.

Allerdings gibt es mehrere Kalküle, die den Begriff der Folgebeziehung für die Aussagenlogik genau treffen, und auf einen dieser Kalküle wollen wir uns nun konzentrieren: Der Übergang von einer Zeichenkette zur nächsten ist darin so geregelt, dass ein jeder Übergang am Ende immer der **Folgebeziehung von AL** entspricht. Mithilfe syntaktischer Regeln können wir so von Prämissen zu Konklusionen übergehen, um zu zeigen, dass das entsprechende Argument gültig ist. Wie die Sprache von AL uns als Modell bestimmter Strukturen der natürlichen Sprache dient, kann uns der Kalkül als **Modell eines Zusammenhangs zwischen Sätzen der natürlichen Sprache** dienen. Mithilfe von Kalkülen können wir die Frage klären, unter welchen Umständen die Wahrheit einer Menge von Sätzen die Wahrheit eines Satzes garantiert, sofern das von denjenigen sprachlichen Strukturen abhängt, die durch die Sprache, die wir im Kalkül verwenden (hier AL), transparent gemacht werden. Und damit dieses Modell auch wirklich keinen Interpretationsspielraum lässt, der wieder semantische Überlegungen nötig machen würde, werden die Regeln so formuliert, dass sie rein ›mechanisch‹ angewendet werden können.

Ein Vorteil eines Kalküls entsteht gerade aus der Eigenschaft, dass hier bestimmte Regeln, die sich nur auf die Form von Sätzen beziehen, **mechanisch**, also ohne Verständnis dessen, was da passiert, angewendet werden können. Das bedeutet, dass wir Argumente so analysieren können, dass wir die **Gültigkeit des Argumentes nachweisen** können, ohne auf irgendeinen Inhalt einzugehen. Das bedeutet, dass wir dadurch ganz sicher sein können, dass keine inhaltlichen Überlegungen übersehen wurden – alles, was inhaltlich relevant ist an dem Beweis, liegt jetzt offen. Und das bedeutet, dass nun klar ist, was genau als inhaltlicher Punkt für eine Kritik am Argument in Frage kommt.

Intuitive Schlussregeln: Im nächsten Kapitel werden wir einen solchen Kalkül genauer einführen, und zwar den **Kalkül des natürlichen Schließens**. Verschiedene Kalküle unterscheiden sich hinsichtlich der Art und Weise, wie Übergänge von einer wohlgeformten Formel zur nächsten charakterisiert werden und wie die Schritte sich in der Verschriftlichung niederschlagen. Dazu, was die verschiedenen Sorten von Kalkülen, die allesamt zur Definition eines syntaktischen Folgerungsbegriffs für die Aussagenlogik dienen können (da sie insofern äquivalent sind), voneinander unterscheidet, werden wir später kommen. Wir wollen es bei dem Hinweis belassen, dass das besondere an Kalkülen des natürlichen Schließens ist, dass sie **recht nah an unserer alltäglichen Argumentationspraxis** sind. Ein Vorzug dieses Modells liegt darin, dass es in gewisser Hinsicht intuitiv ist.

Wir hatten das Zeichen »⊨« für die semantische Folgerungsbeziehung verwendet; hier soll nun das Zeichen »⊢« in Aussagen verwendet werden, mit denen behauptet werden kann, dass sich aus einer Formelmenge eine andere Formel in einem Kalkül beweisen oder ableiten lässt. Allgemein schreiben wir das so, wobei »Γ« für eine Formelmenge stehe und »G« für eine Formel von AL:

Konvention

$\Gamma \vdash G$ (sprich: »G ist aus Γ ableitbar«)

Beenden wir diesen Abschnitt nun damit, schon einmal einen Blick auf diesen Kalkül des natürlichen Schließens für AL zu werfen. Sehen wir uns zunächst einmal zwei Ableitungen oder Beweise in diesem Kalkül an (wir verwenden den Ausdruck »Ableitung« als sprachliche Variante für den Ausdruck »syntaktischer Beweis«). Dabei ist es nicht nötig, hier alles zu verstehen. Es soll nur skizziert werden, wozu wir in der Lage sein werden, wenn wir uns den Kalkül erarbeitet haben.

Beweis

$p \rightarrow q, p \vdash q$

1	(1)	$p \rightarrow q$	P
2	(2)	p	P
1,2	(3)	q	$\rightarrow B$:1,2

Beweis

$p \vee \neg q \vdash r \rightarrow (p \vee \neg q)$

1	(1)	r	A
2	(2)	$\neg(r \rightarrow (p \vee \neg q))$	A
3	(3)	$p \vee \neg q$	P
3	(4)	$r \rightarrow (p \vee \neg q)$	→ E:1,3
2,3	(5)	$\neg(r \rightarrow (p \vee \neg q)) \wedge (r \rightarrow (p \vee \neg q))$	∧ E:2,4
3	(6)	$\neg\neg(r \rightarrow (p \vee \neg q))$	¬E:2,5
3	(7)	$r \rightarrow (p \vee \neg q)$	¬B:6

Die Struktur von syntaktischen Beweisen ist die folgende (eine Übersicht findet sich auf S. 97): Wir schreiben zunächst die syntaktische Folgerungsbehauptung. Die darunter stehenden Zeilen sind regelgeleitete Schritte, die zur Konklusion (der letzten Zeile) führen. Die Regeln erzählen uns, welche Schritte erlaubt sind, also welche Zeile wir unter welche Zeile schreiben dürfen. Die Zeilen entsprechen also in etwa den Argumentationsschritten, die wir beim semantischen Beweisen vollziehen würden.

Grundsätzlich gilt dabei:

- Wir dürfen zu einem beliebigen Zeitpunkt **auf alle vor einer zu notierenden Zeile stehenden Zeilen zurückgreifen**. »Zurückgreifen« heißt hier so viel wie: das in den vorangegangenen Zeilen bereitgestellte Material verwenden.
- Das Material, das wir am Anfang zur Verfügung haben, besteht eigentlich nur aus den **Prämissen**, gegebenenfalls erweitert um **Annahmen**, die wir von den indirekten Beweisen schon kennen. Von dieser Basis aus soll ja in einzelnen Schritten zur Konklusion übergegangen werden. Diese Prämissen sind in den Beispielen mit einem »P« gekennzeichnet, Annahmen mit »A«, wie in der zweiten Zeile des zweiten Beispiels.
- Alle weiteren Zeilen – solche, die keine Prämissen oder Annahmen enthalten – sind **mit einem Namen für eine Regel** gekennzeichnet (etwa »→B« in Zeile (3) der Ableitung). Diese Regel gibt an, wie zu dieser Zeile übergegangen wurde.
- Hinter der Angabe einer Regel wird notiert, **auf welche Zeile(n) die Regel angewendet wurde**, um die aktuelle Zeile zu erhalten. Damit

wird leicht nachvollziehbar, wie die davor stehende Formel abgeleitet wurde. (Prämissen und Annahmen werden nicht abgeleitet – sie sind einfach da – und daher entfällt diese Angabe bei den ›Regeln‹ »P« und »A«.)

- Die **Ziffern zu Beginn einer jeden Zeile** zeigen uns, von welchen Elementen unserer Basis die einzelnen Zeilen abhängen, das heißt, aus welchen Prämissen- oder Annahmezeilen sie regelgeleitet gebildet wurden. Damit wird für jede Zeile festgehalten, unter welchen Voraussetzungen das, was da steht, wahr ist. Das entspricht der Idee der Gültigkeit, die ja besagt, dass die Konklusion wahr sein muss, wenn die Prämissen wahr sind. Die Ziffern am Beginn einer Zeile zeigen uns also an, welches die Prämissen für diese Zeile sind. Dabei gilt die Konvention: Jede Prämissen- und Annahmezeile hängt von sich selbst ab (was die Idee zum Ausdruck bringt, dass etwas nur dann wahr ist, wenn es wahr ist).

Wir schreiben also zunächst die Ziffer, die angibt, von welcher Basis die Zeile, die wir schreiben, abhängt. Anschließend erhält die Zeile selbst eine Nummer. Dann schreiben wir die wohlgeformte Formel auf, und anschließend charakterisieren wir die Rolle dieser Formel in dem Beweis, etwa indem wir »P« für Prämisse schreiben oder indem wir eine Regel angeben, mithilfe derer die Zeile gebildet wurde. So wird es der Betrachterin erleichtert, nachzuvollziehen, wie die Zeile entstanden ist. Im nächsten Abschnitt werden die Regeln eingeführt und das Bild, das eine solche Ableitung ergibt, wird noch einmal eingehender erläutert werden.

8 Der Kalkül des natürlichen Schließens

Im letzten Kapitel hatten wir uns mit semantischen Beweisen für Folgerungsbehauptungen beschäftigt und bereits darauf hingewiesen, dass es Verfahren gibt, die durch regelgeleitete Notation den **syntaktischen Beweis von Folgerungsbehauptungen** erlauben. Diese Beweise sind insofern syntaktisch, als die Regeln, denen im Beweis gefolgt wird, nicht explizit auf semantische Aspekte der Folgerungsbeziehung rekurrieren. In einem Kalkül werden solche Regeln festgeschrieben, und sie beziehen sich jeweils auf eine Logik bzw. eine Sprache. Die Regeln des Kalküls modellieren dabei diejenigen Übergänge, die wir in Begründungen von Folgerungsbehauptungen vollziehen, um von der Annahme der Wahrheit der Prämissen zur Wahrheit der Konklusion zu gelangen. Mit einem syntaktischen Beweis einer Folgerungsbehauptung kann diese **in kleinen und unstrittigen Schritten** als korrekt ausgewiesen werden; und entsprechend können die diesen Folgerungsbehauptungen korrespondierenden Argumente bzw. Argumentschemata als gültig ausgewiesen werden. Es führen nun viele Wege zum Ziel, und so gibt es auch **verschiedene Regelwerke**, und damit auch verschiedene Kalküle. Hier wird in einen dieser Kalküle des natürlichen Schließens für AL eingeführt.

Zu diesem Kapitel finden Sie zusätzliches Material im Kapitel »Der Kalkül des natürlichen Schließens« des Online-Kurses. Zusatzmaterial online

8.1 | Die Regeln des Kalküls

Noch einmal zur Erinnerung: Die Regeln des Kalküls erfüllen die Funktion, es uns zu erlauben, von den Prämissen zur Konklusion überzugehen. Um von Prämissen zu einer Konklusion übergehen zu können, sind gelegentlich Zwischenschritte notwendig. Diese Übergänge und Schritte werden in den Regeln des Kalküls als **Notationsanweisungen** wiedergegeben – Schritte und Übergänge entsprechen dem Notieren von Zeilen in einer sogenannten »Ableitung«. Unser Kalkül wird zehn Regeln enthalten, die sich hauptsächlich darauf beziehen, unter welchen Umständen ein Junktor in einer neuen Zeile eingeführt oder beseitigt werden darf. Acht dieser zehn Regeln (je zwei für einen Junktor) geben an, wie wir unter Bezugnahme auf vorangegangene Zeilen mit dem Generieren neuer Zeilen fortfahren können, und sie beziehen sich dabei lediglich auf das **Beseitigen und Einführen der vier Junktoren**. Daneben gibt es noch zwei Regeln, die sich darauf beziehen, wie wir eine solche Schlusskette beginnen können – durch das Einführen von Prämissen und das Einführen der bereits erwähnten Annahmen.

Prüfen von Argumenten: Wir könnten uns nun mit einer Auflistung der Regeln begnügen. Das würde tatsächlich der Grundidee eines Kalküls nahekommen. Allerdings wollen wir den **Kalkül nutzen**, und zwar mit einem bestimmten Zweck: Wir wollen ein schematisches Verfahren erhalten, das uns das Prüfen von Argumenten ermöglicht. Argumente interessieren uns im Rahmen der Logik vor allem im Hinblick auf den Zusammenhang zwischen der Wahrheit der Prämissen und der Wahrheit der Konklusion. Wir werden also versuchen, die Regeln, die diesen Kalkül ausmachen, semantisch zu rechtfertigen. Wir werden etwa so argumentieren:

Beispiel

Einführung Regel des Kalküls

Wenn ein Satz der Form $\varphi \wedge \psi$ wahr ist, dann ist sowohl φ als auch ψ wahr. Entsprechend können wir von einer Zeile, in der sich $\varphi \wedge \psi$ als Formel findet, übergehen zu einer Zeile, in der sich φ oder ψ als Formel findet.

Semantik und Syntax: Diese Art der Rechtfertigung schlägt einen Bogen von semantischen Überlegungen zu syntaktischen Überlegungen. Sie hilft dabei, diese Art von Kalkül zu motivieren. Sie liefert jedoch keine tiefere Einsicht in den Kalkül; der Kalkül hat mit diesen semantischen Überlegungen genau genommen nichts zu schaffen. Dennoch gibt es diesen interessanten Zusammenhang zwischen Semantik und Syntax. Wir werden später noch einmal darauf zurückkommen, doch so viel sei schon einmal hier in groben Zügen verraten: Der Kalkül, den wir nun einführen, ist **vollständig** in dem Sinne, dass eine jede semantische Folgerungsbeziehung ihr Pendant in einer syntaktischen Folgerungsbeziehung findet, und **korrekt** in dem Sinne, dass er nur semantische Folgerungsbeziehungen als syntaktisch folgerichtig ausweist.

Prämisseneinführung: Hier also die erste Regel. Sie bezieht sich darauf, unter welchen Umständen wir eine Prämisse einführen dürfen. Intuitiv steht fest, dass wir genau die Prämissen benutzen dürfen, die sich in dem Argument finden. Entsprechend gilt die folgende Regel:

Beweisregel 1

Prämisseneinführung, wobei φ_n eine Prämisse ist

j	(j)	φ_n	P

Wir lesen das so: Schreibe diejenige Ziffer ganz links in die Zeile, die der Zeilennummer entspricht, schreibe die Zeilennummer in Klammern, schreibe die Prämisse auf, die eine der in der Folgerungsbehauptung angeführten Prämissen ist, und beende die Zeile mit einem »P«.

Annahmeeinführung: Analog bilden wir eine Regel zum Einführen von Annahmen. Denn wie wir beim indirekten Beweisen gesehen haben, machen wir manchmal Annahmen, die nicht als Prämissen in einem Argument auftauchen. Dabei gilt: Wir müssen diese Annahmen wieder loswerden. Anders: Die Konklusion darf nicht mehr von der Annahme abhängen. Erinnern wir uns an die Beispielbeweise aus dem letzten Kapitel: Wir sehen das daran, ob sich unter den Ziffern, welche die Konklusionszeile eröffnen, noch Ziffern finden, die sich auf Annahmen beziehen. Diese Ziffern geben nämlich an, von welchen vorangegangenen Zeilen eine Zeile abhängt. Im Fall von Prämisseneinführung und Annahmeeinführung hängen die Zeilen von keinen anderen Zeilen, also nur von sich selbst ab.

Hier die Regel zur Einführung von Annahmen:

Beweisregel 2

Annahmeeinführung

j	(j)	φ	A

Wieder schreiben wir diejenige Ziffer ganz links in die Zeile, die der Zeilennummer entspricht, wenn wir von der ersten Zeile zu zählen beginnen. Wieder wird diese in Klammern wiederholt. Dann wird die Annahme aufgeschrieben (das kann eine beliebige Annahme sein) und anschließend setzen wir das Annahmezeichen »A« hinzu.

Konjunktionsbeseitigung: Annahmen und Prämissen liefern das Material, mit dem wir nun weiterarbeiten können. Beginnen wir mit dem intuitiv sehr einleuchtenden Fall der Konjunktionsbeseitigung (der Name der Regel: »∧ B«). Wenn wir eine Konjunktion behaupten, dann behaupten wir damit auch die durch das Konjunktionszeichen verbundenen Teilaussagen. Wir können also von einer solchen Konjunktion zu jedem der Konjunkte (zu den Teilaussagen) übergehen; wenn die gesamte Konjunktion wahr ist, dann sind es auch ihre Teile. Dabei ist zu beachten, dass die Ziffer derjenigen Zeile, in der sich die Konjunktion findet, zu Beginn der Zeile auftaucht, in der die Konjunktion beseitigt wird – schließlich hängt diese Zeile von der Wahrheit der Konjunktion ab.

Beweisregel 3

Konjunktionsbeseitigung

$a_1, \ldots, a_n$	(j)	$\varphi \wedge \psi$	...
	⋮		
$a_1, \ldots, a_n$	(k)	φ	∧ B: j
	oder		
$a_1, \ldots, a_n$	(k)	ψ	∧ B: j

Zur Erläuterung: Die Ziffern, die hier »$a_1, \ldots, a_n$« entsprechen, und die auf die Prämissen und Annahmen hinweisen, von denen die Zeile (j) abhängt, sind in der Zeile (k) zu übernehmen. Diese Zeile erhält wieder eine Ziffer in den Klammern, die ihrer Stellung entspricht. Sie muss nicht direkt nach (j) stehen, das zeigen die Pünktchen. In (k) schreiben wir einen der Teile der Konjunktion. Dann führen wir die Regel auf, nach der diese Zeile (k) gewonnen wurde: ∧B. Dann folgt die Ziffer der Zeile, aus der das Konjunktionszeichen getilgt wurde, um (k) zu erhalten: j.

Konjunktionseinführung: Umgekehrt können wir, wenn wir zwei einzelne Aussagen behaupten, auch die entsprechende Konjunktion behaupten – in Abhängigkeit der einzelnen Behauptungen. Damit erhalten wir die Konjunktionseinführung (»∧E«):

Beweisregel 4

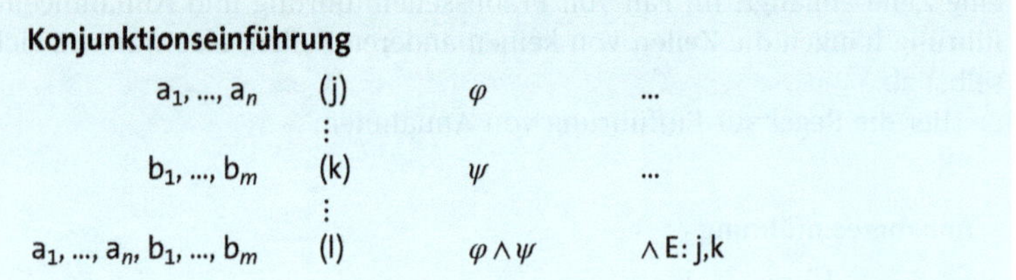

Konjunktionseinführung

$a_1, \ldots, a_n$	(j)	φ	...
	⋮		
$b_1, \ldots, b_m$	(k)	ψ	...
	⋮		
$a_1, \ldots, a_n, b_1, \ldots, b_m$	(l)	$\varphi \wedge \psi$	∧E: j,k

Zeile (l) ist von allen Annahmen abhängig, von denen (j) und (k) abhängig sind (»a_1...« und »b_1...«). Mit dem Zeichen zur Konjunktionseinführung »∧E« und dem Aufführen aller Zeilen, aus denen (l) gewonnen wurde, wird die Zeile beendet.

Disjunktionsbeseitigung: Schwieriger ist nun der nächste Schritt – wir wollen Disjunktionen beseitigen. Wenn wir eine Disjunktion behaupten, dann legen wir uns damit nicht auf einen der beiden verknüpften Sätze fest – wir behaupten lediglich, dass mindestens einer der beiden wahr ist. Entsprechend können wir auch nicht einfach von dem komplexen Ausdruck zu einem seiner Teile übergehen. Wenn es aber zu zeigen gelingt, dass aus beiden Disjunkten (und gegebenenfalls anderen Zeilen der Ableitung) eine weitere Aussage folgt, dann können wir von der Disjunktion zu dieser Aussage übergehen. Da mindestens eines der beiden Disjunkte wahr sein muss, damit die Disjunktion wahr wird, muss entsprechend die aus beiden Disjunkten abgeleitete Aussage unter Voraussetzung der Disjunktion gelten (das ist auch die Grundidee der Fallunterscheidung, s. S. 80 f.). Die Strategie, die wir nun verfolgen, um eine Disjunktion zu beseitigen, bedient sich der **Möglichkeit, Annahmen einzuführen**. Wir nehmen nacheinander beide Disjunkte an und versuchen unter diesen Annahmen jeweils dasselbe Ergebnis abzuleiten. Haben wir das geschafft, so können wir zu dem abgeleiteten Ergebnis übergehen und sind die Abhängigkeit von den Annahmen wieder los; das Ergebnis ist lediglich von der Disjunktionszeile und allen anderen Zeilen abhängig, die wir zur Ableitung verwendet haben. Das Zeichen für die Regel der Disjunktionsbeseitigung ist »∨B«.

Disjunktionsbeseitigung

Beweisregel 5

$a_1, \dots, a_n$	(f)	$\varphi \vee \psi$	...
	⋮		
g	(g)	φ	A
	⋮		
$b_1, \dots, b_m$	(h)	ρ	...
	⋮		
i	(i)	ψ	A
	⋮		
$c_1, \dots, c_l$	(j)	ρ	...
	⋮		
X	(k)	ρ	∨B:f,g,h,i,j

wobei $X = \{a_1, \dots, a_n\} \cup \{b_1, \dots, b_m\} \backslash \{g\} \cup \{c_1, \dots, c_l\} \backslash \{i\}$
(Das besagt lediglich, dass (k) von allen Zeilen abhängt, die zu seiner Generierung verwendet wurden, außer von den Annahmezeilen. Das Zeichen »\« steht für »ohne«; »$\{b_1, \dots, b_m\} \backslash \{g\}$« bedeutet also die Menge aller Ziffern b_1 bis b_m ohne die Ziffer g. Das Zeichen »∪« zeigt die Vereinigung von Mengen an.)

Disjunktionseinführung: Wesentlich einfacher ist nun die Disjunktionseinführung. Wir können sie an jeder beliebigen Stelle durchführen – wenn nämlich eines der Disjunkte wahr ist, so ist die Disjunktion wahr. Haben wir in einer Zeile eine wohlgeformte Formel stehen, so können wir in der nächsten Zeile zu einer Disjunktion übergehen, die diese wohlgeformte Formel als Disjunkt enthält (wobei es egal ist, ob es sich dabei um das erste oder zweite Disjunkt handelt).

Disjunktionseinführung

Beweisregel 6

$a_1, \dots, a_n$	(j)	φ	...
	⋮		
$a_1, \dots, a_n$	(k)	$\varphi \vee \psi$	∨E:j
	oder		
$a_1, \dots, a_n$	(k)	$\psi \vee \varphi$	∨E:j

Implikationsbeseitigung: Recht leicht nachzuvollziehen ist auch die Implikationsbeseitigung, die der Schlussform des *Modus ponens* entspricht: Wenn eine Implikation wahr ist, und wenn ihr Antezedens wahr ist, dann ist auch ihr Konsequens wahr. Wenn wir also eine Implikation in einer Zeile stehen haben und in einer anderen das Antezedens steht, dann dürfen wir in einer nachfolgenden Zeile das Konsequens aufführen (natürlich in Abhängigkeit der beiden anderen Zeilen). Wir erhalten die Implikationsbeseitigungsregel (»→B«):

Beweisregel 7

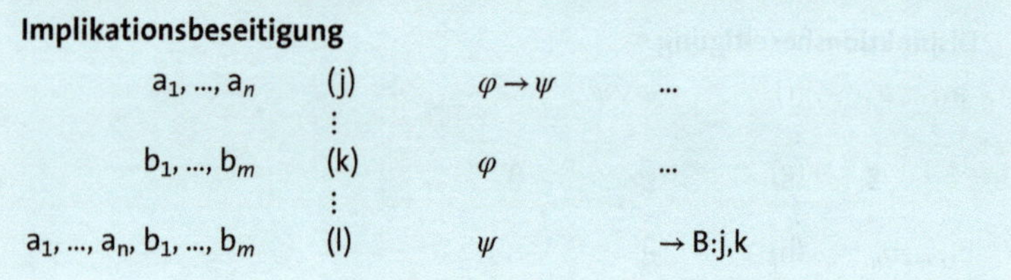

Implikationsbeseitigung

$a_1, ..., a_n$	(j)	$\varphi \rightarrow \psi$	...
	⋮		
$b_1, ..., b_m$	(k)	φ	...
	⋮		
$a_1, ..., a_n, b_1, ..., b_m$	(l)	ψ	→ B:j,k

Implikationseinführung: Bei der Implikationseinführung kommt das **Deduktionstheorem** ins Spiel: Wenn ein Satz aus einem anderen logisch folgt, so ist die entsprechende Implikation, die den einen Satz als Antezedens und den anderen als Konsequens enthält, immer wahr. Da nun ein systematischer Zusammenhang zwischen logischer Folge und Beweisbarkeit (oder Ableitbarkeit) besteht, können wir die Implikationseinführung wie folgt motivieren: Folgt unter der Voraussetzung einer Zeile, die φ als wohlgeformte Formel enthält, eine wohlgeformte Formel ψ, so können wir in einer darauffolgenden Zeile zu $\varphi \rightarrow \psi$ übergehen. Um das etwas einheitlicher zu gestalten, wollen wir davon ausgehen, dass wir nur Annahmen als Antezedens einer Implikation übernehmen dürfen, keine Prämissen, wobei die Zeile, in der die Implikation eingeführt wird, unabhängig von der Annahmezeile ist. Die Idee dahinter ist, dass, wenn wir ein Konsequens ableiten können, wir die zugehörige Implikation mit der Annahme als Antezedens als wahr betrachten dürfen (in Abhängigkeit der Zeilen, von denen dieses Konsequens abhängt ohne die Zeile der Annahme). Dabei muss die Annahmezeile in der Ableitung des Konsequens nicht unbedingt eine Rolle spielen (sie muss nicht einmal im Beweis vor der Konsequenszeile auftauchen): Da eine Implikation immer wahr wird, wenn das Konsequens wahr ist, ist es gleich, was wir als Antezedens hinzufügen, welche Annahme wir also benutzen. Wir erhalten die Regel der Implikationseinführung (»→ E«):

Beweisregel 8

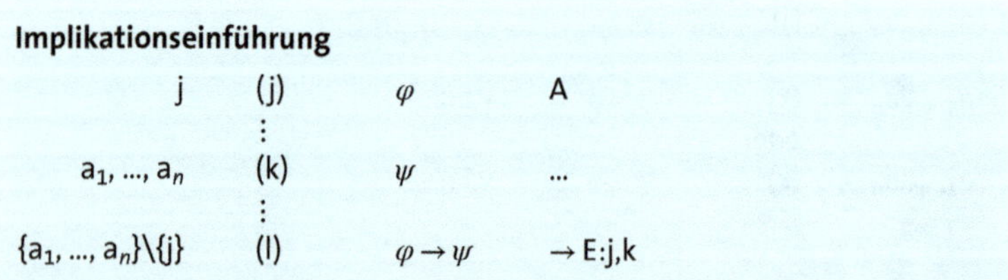

Implikationseinführung

j	(j)	φ	A
	⋮		
$a_1, ..., a_n$	(k)	ψ	...
	⋮		
$\{a_1, ..., a_n\}\setminus\{j\}$	(l)	$\varphi \rightarrow \psi$	→ E:j,k

Negationsbeseitigung: Kommen wir nun zum letzten Junktor, der Negation. Erinnern wir uns an die Diskussion um das **Bivalenzprinzip**: Wir gehen hier davon aus, dass jede Aussage entweder wahr oder falsch ist. Wenn also in einer wohlgeformten Formel eine negierte Aussage negiert wird, dann ist das äquivalent zur nicht-negierten Aussage – die doppelte Negation läuft unter Annahme dieses Prinzips auf die Aussage selbst hinaus. Entsprechend können wir immer dann, wenn in einer Zeile eine doppelt negierte Aussage auftaucht, zu der entsprechenden nicht-negierten Aussage übergehen. Wir erhalten die Negationsbeseitigungs-Regel (»¬ B«):

Negationsbeseitigung

Beweisregel 9

$a_1, \ldots, a_n$	(j)	$\neg\neg\varphi$	...
	⋮		
$a_1, \ldots, a_n$	(k)	φ	¬ B:j

Offenbar haben wir das **Gesetz der doppelten Negation** zur Grundlage unserer Negationsbeseitigung gemacht.

Negationseinführung: Wie aber könnte eine Negationseinführungsregel aussehen? Natürlich könnten wir als Einführungsregel nun den umgekehrten Fall einführen, dass wir nämlich von einer nicht-negierten Aussage zu einer doppelt negierten übergehen können. Das wäre möglich, aber nicht besonders hilfreich, da wir mit doppelt negierten Aussagen nicht viel mehr anfangen können als mit einer nicht-negierten Aussage. Besser geeignet scheint hier eine Regel, die etwa dem **Beweis durch Widerspruch** entspricht, also eine Regel, mit deren Hilfe wir dann einfach negierte Aussagen generieren können. Und eine solche Regel reicht aus, denn mit ihrer Hilfe und der Negationsbeseitigung können wir dann auch schon die *Reductio ad absurdum* syntaktisch nachahmen, da die *Reductio* sich vom Beweis durch Widerspruch nur durch die zusätzliche Anwendung des Gesetzes der doppelten Negation unterscheidet. (Und ganz nebenbei können wir dann aus unserem Kalkül ganz einfach ein **Kalkül für eine intuitionistische Logik** generieren: indem wir einfach die Regel der Negationsbeseitigung weglassen, die der Negationseinführung aber behalten; s. Kap. 6.3.4.)

Im Zusammenhang der Überlegungen zum **Beweis durch Widerspruch** hatten wir uns überlegt, dass, wenn unter der Voraussetzung einer wohlgeformten Formel ein Widerspruch abgeleitet werden kann, diese vorausgesetzte Formel im gegebenen Kontext falsch sein muss. Ein Widerspruch kann nun immer auf die folgende Form gebracht werden:

$\varphi \wedge \neg\varphi$.

Da **alle Widersprüche logisch äquivalent** sind – sie sind allesamt immer falsch –, ist eine Aussage dieser Form aus jedem Widerspruch ableitbar (dazu gleich mehr). Genau das machen wir uns nun zu Nutze, um eine Negationseinführungsregel zu konstruieren: Wir versuchen, eine Aussage dieser Form abzuleiten, und können anschließend die Voraussetzung, unter der sie abgeleitet wurde, negieren. Dabei gilt, dass wir eine jede Aussage, unter deren Voraussetzung ein Widerspruch abgeleitet wurde, negieren können.

Wie wir gesehen haben, argumentieren wir tatsächlich manchmal so. Doch können wir uns hier eines Kniffs bedienen, um das Ganze noch allgemeiner zu halten: Wenn wir eine Annahme tätigen, und einen Widerspruch ableiten, ganz gleich, ob wir diese Annahme bei der Ableitung des

Widerspruchs verwendet haben oder nicht, so können wir **von dem Widerspruch auf die Negation der Annahme übergehen** und können die Annahme dabei loswerden, also zu Beginn der Zeile, in der wir die Negation der Annahme aufführen, diejenige Ziffer ignorieren, die sich auf die Zeile bezieht, in der die nun negierte Annahme eingeführt wurde. Wenn wir nämlich einen Widerspruch ableiten, dann dürfen wir, diesen Widerspruch vorausgesetzt, alles ableiten, also auch eine jede beliebige negierte Annahme.

Dass sich aus einem Widerspruch alles ableiten lässt, liegt eben daran, dass ein **Widerspruch nie wahr** wird und daher die Folgerungsbeziehung zu jeder beliebigen anderen Aussage besteht (*ex falso quodlibet*). Damit haben wir eine Negationseinführungsregel (»¬ E«) beschrieben:

Beweisregel 10

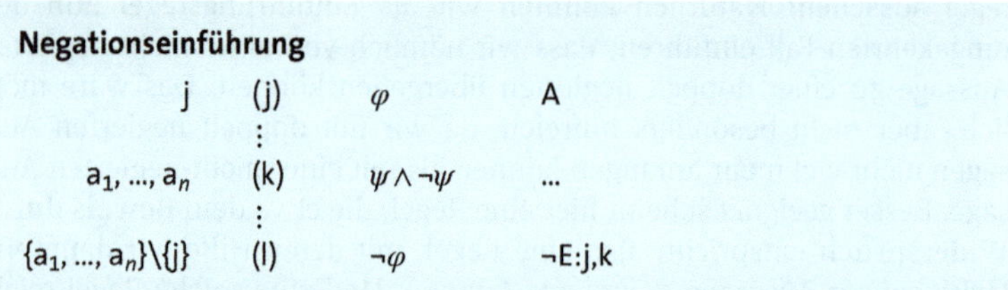

Negationseinführung

j	(j)	φ	A
	⋮		
$a_1, \ldots, a_n$	(k)	$\psi \wedge \neg\psi$	...
	⋮		
$\{a_1, \ldots, a_n\} \backslash \{j\}$	(l)	$\neg\varphi$	¬E:j,k

Damit ist das **Regelwerk vollständig** und der Kalkül vollständig beschrieben. Fügen wir noch die Definition der Ableitbarkeit hinzu:

Definition

> Eine Formel *F* ist aus Prämissen der Menge Γ in einem Kalkül *K* **ableitbar** genau dann, wenn durch Befolgung der Regeln von *K* zu einer Zeile übergegangen werden kann, die – sofern sie überhaupt von etwas abhängt – lediglich von Elementen von $\Gamma^* \subseteq \Gamma$ abhängt und die als Formel lediglich *F* enthält.

Monotonie: Unsere Ableitungen haben die Eigenschaft, monoton zu sein. Das bedeutet, dass wir zu einer Menge von Prämissen beliebige Prämissen hinzufügen können, ohne dass dadurch irgendeine Ableitung unmöglich wird, die vorher schon möglich war (dazu gleich mehr, s. Kap. 8.3). Anders gesagt: Eine Formel *F* ist auch aus einer Menge von Prämissen ableitbar, wenn manche der Prämissen für die Ableitung gar nicht gebraucht werden. Daher haben wir uns im letzten Satz der Definition auf das Γ^* bezogen, das entweder eine Teilmenge von Γ ist (wenn nämlich Γ überflüssige Prämissen enthält), oder einfach identisch mit Γ ist (wenn wir alle Prämissen brauchen).

Hier ein kleines Schaubild, das die Funktion der einzelnen Elemente einer Ableitung illustriert:

Beweis

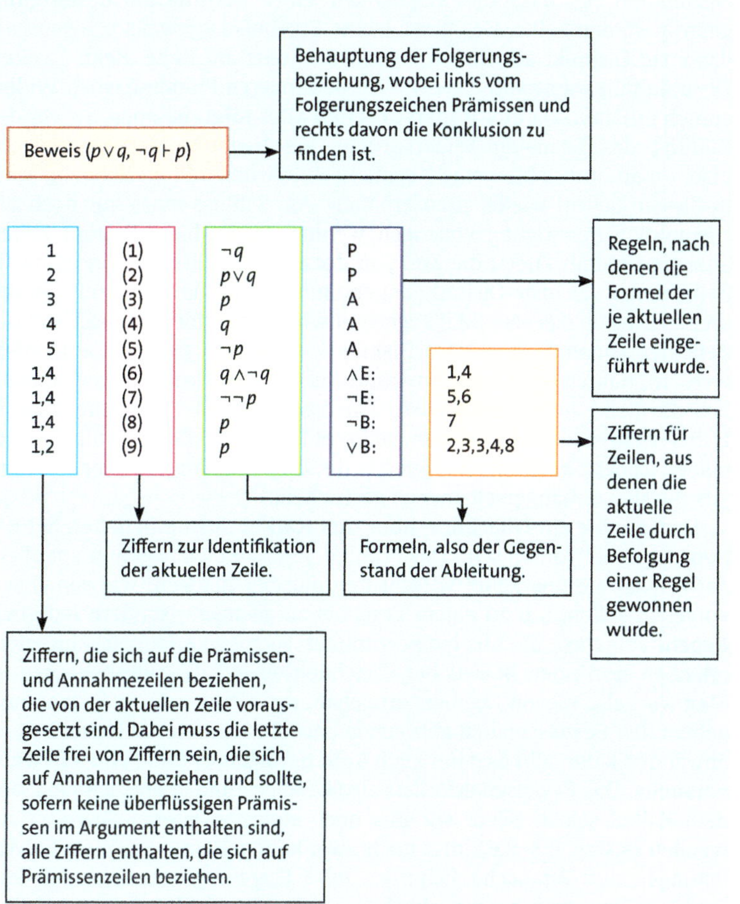

Die Zeilen, die eine Ableitung ausmachen, stellen ein Argumentationsgerüst dar, das uns die Gültigkeit der **Folgerungsbehauptung (roter Kasten)** zeigen soll. An den **Zeilen** können wir ablesen, welche **Voraussetzungen** wir machen (Prämissen und Annahmen), von welchen Voraussetzungen die nächsten Schritte abhängen (s. die Zahlen zu Beginn einer jeden Zeile: **blauer Kasten**), welche Zeilen direkt zur Bildung einer neuen Zeile verwendet wurden (s. die Ziffern am Ende einer Zeile: **oranger Kasten**), welche **Regeln** zur Bildung einer Zeile verwendet wurden (das steht nach der Formel: **violetter Kasten**), um **welche Zeile** es sich handelt (s. die eingeklammerte Ziffer: **pinkfarbener Kasten**) und die **Formel (grüner Kasten)**, die wir in der Zeile behandeln.

Vorgehen: Unser Beispielbeweis ist schon relativ kompliziert, da er mehrere Annahmen enthält, die zunächst etwas willkürlich erscheinen. Um die Beweisidee zu einem solchen Beweis zu entwickeln, bedarf es einiger Übung. Hier nur ein kurzer Einblick: Eine der Prämissen ist eine

Disjunktion, so dass die Möglichkeit einer **Disjunktionsbeseitigung** geprüft werden sollte. Das gewünschte Ergebnis ist jeweils *p*. Wenn wir das erste Disjunkt annehmen, sind wir bereits am Ende. Beim zweiten Disjunkt fällt sofort auf, dass wir mit der anderen Prämisse einen Widerspruch erhalten. **Da aus Widersprüchen alles folgt**, nehmen wir vor der Bildung des formalen Widerspruchs die Negation der Konklusion, also $\neg p$ an, um so über eine Negationseinführung und -beseitigung auch in diesem Schritt wieder *p* zu erhalten. Am Schluss muss nur noch die Disjunktionsbeseitigung vollzogen werden, wobei hier alle fünf Zeilen anzugeben sind: Zuerst die Zeile, in der die Disjunktion steht, dann die Zeile, in der das erste Disjunkt angenommen wird, dann die Zeile, in der die Konklusion das erste Mal abgeleitet wird (sie ist hier identisch mit der Zeile der Annahme des ersten Disjunkts, muss aber trotzdem aufgeführt werden), dann die Zeile der Annahme des zweiten Disjunkts und schließlich die Zeile, in der die Konklusion das zweite Mal abgeleitet wurde. Dabei werden die ›Annahmen gelöscht‹, also die Zeilennummern der beiden Zeilen, in denen wir jeweils die Disjunkte angenommen haben, aus unserer Abhängigkeitsmenge gestrichen.

Damit sollte ein **Überblick über den Kalkül des natürlichen Schließens** gegeben worden sein. Das Problem mit Kalkülen liegt nun vor allem darin, dass sie uns keine Vorschriften darüber machen, wie genau wir vorgehen sollen, um zu einem Ergebnis zu gelangen, sondern **lediglich Regeln** vorgeben, die uns ein bestimmtes Vorgehen erlauben. Außerdem erlauben sie keinen Beweis der Falschheit einer Folgerungsbehauptung. Man wird also nie ein Ergebnis erreichen, das einem zeigt, dass man nun getrost den Beweisversuch abbrechen darf. Da man immer weiter Regeln anwenden kann, gibt es dann auch **kein natürliches Ende eines Beweisversuchs**. Das Beweisen erfordert also Geschick und ergibt sich nicht aus dem Kalkül selbst. Bevor wir uns noch einigen weiteren Begriffen zuwenden (s. Kap. 8.3–8.6), hier noch zwei kommentierte Beispiele für Ableitungen zur Veranschaulichung. Diese Folgerungsbehauptungen entsprechen den zwei bereits erwähnten zentralen Schlussformen: *Modus ponendo ponens* und *Modus tollendo tollens*:

8.2 | Beispiele

Beweis

Modus tollendo tollens: $p \rightarrow q, \neg q \vdash \neg p$

1	(1)	$\neg q$	P
2	(2)	$p \rightarrow q$	P
3	(3)	p	A
2,3	(4)	q	→ B:2,3
1,2,3	(5)	$q \wedge \neg q$	∧ E:4,1
1,2	(6)	$\neg p$	¬E:3,5

Vorgehen: Wir sehen, dass am Ende eine Negation eingeführt werden muss. Also muss ein Widerspruch unter der Annahme, dass p, abgeleitet werden. Entsprechend müssen wir diese Annahme machen (Zeile (3)). Dann können wir durch Implikationsbeseitigung bezogen auf Zeile (4) zu q übergehen, woraus sich der gesuchte Widerspruch in (5) herleiten lässt. Wir können die Annahme verneinen und haben die Konklusion durch eine Taktik erreicht, die dem Beweis durch Widerspruch entspricht.

Beweis

Modus ponendo ponens: $p \to q, p \vdash q$

1	(1)	p	P
2	(2)	$p \to q$	P
1,2	(3)	q	$\to$B:2,1

Vorgehen: Diese recht einfache Schlussform lässt sich leicht beweisen. Wir gehen von den Prämissen aus. Da eine Prämisse (aus Zeile (1)) dem Antezedens der anderen Prämisse entspricht, und das Konsequens dieser Prämisse mit der Konklusion identisch ist, bringt uns die Implikationsbeseitigung schnell ans Ziel.

Beschließen wir dieses Kapitel mit vier Hinweisen. Zunächst beschreiben wir die Eigenschaft der Monotonie etwas genauer, dann führen wir den Begriff des Theorems ein, dann führen wir das syntaktische Analogon zum Deduktionstheorem ein und schließlich definieren wir einen Begriff der syntaktischen Folgerung.

8.3 | Monotonie

Kommen wir nun zu der bereits angekündigten genaueren Beschäftigung mit der Eigenschaft der Monotonie: Zu einem gültigen Argument, und entsprechend zu einer wahren Folgerungsbehauptung, können immer weitere Prämissen hinzugefügt werden, ohne an Folgerungsbeziehung und Gültigkeit, und damit auch an der Ableitbarkeit etwas zu ändern. Ein Teil der Prämissen ist für die Ableitbarkeit der Konklusion verantwortlich. Hinzukommende Prämissen können daran nichts ändern.

Dasselbe kann man sich auch an einer **semantischen Überlegung** klar machen: Wenn die Wahrheit eines Teils der Prämissen die Wahrheit der Konklusion verbürgt, dann verbürgt auch die Wahrheit der Gesamtheit der Prämissen die Wahrheit der Konklusion.

Definition

> Monotonie: Wenn $\Gamma \vdash F$, dann gilt für alle $\Sigma \supseteq \Gamma$ (Mengen, welche die Ausgangsmenge als Teilmenge enthalten): $\Sigma \vdash F$.

Entsprechendes gilt für die semantische Folgerungsbeziehung. Nicht-gültige Schlüsse verhalten sich in dieser Hinsicht anders. So liest man häufig, induktive Schlüsse seien nicht-monoton. Das gilt natürlich nur, wenn man induktive Schlüsse als **nicht-gültige Schlüsse** (im hier charakterisierten Sinne) definiert. Ein Beispiel für derartige nicht-gültige Argumente:

Beispiel

(1) Peter ist Student.
(2) Die meisten Studenten, die ich kenne, zahlen Studiengebühren.
(3) ∴ Peter zahlt (wahrscheinlich) Studiengebühren.

Fügen wir hier Prämissen hinzu, kann das Stützungsverhältnis zwischen Prämissen und Konklusion schwächer werden:

Beispiel

(1) Peter ist Student.
(2) Die meisten Studenten, die ich kenne, zahlen Studiengebühren.
(3) Peter studiert an der Fern-Uni Hagen, wo es keine Studiengebühren gibt.
(4) ∴ Peter zahlt (wahrscheinlich) Studiengebühren.

Auf einmal ist aus dem nicht völlig unplausiblen Argument ein **extrem schlechtes Argument** geworden, bloß weil Prämissen hinzugekommen sind. Das kann einem bei einem logisch gültigen Argument nicht passieren.

8.4 | Theoreme

Wir können behaupten, dass eine Formel logisch wahr ist, indem wir behaupten, dass sich ihre Wahrheit voraussetzungslos beweisen lässt. Dazu schreiben wir, wobei F eine beliebige wohlgeformte Formel von AL ist:

$\vdash F$

Wenn diese Behauptung wahr ist, so ist F ein Theorem.

Definition

> Eine Formel ist ein **Theorem des Kalküls des natürlichen Schließens für AL** genau dann, wenn sie ohne Voraussetzungen im Kalkül des natürlichen Schließens für AL abgeleitet werden kann.

Ein einfaches Beispiel für ein solches Theorem ist der Satz vom ausgeschlossenen Widerspruch:

Beweis

$\vdash \neg(p \wedge \neg p)$

1	(1)	$p \wedge \neg p$	A
	(2)	$\neg(p \wedge \neg p)$	¬E:1,1

8.5 | Syntaktisches Analogon zum Deduktionstheorem und andere Arten von Kalkülen

Es sollte gesehen werden, dass für alle Folgerungsbeziehungen $\Gamma \vdash F$ gilt (wobei $\Gamma = \varphi_1, \varphi_2, \ldots, \varphi_n$ und $F = \psi$):

Definition

Syntaktisches Analogon zum Deduktionstheorem
Wenn $\Gamma \vdash F$, dann $\vdash (\varphi_1 \wedge \varphi_2 \wedge \ldots \wedge \varphi_n) \rightarrow \psi$.

Natürlich gilt auch umgekehrt für jedes Theorem, dessen Hauptjunktor ein Implikationszeichen ist, dass eine entsprechende Folgerungsbeziehung zwischen der Menge der Konjunkte, die das Antezedens bilden, und dem Konsequens vorliegt. Dies ist sozusagen die **syntaktische Version des Deduktionstheorems**.

Andere Kalküle: Wie schon angedeutet, gibt es verschiedene Arten von Kalkülen. Hier sollen nur kurz zwei andere Arten skizziert werden. Die eine Art wird **Gentzen-Kalkül oder Sequenzenkalkül** genannt und geht (wie auch der Kalkül des natürlichen Schließens) auf den Logiker Gerhard Gentzen zurück. Er basiert auf der Idee, Regeln für den Übergang von sogenannten Sequenzen, die Ableitungsbeziehungen behaupten, zu anderen Sequenzen anzugeben. Eine Sequenz ist zum Beispiel: $\Gamma \vdash \varphi$. Eine typische Regel eines Sequenzenkalküls ist etwa die Regel der Abschwächung des Konsequens, die unserer Disjunktionseinführung entspricht:

$$\frac{\Gamma \vdash \varphi}{\Gamma \vdash (\varphi \vee \psi)}$$

Die Sequenzenkalküle sind besonders gut geeignet, um verschiedene Logiken direkt miteinander zu vergleichen. Daher werden sie gerne in der Metalogik verwendet.

Eine weitere Art bilden die **axiomatischen Systeme oder Hilbert-Kalküle** (benannt nach dem Mathematiker David Hilbert, der forderte, die gesamte Mathematik und Logik auf ein gemeinsames Axiomensystem aufzubauen). Die Idee solcher Systeme besteht darin, möglichst **wenige Sätze der Aussagenlogik als Axiome** auszuzeichnen, also als Sätze, die, einfach formuliert, jederzeit einfach hingeschrieben werden können. (Genau genommen formuliert man keine Axiome, sondern Axiomenschemata, die mithilfe einer entsprechenden Einsetzungsregel benutzt werden können, um jederzeit im Beweis beliebige Sätze einer bestimmten logischen Form zu generieren.) Dazu kommt mindestens eine, meistens tatsächlich genau eine **Schlussregel**, nämlich typischerweise der *Modus ponens*. Die Faszination dieser Systeme besteht darin, alle tautologischen Sätze einer Sprache auf **möglichst wenig Axiome** (meistens fünf Stück) zu ›reduzieren‹. Der Nachteil ist, dass die Ableitungen furchtbar unintuitiv werden und die Axiomenschemata wahre Monster werden. Ein typisches Axiom eines Hilbert-Kalküls lautet z. B.:

$$(\Phi \rightarrow (\Psi \rightarrow \Omega)) \rightarrow ((\Phi \rightarrow \Psi) \rightarrow (\Phi \rightarrow \Omega))$$

Mischformen: Natürlich gibt es auch Mischformen. So wird zum Beispiel häufig eine sogenannte »Theorem-Regel« zu einem System des natürlichen Schließens hinzugefügt, die besagt, dass **bereits bewiesene Theoreme jederzeit in einen Beweis eingefügt werden dürfen**. Der Vorteil ist offensichtlich, dass man sich partielle Beweise, die immer wieder auftauchen, sparen kann. Der Nachteil ist, dass man erstens genaugenommen eine formal gesehen ziemlich komplizierte Substitutionsregel braucht (es kann ja sein, dass man z. B. statt »$p \vee \neg p$« mal »$(p \wedge q) \vee \neg (p \wedge q)$« braucht), und dass man zweitens eine ganze Liste von Theoremen mit ihren Namen auswendig lernen muss, um den Kalkül auch schnell anwenden zu können (beispielsweise in einer Logik-Klausur). Weil wir in dieser Einführung eher darauf aus sind, ein Verständnis von Logik zu vermitteln, als Leserinnen und Leser zum besonders schnellen Beweisen auszubilden, verzichten wir auf Regeln, die zum Auswendiglernen verleiten (und entsprechend auf Beweise, die ohne Theorem-Regel enorm lang und umständlich werden).

8.6 | Syntaktische Folgerung

Die syntaktische Folgerungsbeziehung wird, der Idee des Kalküls entsprechend, recht formal skizziert, wobei hier die syntaktische Folgerung für den Kalkül des natürlichen Schließens für AL definiert wird (deshalb der Zusatz »KNAL« nach dem Zeichen für syntaktische Folgerung):

Definition

Syntaktische Folgerung

$\Gamma \vdash_{KNAL} F$ genau dann, wenn F aus den Elementen von Γ in KNAL abgeleitet werden kann.

Dabei greifen wir offensichtlich auf die Definition der Ableitbarkeit weiter oben zurück. Im nächsten Kapitel wird es bereits darum gehen, die **Grenzen von AL** kennenzulernen, und damit auch die Grenzen dieses Kalküls.

9 Grundlagen der Prädikatenlogik

Logiken machen die wahrheitsrelevanten Strukturen natürlicher Sprachen transparent. Einige dieser Strukturen hängen von bestimmten wahrheitsfunktionalen Junktoren ab. Genau diese Strukturen werden in AL zugänglich gemacht, und der Kalkül erlaubt es, eine Beziehung zwischen Sätzen, die aufgrund dieser Strukturen bestehen, zu überprüfen. Wir können durch Ableitungen prüfen, ob eine Folgerungsbehauptung wahr ist, und damit können wir in gewisser Hinsicht beweisen, dass die Wahrheit von Prämissen die Wahrheit einer Konklusion garantiert, sofern sie das tut.

Feinkörnigeres Modell der natürlichen Sprache: Wahrheitsfunktionale Junktoren sind nun nicht die einzigen sprachlichen Partikel, die solche Strukturen fundieren. Die **Prädikatenlogik** berücksichtigt eine weitere Sorte von sprachlichen Ausdrücken, die für das Entstehen solcher Strukturen verantwortlich sind. Wie einige Junktoren der Alltagssprache in AL ihre Entsprechung gefunden haben, werden diese Ausdrücke in der Prädikatenlogik ihre Entsprechung finden. Anders als Junktoren verknüpfen sie jedoch nicht ganze Sätze, sondern sie sind selbst Konstituenten solcher Sätze. Wir müssen also tiefer in den Aufbau der Sprache eintauchen, um die relevanten Strukturen transparent machen zu können. Wir bauen ein neues und feinkörnigeres Modell der natürlichen Sprache.

Zu diesem Kapitel finden Sie zusätzliches Material im Kapitel »Grundlagen der Prädikatenlogik« des Online-Kurses. **Zusatzmaterial online**

9.1 | Einführung in die Prädikatenlogik (PL)

Wir haben uns bis jetzt mit der logischen Form von Sätzen beschäftigt, die sich aus der Kombination von Sätzen und Junktoren ergab. Diese Form haben wir darzustellen versucht, indem wir uns eines Vokabulars bedienten, das Ausdrücke für Aussagen und Ausdrücke für sprachliche Zeichen enthält, die Aussagen wahrheitsfunktional zu Aussagen verknüpfen. Hier noch einmal das Beispiel, das wir benutzt haben, um einerseits zu illustrieren, wie solche Aussagen in ein Schema überführt werden können, das den ersten Schritt zur Entwicklung einer Logik darstellen kann, und um andererseits zu zeigen, dass die dadurch sichtbar werdenden Strukturen für bestimmte Argumente relevant sind:

Beispiel

(1) Aristoteles ist Grieche und Platon ist Grieche.
(2) ∴ Platon ist Grieche.

Das hatten wir in das folgende Schema überführt, wobei die Buchstaben für Aussagen stehen:

Beispiel

Argumentschema

(1*) $A \wedge B$
(2*) $\therefore B$

Damit haben wir die für den logischen Zusammenhang zwischen (1) und (2) relevante Struktur angegeben. Wir hatten gesagt, dass wir damit die logische Form der Aussagen angegeben hätten. Wir werden nun sehen, dass man in diesem Punkt vorsichtig sein sollte: wir haben ***eine* logische Form** der Aussagen angegeben – es gibt noch viele andere mehr. Ziel dieses Kapitels ist es, einen Schritt in Richtung einer Sprache zu unternehmen, die es uns erlaubt, **Sätze hinsichtlich anderer Kriterien auf ihre Form hin zu überprüfen**. Diese Sprache (verstanden als Konglomerat aus Vokabular, Syntax und Semantik) ist die Prädikatenlogik. Doch gehen wir Schritt für Schritt vor. Betrachten wir ein anderes Beispiel:

Beispiel

(1) Aristoteles ist Grieche.
(2) Alle Griechen sind Philosophen.
(3) ∴ Aristoteles ist Philosoph.

Dieser Schluss ist klarerweise gültig, wenn auch nicht schlüssig – schließlich ist die zweite Prämisse falsch. Versuchen wir, in Analogie zum obigen Beispiel die logische Form zu extrahieren, also diejenigen Strukturen, die dafür verantwortlich sind, dass die Wahrheit von (1) und (2) gemeinsam die Wahrheit von (3) garantiert – denn das ist offensichtlich der Fall. Wir bedienen uns zunächst der bekannten Mittel, versuchen also Schemabuchstaben für Aussagen zu setzen und dabei die Struktur so genau wie möglich zu beachten. Es ergibt sich: A steht für (1), B steht für (2) und C steht für (3). Wir erhalten:

Beispiel

Aussagenlogisches Argumentschema

(1*) A
(2*) B
(3*) ∴ C

Von diesem Schluss- oder Argumentschema gibt es nun sicherlich ungültige Instanzen, etwa:

Beispiel

(1) Ich bin irgendwo.
(2) Du bist irgendwo.
(3) ∴ Der Himmel ist grün.

Wenn der Eindruck also nicht täuscht, dass das Argument wirklich gültig ist, dann reichen die uns bislang zur Verfügung stehenden Mittel zur Herstellung von Argumentschemata nicht aus, um die für die Gültigkeit verantwortliche Struktur transparent zu machen. Das wirkt sich natürlich auch auf die AL und den Kalkül des natürlichen Schließens für AL aus: Wir werden eine Folgerungsbeziehung, die diesem Beispiel entspricht, dort weder adäquat darstellen noch beweisen können.

9.1.1 | Singuläre Terme und Prädikate

Was tun wir also? Nun, wir müssen **tiefer in die Struktur der Aussagen einsteigen**. Wir müssen die Aussagen auf einer anderen Ebene formalisieren, also anders vorgehen, als wir das bislang getan haben. Dazu bedarf es einiger grundlegender Unterscheidungen. Bislang haben wir lediglich zwischen Junktoren und Aussagen unterschieden. Nun soll **zwischen singulären Termen und Prädikaten** unterschieden werden. Dies sind, grob gesprochen, die Bausteine vieler einfacher Sätze. Dabei ist der Ausdruck »Prädikat«, wie er hier verwendet wird, nicht mit dem in der Grammatik verwendeten Ausdruck zu verwechseln.

Etwas von etwas aussagen: Als Einstieg soll eine kleine Reflektion darauf helfen, was wir mit manchen Aussagen tun können. Wir können mit einer Aussage von etwas etwas aussagen. Mit der Aussage »Aristoteles ist Grieche« können wir von Aristoteles aussagen, dass er Grieche ist. (Es ist zu beachten, dass wir so etwas mit Aussagen tun können. Aussagen selbst sagen gar nichts. Dennoch werden wir gelegentlich so sprechen, um unnötig komplexe Formulierungen zu vermeiden.) Das, wovon wir es aussagen, wird durch den singulären Term herausgegriffen. In unserem Falle: Aristoteles wird durch »Aristoteles« herausgegriffen. Das Prädikat, so wollen wir hier von Prädikaten sprechen, ist das, was in diesem Satz nach Tilgung des singulären Terms übrig bleibt, nämlich: »... ist Grieche«.

Nun wäre das für eine **Definition von Prädikaten und singulären Termen** etwas zu ungenau. In unserem Sinne soll auch Folgendes ein singulärer Term sein: »Die größte Primzahl«. Dieser Ausdruck greift nun nichts heraus (in keinem möglichen Satz), da es keine größte Primzahl gibt und es sie auch nicht geben kann. Wir können singuläre Terme also nicht darüber charakterisieren, dass sie sich auf etwas beziehen, oder dass sie etwas herausgreifen, von dem mit Aussagen, in denen sie auftauchen, etwas ausgesagt werden kann. Unsere Charakterisierung ist entsprechend vorsichtig und baut auf dem oben charakterisierten Begriff einer atomaren Aussage auf, also einer Aussage, die keine Junktoren enthält (s. Kap. 5.3). Die Idee ist, dass wir mit diesen Sätzen oft etwas von Gegenständen aussagen, und dass es eine zentrale Funktion von singulären Termen in solchen Sätzen ist, diese Gegenstände, von denen wir mit solchen Aussagen etwas aussagen, herauszugreifen:

Definition

Ein Ausdruck ist ein **singulärer Term** genau dann, wenn er so verwendet wird wie ein Ausdruck in einer atomaren Aussage verwendet wird, der die Funktion hat, einen Gegenstand herauszugreifen, der von dem Rest des Satzes näher charakterisiert wird.

Diese Charakterisierung ist etwas vage, aber wohl mit Blick auf unsere Ziele nicht schlechter als alternative Angebote es sind. Mit ihrer Hilfe können wir nun den Ausdruck »Prädikat« charakterisieren:

Definition

Ein *n*-stelliges **Prädikat** ist ein Ausdruck, dem es an *n* singulären Termen mangelt, um einen Satz zu ergeben.

Damit gibt es Prädikate wie dieses **einstellige**: »... ist rot« und solche wie dieses einstellige: »... ist der Urgroßvater der analytischen Philosophie, er war ein katholischer Pfarrer, der sich um Toleranz und Aufklärung verdient gemacht und gegen Antisemitismus gekämpft hat, und alle, die Philosophie studieren, sollten von ihm gehört haben«.

Es gibt auch **mehrstellige Prädikate**, also Prädikate, denen es an mehr als nur einem singulären Term mangelt, wie dieses fünfstellige: »Bernard Bolzano ist ..., er war ein katholischer Pfarrer, der sich um ... und ... verdient gemacht und gegen ... gekämpft hat, und alle, die Philosophie studieren, sollten von ... gehört haben«.

9.1.2 | Schemata

Für diese Ausdrücke, singuläre Terme und Prädikate, lassen sich wieder Schemabuchstaben erzeugen. Dabei soll folgende Konvention gelten:

Konvention

Kleine Buchstaben vom Anfang des Alphabets mit oder ohne Index sind **Schemabuchstaben** für singuläre Terme, Großbuchstaben F^n_i, G^n_i, ... für Prädikate, wobei *n* die Stelligkeit angibt (und oft weggelassen wird), und für *i* gegebenenfalls eine natürliche Zahl als Subskript eingefügt werden kann.

Für Prädikate heißt das, dass wir meistens lediglich *F*, *G*, ... schreiben und nur, wenn wir die Stelligkeit explizit machen wollen, eine entsprechende Zahl mit angeben. Einen Index verwenden wir natürlich nur dann, wenn Mehrdeutigkeiten vermieden werden müssen.

Dabei soll gelten:

Konvention

> Sofern bei der Erzeugung von Aussageformen der Prädikatbuchstabe mit singulären Termen kombiniert wird, steht er vorweg, und die Buchstaben für die singulären Terme werden in Klammern dahinter geschrieben und jeweils durch ein Komma getrennt.

Wollen wir aus dem fünfstelligen Prädikat oben einen Satz generieren, so hätte dieser die folgende Form: $F^5(a_1, a_2, a_3, a_4, a_5)$. Im Falle des einstelligen Prädikates sähe das einfach so aus: $F(a)$. Dabei gilt natürlich, wie oben, dass für denselben Schemabuchstaben beim Bilden einer Instanz auch derselbe Ausdruck eingesetzt werden muss. Diese Überlegungen zur Erzeugung von Schemata helfen nun, einen Teil des Vokabulars einer neuen Logik zu skizzieren, der Prädikatenlogik.

Überleitung in die Prädikatenlogik: Die Prädikatenlogik versetzt uns in die Lage, diejenige logische Form zu beschreiben, die dafür verantwortlich ist, dass bestimmte Schlüsse gültig sind (und auch dafür verantwortlich sind, dass es bestimmte Tautologien und Kontradiktionen gibt). Bevor wir dazu kommen, sollten wir noch eine weitere **Ausdruckssorte** einführen, die **der generellen Terme**. Diese ist für eine einigermaßen nachvollziehbare Überleitung in die Prädikatenlogik unverzichtbar, möchte man nicht einen großen Aufstand betreiben und eine Reihe unnötiger Umwege gehen. Allerdings besteht kaum Einigkeit darüber, wie generelle Terme zu definieren seien. Auch wir wollen hier auf eine solche Definition verzichten, und es bei folgenden Hinweisen belassen: Generelle Terme sind häufig die semantisch relevanten Teile von Prädikaten, etwa das »rot« in »... ist rot«, oder »Studentin« in »... ist Studentin«.

Zum Begriff

> Generelle Terme sind Ausdrücke wie »Studentin« oder »rot« in Prädikaten, wie »... ist Studentin« oder »... ist rot«.

Generelle Terme scheinen, zumindest in solchen Prädikaten und zumindest auf den ersten Blick, keinen Gegenstand herauszugreifen – sie **beziehen sich auf nichts**. Wir werden auch diese generellen Terme durch »*F*« und »*G*« wiedergeben und im Kontext jeweils darauf aufmerksam machen. Kommen wir nun zu Argumenten, die eine prädikatenlogische Rekonstruktion erfordern, und versuchen wir, ihre entsprechende logische Form zu extrahieren. Vergleichen wir das oben gelieferte Argument:

Beispiel

(1) Aristoteles ist Grieche.
(2) Alle Griechen sind Philosophen.
(3) ∴ Aristoteles ist Philosoph.

Mit diesem hier:

Beispiel

(1) Platon ist Metaphysiker.
(2) Alle Metaphysiker sind Scholastiker.
(3) ∴ Platon ist Scholastiker.

Wieder erhalten wir ein formal gültiges, jedoch nicht schlüssiges Argument. Wir sehen im Vergleich, dass an den Ausdrücken »Aristoteles«/»Platon« »ist Grieche«/»ist Metaphysiker« und »sind Philosophen«/»sind Scholastiker« nichts hängt. Mithilfe der Unterscheidung in singuläre Terme und generelle Terme/Prädikate können wir nun die relevante Form angeben, und ein entsprechendes Schema generieren. Das sieht wie folgt aus:

Beispiel

Argumentschema

(1*) $F(a)$.
(2*) Alle *F*s sind *G*s.
(3*) ∴ $G(a)$.

Beide oben angegebenen Schlüsse sind Instanzen dieses Schemas. (Hier schummeln wir etwas. »*F*« und »*G*« in (2*) sind hier keine Schemabuchstaben für Prädikate im oben eingeführten Sinne, sondern eben für generelle Terme. Diese Ungenauigkeit soll für den Moment toleriert werden. Die Prädikatenlogik liefert später eine Antwort darauf, wie man den Satz (2*) mithilfe von Prädikaten formulieren kann.)

Hier ein weiteres Argument, dessen relevante logische Form sich nicht mithilfe der Aussagenlogik angeben lässt:

Beispiel

(1) Alex ist ein Papagei.
(2) Alex kann sprechen.
(3) ∴ Es gibt mindestens einen Papagei, der sprechen kann.

Es hängt auch hier nichts an der Bedeutung von »Alex«, »Papagei« und »sprechen können«. Es gibt hier einen strukturellen Zusammenhang zwischen den Aussagen (1) und (2) einerseits und (3) andererseits, der dafür sorgt, dass die Wahrheit der ersten die Wahrheit des letzten garantiert. Um diesen strukturellen Zusammenhang transparent zu machen, versuchen wir wieder, eine Form zu extrahieren, ein Schema, dessen Instanzen allesamt diesen Zusammenhang aufweisen. Wir erhalten die folgende Form (wieder schwimmen wir hier zwischen Prädikaten und generellen Termen hin und her):

Beispiel

Argumentschema

(1*) $F(a)$.
(2*) $G(a)$.
(3*) ∴ Es gibt mindestens ein *F*, das *G* ist.

9.1.3 | Quantoren

Kommen wir nun zu den Ausdrücken »Es gibt mindestens ein« und »Alle«. Diese scheinen für die Argumente, mit denen wir es gerade zu tun haben, von entscheidender Bedeutung zu sein. Deshalb werden sie auch in der zu entwickelnden Logik als **Konstanten** geführt: Sie entsprechen den logischen Quantoren »∀« und »∃«. »∀« ist der **Allquantor** und »∃« ist der **Existenzquantor**. Machen wir uns einige grundlegende Gedanken dazu, wie man mit diesen Ausdrücken und den Quantoren umgeht. Dazu soll folgende Reformulierung der Sätze (a) »Alle Metaphysiker sind Scholastiker.« und (b) »Es gibt mindestens einen Papagei, der sprechen kann.« betrachtet werden:

Beispiel

(a*) »Für alles gilt: wenn *es* Metaphysiker ist, dann ist *es* Scholastiker.«
(b*) »Für mindestens eines gilt: *es* ist ein Papagei und *es* kann sprechen.«

Idee der Variablen: Man sollte hier ziemlich leicht einsehen können, dass diese Sätze genau dann wahr sind, wenn die Sätze (a) und (b), von denen wir ausgegangen waren, wahr sind. Wir können Sätze wie (a) und (b) diesem Muster nach umformen, und müssen nicht mehr auf Schemabuchstaben für generelle Terme zurückgreifen – (a*) und (b*) enthalten nämlich explizit Prädikate (»... ist Scholastiker«, »... ist Metaphysiker«, »... ist ein Papagei« und »... kann sprechen«). Das durch Kursivierung hervorgehobene »es« nimmt die Position eines singulären Terms ein; und es spielt hier eine besondere Rolle. Wir können diese Rolle des »es« so charakterisieren: Es bezieht sich, anders als ein singulärer Term, auf nichts Bestimmtes. Es markiert lediglich an der Satzoberfläche eine **Stelle, der ein semantischer Wert fehlt**. Die Quantoren, hier: »für alles gilt« und »für mindestens eines gilt«, geben an, in welcher Beziehung dieses »es« zur Welt oder einem sogenannten **Gegenstandsbereich** stehen muss, damit der ganze Satz wahr wird.

Wir können das so beschreiben: Das »es« nimmt in beiden Fällen Werte an, nämlich **Individuen eines bestimmten Werte- oder Gegenstandsbereichs** (für den Moment soll das der Gegenstandsbereich sein, der alle Gegenstände umfasst). Im Falle von (a*) muss die Beziehung derart sein, dass jeder Wert dieses Bereichs, der für das Antezedens einen wahren Satz ergeben würde, (»*es* ist Metaphysiker«) auch das Konsequens (»*es* ist Scholastiker«) wahr machen müsste. Für (b*) gilt, dass es im Wertebereich mindestens einen Gegenstand geben muss, der beide Konjunkte wahr macht.

Beziehung des »es« zu den Werten: Ein Bereich der Philosophie der Logik beschäftigt sich damit, in welcher Beziehung das »es« oder sein logisches Pendant, zu dem wir gleich kommen werden, zu den Werten steht. Denn es ist ja nicht klar, was es heißen soll, dass ein Ausdruck »Werte annimmt«. Wir wollen hier nicht weiter darauf eingehen und diese Frage in der Hoffnung darauf, dass zumindest eine grobe Vorstellung davon, was das »es« hier tut, heraufbeschworen werden konnte, auf sich beruhen lassen.

Variablen: Das logische Pendant zum »es« ist das »*x*« oder das »*y*« – es handelt sich dabei um Variablen. Während Schemabuchstaben Platzhalter für sprachliche Ausdrücke sind, handelt es sich bei Variablen selbst um sprachliche Ausdrücke. **Variablen sind keine Schemabuchstaben.** Wir fassen Variablen im Gegensatz zu Schemabuchstaben so auf, dass sie Bedeutungen annehmen können, aber **keine feste Bedeutung** haben. Dass sie eine Bedeutung annehmen, wird durch einen Quantor bewerkstelligt. Dazu werden wir im Zusammenhang der Semantik der Prädikatenlogik noch einmal zu sprechen kommen. Werfen wir zunächst einen genaueren Blick auf die Syntax von PL.

9.2 | Vokabular und Syntax von PL

Da wir die Zeichen, die wir als Schemabuchstaben für singuläre Terme und Prädikate verwendet haben, hier in PL, der Prädikatenlogik, verwenden wollen, kennen wir das Vokabular von PL bereits. Es enthält die folgenden Zeichen:

Definition

Vokabular von PL

Prädikatbuchstaben	$F^n, G^n, \ldots$	(mit oder ohne Subskripte)
Junktoren	$\neg$	Negationszeichen
	$\wedge$	Konjunktionszeichen
	$\vee$	Disjunktionszeichen
	$\rightarrow$	Implikationszeichen
Quantoren	$\forall$	Allquantor
	$\exists$	Existenzquantor
Variablen	$x, y \ldots$	(mit oder ohne Subskripte)
Individuenkonstanten	$a, b, \ldots$	(mit oder ohne Subskripte)
Klammern	),(	

Jetzt müssen wir noch definieren, was als wohlgeformte Formel von PL gilt. Sei »α« ein Schemabuchstabe für Individuenkonstanten, »Φ« ein Schemabuchstabe für Prädikatbuchstaben und »ξ« ein Schemabuchstabe für Variablen. Außerdem verwenden wir wieder »φ« und »ψ« als Schemabuchstaben für Formeln. Dann können wir angeben, wann etwas eine wohlgeformte Formel von PL ist. Wir brauchen Regeln zur Verknüpfung von Prädikaten und Individuenkonstanten, für die Junktoren (diese Regeln werden sich nicht substantiell von denen in AL unterscheiden) und wir brauchen Regeln für die Quantoren. Außerdem bedarf es der Ausschlussklausel, dass nichts als die durch die Regeln erstellbaren Formeln eine wohlgeformte Formel von PL ist.

Definition

Syntax von PL

(1) Jede Formel der Form $\Phi^n(\alpha_1, \alpha_2, ..., \alpha_n)$ ist eine wohlgeformte atomare Formel von PL.
(2) Wenn φ und ψ wohlgeformte Formeln von PL sind, dann ist $(\varphi \wedge \psi)$ eine wohlgeformte Formel von PL.
(3) Wenn φ und ψ wohlgeformte Formeln von PL sind, dann ist $(\varphi \vee \psi)$ eine wohlgeformte Formel von PL.
(4) Wenn φ und ψ wohlgeformte Formeln von PL sind, dann ist $(\varphi \rightarrow \psi)$ eine wohlgeformte Formel von PL.
(5) Wenn φ eine wohlgeformte Formel von PL ist, dann ist $\neg\varphi$ eine wohlgeformte Formel von PL.
(6) Ist φ eine wohlgeformte Formel von PL mit den Individuenkonstanten $\alpha_1, \alpha_2, ..., \alpha_n$, die kein Vorkommnis der Variable ξ enthält, dann ist jede Formel ψ, in der eine beliebige Anzahl der Individuenkonstanten $\alpha_1, \alpha_2, ..., \alpha_n$ durch ξ ersetzt wurde, eine wohlgeformte Formel von PL und ξ ist ungebunden in ψ.
(7) Ist φ eine wohlgeformte Formel von PL und ξ eine Variable, die ungebunden in φ ist, dann ist $\forall\xi\varphi$ eine wohlgeformte Formel von PL.
(8) Ist φ eine wohlgeformte Formel von PL und ξ eine Variable, die ungebunden in φ ist, dann ist $\exists\xi\varphi$ eine wohlgeformte Formel von PL.
(9) Nichts anderes ist eine wohlgeformte Formel von PL.

Übersetzungsbeziehungen: Hier haben wir wieder Zeichen verwendet, um über Ausdrücke unserer Logik (nun PL) sprechen zu können. Um noch einmal den Zusammenhang zwischen all diesen sprachlichen Ebenen zu verdeutlichen: Wir können **von bestimmten inhaltlichen Aspekten der natürlichen Sprache abstrahieren**, indem wir Ausdrücke in Sätzen der natürlichen Sprache durch Schemabuchstaben ersetzen. In einem ganz anderen Sinne können wir Sätze der natürlichen Sprache **in das Modell** (unsere Logik) **überführen**: Hier können wir sagen, dass eine Übersetzungsbeziehung vorliegt (wobei natürlich nicht alle Bedeutungsaspekte der natürlichen Sprache eine Entsprechung in der Sprache der Logik finden). **Von den Zeichen unserer Logik können wir wieder abstrahieren**, indem wir sie durch Schemabuchstaben ersetzen. Das erlaubt es uns, Informationen über diese Sprache zu transportieren, indem wir die Schemabuchstaben in eine Sprache (hier eine Mischung aus Deutsch und PL) einbetten. So ergibt sich die **Metasprache**. Wir können in der Metasprache sagen, wann eine Formel der Sprache wohlgeformt ist.

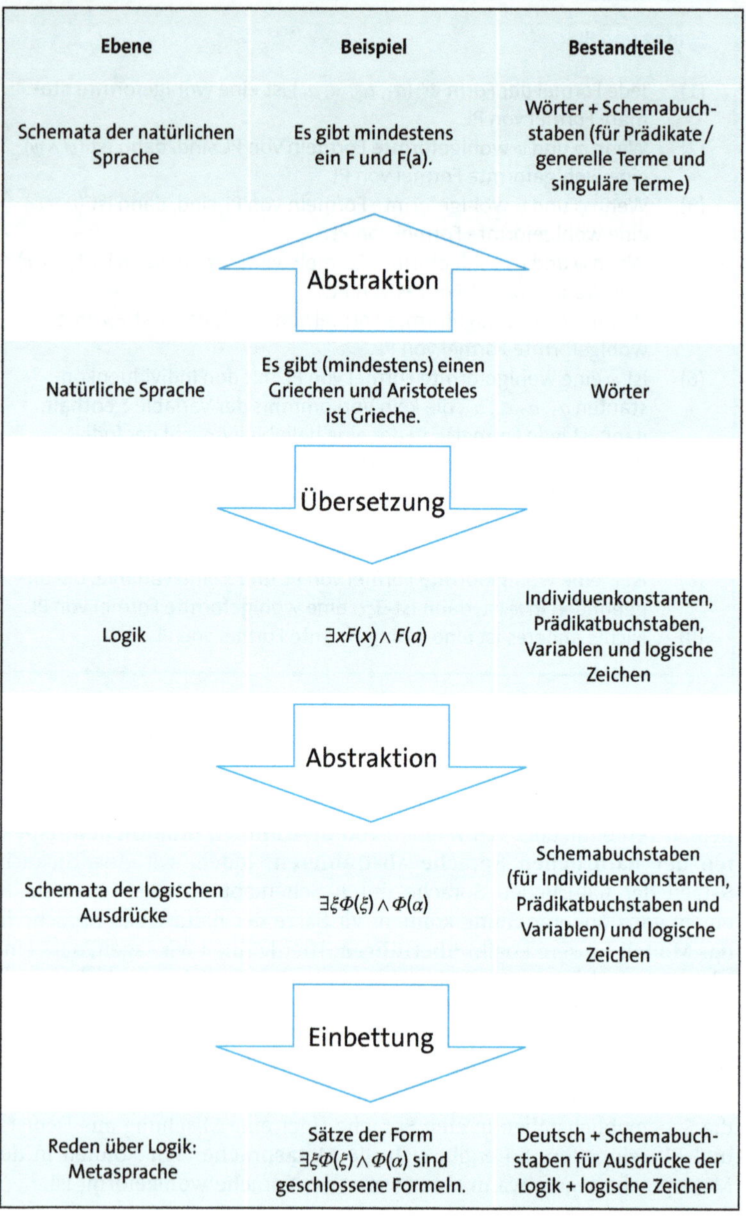

Ebene	Beispiel	Bestandteile
Schemata der natürlichen Sprache	Es gibt mindestens ein F und F(a).	Wörter + Schemabuchstaben (für Prädikate / generelle Terme und singuläre Terme)
	↑ Abstraktion	
Natürliche Sprache	Es gibt (mindestens) einen Griechen und Aristoteles ist Grieche.	Wörter
	↓ Übersetzung	
Logik	$\exists x F(x) \wedge F(a)$	Individuenkonstanten, Prädikatbuchstaben, Variablen und logische Zeichen
	↓ Abstraktion	
Schemata der logischen Ausdrücke	$\exists \xi \Phi(\xi) \wedge \Phi(\alpha)$	Schemabuchstaben (für Individuenkonstanten, Prädikatbuchstaben und Variablen) und logische Zeichen
	↓ Einbettung	
Reden über Logik: Metasprache	Sätze der Form $\exists \xi \Phi(\xi) \wedge \Phi(\alpha)$ sind geschlossene Formeln.	Deutsch + Schemabuchstaben für Ausdrücke der Logik + logische Zeichen

Wirkungsbereich eines Quantors: Um nun zu definieren, was eine Aussage von PL ist, brauchen wir die Begriffe der **offenen** und der **geschlossenen Formel**. Sehen wir uns dazu den Begriff des Wirkungsbereichs (Skopus) eines Quantors an. Wann bezieht sich ein Quantor auf eine Variable, die rechts vom Quantor in einer Formel auftaucht? Der Wirkungsbereichs des Quantors ist der Bereich, der durch den rekursiven Aufbau der Formeln, also bildlich gesprochen: durch die Klammerung gegeben ist. Zwei Bedingungen bestimmen diesen Wirkungsbereich: die Variable(n), die direkt rechts vom Quantor steht bzw. stehen, und die Klammerungen, die angeben, auf welche Formel der Quantor angewendet wurde.

Definition

Der Wirkungsbereich (Skopus) eines Quantors lässt sich wie folgt darlegen: Ein Quantor bezieht sich immer auf diejenigen Vorkommnisse von Variablen, die, erstens, Vorkommnisse der Variable sind, die direkt rechts neben ihm steht, und die sich, zweitens, innerhalb der Formel befinden, auf die der Quantor gemäß einer der Quantorenregeln (7 oder 8) angewendet wurde. Genau das ist sein Wirkungsbereich.

Auf welche komplexe Formel φ der Quantor angewendet wurde, lässt sich entsprechend an der **Klammerung** ablesen, die direkt neben dem Quantor und dem Variablenzeichen beginnt. Wenn es sich bei φ um eine atomare Aussage oder eine negierte Aussage handelt, dann gibt es nach Regel (1) und (5) keine Klammerung, die den Wirkungsbereich anzeigt. Hier einige Beispiele, wobei der Wirkungsbereich durch Unterstreichungen angegeben ist (das ist ein didaktisches Hilfsmittel und nicht Teil von PL). Wieder lassen wir die äußersten Klammern weg:

Beispiel

Wirkungsbereich

$\forall x\ \underline{(F(x) \wedge G(x))} \rightarrow F(a)$

$\exists x\ \underline{(F(x) \vee G(x))} \vee \forall x\ \underline{F(x)}$

Offene und geschlossene Formeln: Wir können nun unterscheiden zwischen offenen und geschlossenen Formeln. Eine offene Formel ist eine Formel, die eine Variable enthält, die sich nicht im Wirkungsbereich eines Quantors befindet. Die gerade angegebenen Formeln zur Illustration des Wirkungsbereichs des Quantors sind geschlossen. Hier drei offene Formeln:

Beispiel

Offene und geschlossene Formeln

$\forall x(F(x) \rightarrow G(x)) \rightarrow H(x)$

(das letzte Vorkommnis von »*x*« befindet sich nicht im Bereich eines Quantors)

$F\ (x)$

(das »*x*« befindet sich nicht im Bereich eines Quantors)

$\forall x \exists y(F(x) \rightarrow G(y)) \wedge G(y,a)$

(das letzte Vorkommnis von »*y*« befindet sich nicht im Bereich eines Quantors)

Geben wir dafür eine ordentliche Definition, die vom Begriff des Wirkungsbereichs Gebrauch macht:

Definition

Etwas ist eine **offene Formel von PL** genau dann, wenn sie mindestens eine Variable enthält, die sich nicht im Wirkungsbereich eines Quantors befindet.
Etwas ist eine **geschlossene Formel von PL** genau dann, wenn es eine Formel von PL ist und nicht offen ist.

Da eine offene Formel mindestens eine Variable enthält, die sich nicht im Wirkungsbereich eines Quantors befindet, ist sie **nicht wahrheitswertfähig**. Sie ist wie ein Satz, der an der Stelle des singulären Terms einen Ausdruck enthält, der bloß in der Lage dazu ist, einen Wert anzunehmen, aber keinen Wert annimmt (bzw. **keinen Gegenstand bedeutet**). Entsprechend handelt es sich bei offenen Formeln von PL nicht um Aussagen von PL. Wir können nun die Menge der Aussagen von PL definieren:

Definition

Etwas ist eine **Aussage von PL** genau dann, wenn es sich dabei um eine geschlossene, wohlgeformte Formel von PL handelt.

Gebundene und ungebundene Variablen: Wir sagen im Falle einer offenen Formel auch, dass in einer offenen Formel eine Variable ungebunden vorkommt. Eine entsprechende, etwas anders formulierte Definition hatten wir bereits in Regel (6) der Syntax eingebaut, so dass wir hier keine neue Definition aufstellen müssen. Gebunden ist eine Variable genau dann, wenn sie sich im Wirkungsbereich eines Quantors befindet. Entsprechend werden gelegentlich Prädikate als ›offene Sätze‹ charakterisiert: Es sind Sätze, die eine ungebundene Variable an der Stelle enthalten, an der gegebenenfalls ein singulärer Term (in der natürlichen Sprache) bzw. eine Individuenkonstante (in PL) stehen könnte. Es gibt entsprechend **zwei Möglichkeiten, aus einem offenen Satz einen Satz zu machen**: Indem die ungebundenen Variablen durch singuläre Terme ersetzt werden oder indem die Variablen durch Quantoren gebunden werden. Hier einige natürlichsprachliche Beispiele für Pendants offener Sätze in PL:

Beispiel

Offene Sätze

(Die folgenden Sätze sollen ohne Kontext oder Zeigegesten betrachtet werden.)
»Er ist ein Erpel«
»Sie ist die Schwester von Hans«
»Es ist ein Junggeselle«

Wir erhalten sowohl Sätze, wenn wir »Donald« einsetzen, als auch, wenn wir Ausdrücke einsetzten, die den Quantoren entsprechen, etwa »Alles« oder »Eine Frau«, oder wenn wir natürlichsprachliche Rekonstruktionen der Quantoren voranstellen, wie etwa: »Für alle(s) gilt«, »Für mindestens eine gilt«. Ein Hinweis: Ob es sich bei diesen Ausdrücken im Deutschen tatsächlich (immer) um Variablen handelt, ist nicht klar. Typischerweise ergibt sich die **Bedeutung dieser Ausdrücke in einem Kontext**: Wenn jemand auf Donald zeigt oder es schon vorher um Donald ging, kann der Satz »Er ist ein Erpel« geäußert werden, ohne dass unbestimmt bleibt, um wen es geht.

Um es noch einmal zu wiederholen: Es sollte hier deutlich werden, **dass offene Sätze sich nicht von Prädikaten unterscheiden**. Wir charakterisieren sie allerdings unterschiedlich, je nachdem, welche Aspekte wir gerade beschreiben wollen. (In PL wird die leere Stelle, die im Falle offener Sätze durch eine Variable markiert wird, durch die hochgestellte Ziffer markiert, die wir aus ökonomischen Gründen meistens weglassen.)

Beschließen wir dieses Kapitel mit zwei Beispielen, in denen wir begründen, warum es sich bei ihnen um wohlgeformte Formeln handelt.

Beispiele

$\exists x F(x)$

Wollen wir zeigen, dass eine quantifizierte Formel wohlgeformt ist, so müssen wir erst zeigen, dass eine Formel, die sich strukturell genauso verhält, wie diese Formel, die jedoch keinen Quantor beinhaltet, wohlgeformt ist. Quantoren werden uns in den Regeln (7) und (8) nämlich so beschrieben, dass sie vor Formeln eingefügt werden dürfen, die Variablen enthalten. Derartige Formeln erhalten wir laut Regel (6) durch eine bestimmte Operation, die in dem geeigneten Ersetzen von Individuenkonstanten durch Variablen besteht. Wir sollten zunächst also eine Formel suchen, die wohlgeformt ist, und für die wir eine solche Ersetzung unserer Beispielformel entsprechend vornehmen können. Eine solche Formel ist diese: $F(a)$.
Wir beginnen also wie folgt:

$F(a)$	Diese Formel ist wohlgeformt nach Regel (1).
$F(x)$	Diese Formel ist wohlgeformt nach Regel (6), da sie aus Ersetzung von »a« durch »x« aus $F(a)$ hervorgegangen ist.
$\exists x F(x)$	Diese Formel ist wohlgeformt nach Regel (8), und sie ist darüber hinaus eine Aussage, da sie keine ungebundenen Variablen enthält.

$\forall x \exists y (F(x,a) \rightarrow G(y)) \vee H(a)$

Hierbei handelt es sich aus folgenden Gründen um eine wohlgeformte Formel, wobei wir wieder damit beginnen, die basalen Formeln, auf die sich die Quantoren beziehen, so umzuformen, dass gezeigt werden kann, dass die quantifizierten Formeln Resultate von regelkonformen Ersetzungen sind:

$F(b,a)$	Das ist wohlgeformt aufgrund von Regel (1). (Kommentar: Diese Formel brauchen wir, um die Quantifikation mit dem Allquantor zu beschreiben.)
$G(c)$	Das ist eine wohlgeformte Formel aufgrund von Regel (1). (Kommentar: Diese Formel brauchen wir, um die Quantifikation mit dem Existenzquantor zu beschreiben.)
$H(a)$	Das ist wohlgeformt aufgrund von Regel (1).
$(F\ (b,a) \rightarrow G(c))$	Das ist wohlgeformt aufgrund von Regel (4). (Kommentar: Hier fügen wir die zuerst besprochenen Formeln zusammen, um in den nächsten Schritten die Ersetzungen für die Variablen durchzuführen)
$(F\ (x,a) \rightarrow G(y))$	Das ist wohlgeformt aufgrund von Regel (6) (zweifache Anwendung: einmal mit »*x*« und einmal mit »*y*«).
$\exists y(F\ (x,a) \rightarrow G(y))$	Das ist wohlgeformt aufgrund von Regel (8).
$\forall x \exists y(F\ (x,a) \rightarrow G(y))$	Das ist wohlgeformt aufgrund von Regel (7).
$\forall x \exists y(F\ (x,a) \rightarrow G(y)) \vee H(a)$	Das ist wohlgeformt aufgrund von Regel (3), wobei die äußeren Klammern weggelassen wurden.

10 Prädikatenlogik und natürliche Sprache

In diesem Kapitel soll es vor allem darum gehen, die **Übersetzung von normalsprachlichen Sätzen in PL-Formeln** zu üben und auf einige Aspekte, die dabei zu beachten sind, näher einzugehen. In gewisser Hinsicht entspricht dieses Kapitel dem Kapitel 4.6, in dem wir auf den Zusammenhang zwischen AL und natürlicher Sprache eingegangen sind. Im Falle der Prädikatenlogik bietet sich jedoch ein eigenes Kapitel an, da die Übersetzung von Aussagen der natürlichen Sprache in Formeln von PL größeres Geschick erfordert als die Übersetzung von Aussagen der natürlichen Sprache in Formeln von AL. Wir erinnern uns: In AL konnte die interne Struktur von Sätzen im Normalfall vernachlässigt werden (sie interessierte uns nur in Fällen wie diesen: »Anna und Hans sind groß«, die wir als Konjunktion zweier ganzer Sätze rekonstruiert haben). Hier müssen wir **in die Struktur der Sätze eintauchen**, um die relevanten logischen Formen in PL transparent machen zu können. Dabei gilt es einige Schwierigkeiten zu beachten. Nicht immer sieht man der natürlichsprachlichen Formulierung an, wie eine Übersetzung nach PL aussehen kann. Insbesondere ist es oft nicht leicht, **Quantifikationen** in der Alltagssprache zu identifizieren. Außerdem treten Schwierigkeiten auf, wenn sich in einem Satz mehrere Quantifikationen finden, da hier sogenannte **Skopusmehrdeutigkeiten** auftreten können, die es in der Formalisierung zu beseitigen gilt. Und wir verwenden gelegentlich leere Begriffe, also **Begriffe, die keinen Gegenstand unter sich fassen**.

Zu diesem Kapitel finden Sie zusätzliches Material im Kapitel »Prädikatenlogik und natürliche Sprache« des Online-Kurses. Zusatzmaterial online

10.1 | Überführung von natürlichsprachlichen Ausdrücken in PL-Formeln

Allgemeine Form der Überführung: Beginnen wir damit, die allgemeine Form der Überführung von Aussagen oder Ausdrücken der natürlichen Sprache in Formeln von PL zu besprechen. Wir weisen zunächst natürlichsprachlichen Prädikaten Prädikatbuchstaben zu. Dasselbe tun wir mit natürlichsprachlichen singulären Termen und Termen von PL. Dabei soll hier gelten, dass Prädikate so vielstellig wie möglich interpretiert werden sollen. Wir suchen also alle singulären Terme und Ausdrücke in Position singulärer Terme und streichen sie, um ein Prädikat zu erhalten. Außerdem sollten Junktoren nicht im Prädikat stecken bleiben, sondern als Junktoren in der prädikatenlogischen Übersetzung auftauchen.

Beispiel

Übersetzen wir den folgenden Satz:

»Der Ausdruck »weil« lässt sich mithilfe der Prädikatenlogik nicht adäquat modellieren.«

Suchen wir die **singulären Terme**: »der Ausdruck »weil««, »die Hilfe der Prädikatenlogik«. Wir haben einen **Junktor**, nämlich die Negation. Der **Rest ist Prädikat** (wenn wir hinter dem »lässt sich nicht« nicht eine versteckte Quantifikation im Sinne von »niemand kann« vermuten wollen). Wir erhalten:

a – der Ausdruck »weil«,
b – die Hilfe der Prädikatenlogik,
F^2 – ... lässt sich mit ... adäquat formulieren

Also erhalten wir: $\neg F(a,b)$

Quantifizierte Sätze: Interessanter und schwieriger wird es, wenn wir uns quantifizierten Sätzen zuwenden. Quantoren können sich hinter einer ganzen Reihe von Ausdrücken in der natürlichen Sprache verbergen. Es gibt relativ klare Fälle: Manchmal sagen wir explizit, dass *alle* Spieler nach dem Spiel erschöpft waren, oder dass *wenigstens eine* Person im Unterricht aufgepasst hat. **Existenzquantifikationen verbergen sich aber auch oft** hinter Ausdrücken wie »jemand«, »etwas«, »ein [+ genereller Term]« und »irgendwer« ... Und auch solche Ausdrücke, die streng genommen nicht nur sagen, dass von mindestens einem Gegenstand irgendetwas gilt, sondern von mehreren (wenn auch nicht von allen), sollen durch einen Existenzquantor wiedergegeben werden. Ausdrücke wie »einige«, »manche«, »viele«, »wenige« etc. können in bestimmten Verwendungsweisen eine Rekonstruktion in Form einer Existenzquantifikation erfordern.

Auch **Allquantifikationen** können einen vor gewisse Herausforderungen stellen. Nicht immer finden wir auf der Satzoberfläche in der natürlichen Sprache ein »alle«. Wir können etwa den bestimmten oder unbestimmten Artikel in Kombination mit einem generellen Term verwenden, um eine Allquantifikation auszudrücken (etwa in »die Menschen / der Mensch / die Menschheit sind/ist böse«, oder »ein Stein ist kein Lebewesen«).

Wenden wir uns nun einem komplizierteren Satz zu, entnommen Thomas Hobbes' *Leviathan*:

Beispiel

»Die Übereinstimmung [...] der Menschen [ist] nur durch Vertrag, [und damit] künstlich.« (Hobbes 1996, Kap. 144)

Um hier zu reüssieren, bedarf es einer ausgefeilteren Taktik. Zwar scheinen wir hier einen singulären Term zu Beginn des Satzes zu haben, nämlich »die Übereinstimmung der Menschen«. Doch bei genauerem Hinsehen will uns Hobbes hier nicht sagen, dass die Übereinstimmung der Menschen eine einzige sei und auf einem Vertrag beruhe. Was er uns wohl mitteilen möchte ist, dass eine jede von Menschen erreichte Übereinstimmung auf einem Vertrag beruht. Wir haben hier also eine **versteckte Quantifikation**. Allquantoren verstecken sich häufig hinter scheinbaren singulären Termen. Reformuliert lautet der Satz:

»Jede Übereinstimmung zwischen Menschen beruht auf einem Vertrag, der künstlich ist.«

Außerdem verstecken sich, wie angedeutet, Allquantoren gelegentlich hinter scheinbaren Existenzquantifikationen, etwa in: »Ein Schaf ist ein Säugetier.«

Doch kommen wir zurück zu dem Hobbes-Beispiel. Wir sollten also zunächst das Prädikat, das noch die Junktoren enthält, identifizieren und dann entsprechend quantifizieren. »Wenn ... eine Übereinstimmung zwischen Menschen ist, dann beruht ... auf ... und ... ist künstlich.« Um die entsprechenden Junktoren bereinigt erhalten wir die Prädikate:

F^1 – ... ist eine Übereinstimmung zwischen Menschen
G^2 – ... beruht auf ...
H^1 – ... ist ein Vertrag
I^1 – ... ist künstlich

Die Junktoren sind: $\rightarrow$ und $\wedge$

(Man könnte sich hier streiten, ob man das Prädikat »... ist ein Übereinstimmung zwischen Menschen« aufspalten und sagen will, dass hier in Wirklichkeit zwei Prädikate am Werke sind, nämlich »... ist eine Übereinstimmung« und »... ist zwischen Menschen (entstanden)«. Wir wollen hier bei der einfacheren und an der Alltagssprache orientierten Formulierung bleiben. Außerdem könnte man noch versuchen, eine Quantifikation in die Position des Ausdrucks »Menschen« vorzunehmen, im Sinne von »zwischen mindestens zwei Gegenständen, die Menschen sind«, aber auch das wollen wir hier unterlassen.)

Doch ergibt sich hier noch eine weitere Schwierigkeit. Wir wollen bei unserer Formalisierung selbstverständlich **Mehrdeutigkeiten vermeiden**. Vergleichen wir nun unseren Satz (»Jede Übereinstimmung zwischen Menschen beruht auf einem Vertrag, der künstlich ist.«) mit dem folgenden:

Beispiel

»Alle Seemänner lieben ein Mädchen.«

Dieser Satz ist mehrdeutig – es gibt **eine plausible und eine unplausible Lesart**. Wir können uns das klar machen, indem wir den Satz zweimal reformulieren:

Plausible Lesart	Es gibt für jeden Seemann ein Mädchen, das er liebt.
Unplausible Lesart	Es gibt ein Mädchen, das von jedem Seemann geliebt wird.

Dasselbe funktioniert auch mit dem Satz aus Hobbes' *Leviathan*:

Plausible Lesart	Es gibt für jede Übereinstimmung zwischen Menschen einen Vertrag, der ...
Unplausible Lesart	Es gibt einen Vertrag, auf dem jede Übereinstimmung zwischen Menschen beruht, und der ...

Skopusmehrdeutigkeit: Wir haben es hier mit einer Skopusmehrdeutigkeit zu tun. Eine Skopusmehrdeutigkeit ist eine Mehrdeutigkeit, die sich aus einer Unklarheit bezüglich der Reichweite von bestimmten Ausdrücken ergibt. Im konkreten Fall: Wir müssen klären, **wie sich der Existenz- und der Allquantor zueinander verhalten**. Befindet sich der Existenzquantor innerhalb des Skopus oder des Wirkungsbereichs des Allquantors, so ergibt sich die plausiblere Lesart (in beiden Fällen). Die unplausible Lesart ergibt sich, wenn sich der Existenzquantor außerhalb des Skopus des Allquantors befindet. In diesem Falle wird behauptet, dass es mindestens einen Gegenstand gibt, von dem gilt, was im Folgenden näher bestimmt wird. Im anderen, plausiblen Fall wird gesagt, dass es für jeden Gegenstand aus dem Bereich des Allquantors, der ein Seemann ist, einen Gegenstand gibt, der von dem ersten geliebt wird und ein Mädchen ist. Dabei kann es sich für jeden Seemann um ein und dieselbe Person handeln (wie explizit in der unplausiblen Lesart behauptet), oder die von Seemännern geliebten Mädchen können voneinander verschieden sein. Indem wir also festlegen, dass der **Wirkungsbereich des Quantors sich auf alles bezieht, was rechts von ihm steht** (bis zum Ende der ersten Klammerung), können wir diese Mehrdeutigkeiten der natürlichen Sprache in der Logik vermeiden.

Mit diesem Rüstzeug können wir nun eine Übersetzung des Satzes aus Hobbes' Leviathan in PL wie folgt formulieren:

$$\forall x \exists y (F(x) \rightarrow (G(x,y) \land (H(y) \land I(y))))$$

Auflösung von Skopusmehrdeutigkeiten in PL: Bevor wir uns noch zwei weitere Beispiele zur prädikatenlogischen Rekonstruktion von natürlichsprachlichen Aussagen ansehen, sollten wir uns kurz einmal systematisch vor Augen führen, wie wir in der Prädikatenlogik natürlichsprachliche Skopusmehrdeutigkeiten auflösen können. Schließlich ist es ein

Vorzug dieses Modells, **Klarheit zu schaffen**, wo der Gegenstandsbereich Anlass zur Verwirrung gibt. Hier eine Übersicht, wie die Reihenfolge der Quantoren sich zu den formalisierten Sätzen verhält, am Beispiel des Prädikats »... liebt ...«:

Beispiel

Reihenfolge Quantoren

»Alle lieben einen.«

Lesart 1:
$\forall x \exists y F(x,y)$: Für jeden gibt es jemanden, den sie liebt.

Lesart 2:
$\exists y \forall x \mathrm{F}(x,y)$: Es gibt mindestens einen, der von allen geliebt wird.

»Jeder wird von einem geliebt.«

Lesart 1:
$\forall x \exists y F(y,x)$: Für jede gibt es mindestens eine, die sie liebt.

Lesart 2:
$\exists y \forall x F(y,x)$: Es gibt mindestens einen, der alle liebt, oder: Jemand liebt alle.

Hier noch ein Beispiel einer natürlichsprachlichen Aussage, die auf eine andere Schwierigkeit in der PL-Rekonstruktion hinweist. Wählen wir dazu einen Satz, den Frege an Husserl schreibt:

Beispiel

»[Die Logik] ist in keiner Weise Teil der Psychologie.« (Frege 1980, S. 40)

Vorgehen: Wir könnten hier zunächst eine negierte Existenzbehauptung vermuten: Es gebe keine Weise, so Frege, in der die Logik Teil der Psychologie sei. Wir können den Satz in der Tat so rekonstruieren. Aber gibt es nicht einen einfacheren Weg, der auf dasselbe hinausläuft? Es scheint doch so, dass die Logik genau dann Teil der Psychologie ist, wenn sie *auf irgendeine Weise* Teil der Psychologie ist. Dann können wir Freges Aussage auch so lesen: »Die Logik ist nicht Teil der Psychologie«. Hier finden wir nun keine versteckte oder offene Quantifikation. Vielmehr haben wir es mit zwei singulären Termen zu tun:

a – »Die Logik«
b – »die Psychologie«

Diese zwei singulären Terme sind verbunden durch ein zweistelliges Prädikat:

F^2 – »... ist Teil von ...«

Damit erhalten wir dann die negierte Aussage:

$\neg F^2(a,b)$

Sehen wir uns zum Abschluss noch ein Fragment eines Satzes an aus einem weiteren Brief Freges an Husserl, in dem Frege etwas dazu sagt, warum er glaubt, in der Logik reiche es aus, sich auf diejenigen Aspekte des Inhalts eines Satzes zu konzentrieren, die mit Bezug zur Wahrheit oder Falschheit des Satzes relevant sind:

Beispiel **»Zum Inhalte [eines Satzes] kann man freilich mancherlei rechnen, z. B. eine Stimmung, Gefühle, Vorstellungen; aber alles dies wird nicht als wahr oder falsch beurteilt; es geht die Logik im Grunde nichts an.« (Frege 1980, S. 45)**

Vorgehen: Beginnen wir wieder damit, die singulären Terme zu identifizieren. Es ist in der Tat nur ein einziger singulärer Term:

a – die Logik

Nun ist der Rest nicht lediglich Prädikat. Vielmehr gibt es hier mehrere Quantifikationen. Frege sagt etwas über Sätze; und er sagt etwas darüber, was man so alles zum Inhalt von Sätzen rechnen könne, was aber die Logik nichts angehe. Versuchen wir es zunächst einmal mit einer natürlichsprachlichen Rekonstruktion, die der Formalisierung schon etwas näher kommt:

Es gibt Inhalte von Sätzen, für die es etwas gibt, das man ihnen zurechnen kann; das kann eine Stimmung sein, es kann ein Gefühl sein und es kann eine Vorstellung sein; und (»aber«) es ist nicht der Fall, dass irgend eines davon als wahr oder falsch beurteilt wird; und es ist nicht der Fall, dass es die Logik etwas angeht.

Die Botschaft sollte klar sein: Es gibt Sätze, die einen solchen Inhalt haben. Aber das reicht nicht, um diesen Inhalt in der Logik zu berücksichtigen. Warum nutzen wir den Existenzquantor um die Rede von den Inhalten von Sätzen wiederzugeben, und nicht den Allquantor? Möchte Frege hier nicht etwas über alle Sätze sagen? Auch wenn man es Freges Formulierung nicht gleich ansieht, möchte er sicher nicht sagen, dass *alle*

Sätze diese drei Inhaltsaspekte aufweisen. Es gibt Sätze, die das tun (oder die mindestens einen dieser Inhaltsaspekte aufweisen). Aber das reicht noch nicht aus, diese Inhaltsaspekte in der Logik zu berücksichtigen. Konzentrieren wir uns, damit die Formel nicht zu lang wird, nur auf ein Beispiel, das Frege für etwas anführt, das zum Inhalt eines Satzes gerechnet werden könne, aber **nicht als wahr oder falsch beurteilt** wird: eine Stimmung, also etwas, das wir etwa durch eine bestimmte Wortwahl zum Ausdruck bringen können.

Damit können wir nun unsere Prädikate identifizieren:

F^1 – ... ist der Inhalt eines Satzes
G^2 – ... kann man zu ... rechnen
H^1 – ... ist eine Stimmung
I^1 – ... wird als wahr beurteilt
J^1 – ... wird als falsch beurteilt
K^2 – ... geht ... etwas an

Damit ergibt sich dann:

$\exists x \exists y(F(x) \wedge G(y,x) \wedge H(y) \wedge \neg (I(y) \vee J(y)) \wedge \neg K(y,a))$
[Zur besseren Übersichtlichkeit wurde hier auf die interne Klammerung der langen Konjunktion und auf die Superskripte verzichtet.]

10.2 | Interdefinierbarkeit von Quantoren

Kommen wir nun zu einem weiteren Aspekt, dem **Zusammenhang zwischen All- und Existenzquantor.** Wie viele Junktoren sind auch diese zwei Quantoren interdefinierbar. Wir geben nun die allgemeine Form solcher Interdefinierbarkeiten jeweils mit Beispielen an. Sei dabei φ eine wohlgeformte offene Formel, deren einzig ungebundene Variable »x« an beliebig vielen Stellen ist.

Beispiele

$\forall x \varphi$ ist äquivalent zu $\neg \exists x \neg \varphi$
z. B.: »Alles ist mit sich selbst identisch« ist genau dann wahr, wenn gilt: »Es gibt nichts, was nicht mit sich identisch ist«

$\neg \forall x \neg \varphi$ ist äquivalent zu $\exists x \varphi$
z. B.: »Nicht alles ist unnatürlich« ist wahr genau dann, wenn gilt: »Es gibt etwas, das natürlich ist«

Angewendet auf Aussagen mit zwei Quantoren gilt (wobei φ nun eine wohlgeformte offene Formel ist, die sowohl ungebundene »x« als auch ungebundene »y« als Variablen enthält):

Beispiele

$\forall x \forall y \varphi$ ist äquivalent zu $\neg \exists x \neg \forall y \varphi$ ist äquivalent zu $\forall x \neg \exists y \neg \varphi$
z. B.: »Alle lieben alle« ist äquivalent zu »Es gibt niemanden, der nicht alle liebt« ist äquivalent zu »Für alle gilt, dass es für sie niemanden gibt, der sie nicht liebt«

$\forall x \exists y \varphi$ ist äquivalent zu $\neg \exists x \neg \exists y \varphi$ ist äquivalent zu $\neg \exists x \forall y \neg \varphi$
z. B.: »Für jeden gibt es mindestens einen, den er liebt« ist äquivalent zu »Es gibt niemanden, für den es niemanden gibt, den er liebt« ist äquivalent zu »Es gibt niemanden für den gilt, dass er alle nicht liebt«

$\exists x \exists y \varphi$ ist äquivalent zu $\neg \forall x \neg \exists y \varphi$ ist äquivalent zu $\exists x \neg \forall y \neg \varphi$
z. B.: »Mindestens einer liebt mindestens einen« ist äquivalent zu »Nicht für alle gilt, dass es niemanden gibt, den sie lieben« ist äquivalent zu »Es gibt mindestens einen, für den nicht gilt, dass er nicht alle nicht liebt«

und

$\exists x \forall y \varphi$ ist äquivalent zu $\neg \forall x \neg \forall y \varphi$ ist äquivalent zu $\exists x \neg \exists y \neg \varphi$
z. B.: »Für mindestens einen gilt, dass er alle liebt« ist äquivalent zu »Es ist nicht für jeden der Fall, dass er nicht alle liebt« ist äquivalent zu »Es gibt mindestens einen, für den es keinen gibt, den er nicht liebt«

Zusatzmaterial online

In beiden Kästen fehlen jeweils einige Möglichkeiten – diese können durch eigene Überlegung gefunden und auf der Online-Plattform nachgeschaut werden.

Die Quantoren sind also **interdefinierbar**. Deshalb ist beim Formalisieren einiges Geschick angebracht (welche Formalisierung angebracht ist, mag vom Zweck der Formalisierung abhängen), obwohl es natürlich prinzipiell nie verkehrt ist, sich **an der sprachlichen Oberfläche** zu orientieren, also etwa »jemand« unter Rekurs auf einen Existenzquantor, und nicht auf einen negierten Allquantor und eine weitere Negation zu formalisieren. Kommen wir nun zu einer weiteren Herausforderung – den leeren Begriffen, also zu Begriffen, die, intuitiv gesprochen, keine Gegenstände beschreiben.

10.3 | Leere Begriffe und Quantifikationen

Wir haben noch keine explizite Charakterisierung der **Semantik von PL-Formeln** vorgenommen. Diesem Thema werden wir uns im nächsten Kapitel zuwenden. Um jedoch schon einmal auf ein interessantes Phänomen hinzuweisen, das sich aus semantischen Überlegungen zum Junktor »wenn ... dann ...« und der Formalisierung von Allquantifikationen ergibt, werfen wir einen Blick auf die Aussage: »Alle runden Quadrate sind dreieckig.« Diese Aussage wird, wie wir nachher noch genauer sehen werden, wahr: Sie hat die folgende logische Form: $\forall x(F(x) \rightarrow G(x))$. Warum wird diese Formel unter dieser Interpretation wahr? Es gibt schlicht keine runden Quadrate. Unter Rekurs auf das Verständnis des Pfeils in der Aussagenlogik sollte das leicht zu sehen sein: Es gibt nichts, was das Antezedens der Formel wahr machen könnte. Ist aber das Antezedens einer Implikation in AL wahr, so wird die ganze Implikation wahr. Und analog verhält es sich auch hier. Wir sprechen in einem solchen Fall auch von einem leeren Begriff.

Leere Begriffe und das Wahrwerden von Aussagen: Leere Begriffe sind etwa diese: der Begriff des runden Quadrats, der Begriff der Hexe, der Begriff der größten Primzahl – es sind **Begriffe, unter die nichts fällt**. Da also das Antezedens unserer allquantifizierten Aussage falsch wird, ist die Aussage selbst wahr. Für jeden Wert, den wir der Variable (unter dieser Interpretation des Prädikatbuchstaben »*F*«) zuweisen, wird das Antezedens falsch, und mithin die Aussage wahr. Das ist bei **Allquantifikationen** zu beachten: Wenn im Antezedens einer allquantifizierten Aussage ein Prädikat steht, das einen leeren Begriff ausdrückt, dann wird die entsprechende Allaussage wahr. Und dann wird natürlich auch die entsprechende **Existenzquantifikation** wahr: $\neg \exists x \neg (F(x) \rightarrow G(x))$. Da ein jeder Gegenstand als Wert der Variable das Antezedens falsch und den eingebetteten Satz damit insgesamt wahr machen würde, ist die Aussage $\exists x \neg (F(x) \rightarrow G(x))$ (unter dieser Interpretation der Prädikatbuchstaben) falsch. Deshalb ist die Negation dieser Aussage wahr.

Beschließen wir mit diesen Überlegungen die Diskussion zum Zusammenhang zwischen natürlicher Sprache und PL. Wir haben die Details der Zuordnung von Zeichen von PL zu Zeichen der Alltagssprache beschrieben und auf einige Tücken hingewiesen, die sich insbesondere auf ›versteckte‹ Quantifikationen, Skopusmehrdeutigkeiten und leere Begriffe beziehen. Mit den leeren Begriffen haben wir nun ein Thema der Semantik von PL berührt, die Gegenstand des nächsten Kapitels ist.

Literatur

Frege, Gottlob: *Gottlob Freges Briefwechsel mit D. Hilbert, E. Husserl, B. Russell, sowie ausgewählte Einzelbriefe Freges*. Hamburg 1980.
Hobbes, Thomas: *Leviathan*. Hamburg 1996.

11 Semantik der Prädikatenlogik

In diesem Kapitel wird es darum gehen, eine **vollständige Semantik für PL** zu entwickeln. Im Anschluss daran werden wir uns mit den Grenzen der hier gelieferten Semantik auseinandersetzen und eine informelle Skizze einer alternativen Semantik liefern.

Zu diesem Kapitel finden Sie zusätzliches Material im Kapitel »Semantik der Prädikatenlogik« des Online-Kurses. Zusatzmaterial online

11.1 | Grundidee

Beginnen wir nun damit, eine Semantik für die Ausdrücke einzuführen, welche das Vokabular von PL ausmachen. Wieder wollen wir mit einer intuitiven Rechtfertigung dieser Semantik beginnen, um sie dann genauer auszubuchstabieren. Die Grundidee ist extrem einfach, was sich unter anderem darin niederschlägt, dass sie nicht sonderlich weit trägt, wie wir später sehen werden. Denken wir wieder daran, dass auch die PL als Modell betrachtet werden kann, das **bestimmte Strukturen der natürlichen Sprache** transparent machen soll. Wieder geht es um Strukturen, die für solche Eigenschaften verantwortlich sind wie die Eigenschaft von Aussagen, die Wahrheit anderer Aussagen zu garantieren, sofern sie selbst wahr sind. Entsprechend scheint es sinnvoll, die Rolle zu beachten, die unsere PL-Ausdrücke hinsichtlich der **Wahrheit und Falschheit** des Satzes spielen – schließlich ist es das, wozu wir sie in der Logik brauchen.

11.1.1 | Nicht-quantifizierte Sätze

Singuläre Terme und Mengen: Ein singulärer Term war eingeführt worden als ein Ausdruck in der natürlichen Sprache, der sich in bestimmter Weise in einem Satz verhält, nämlich so, als würde er **einen Gegenstand herausgreifen**, der von dem Rest des Satzes näher charakterisiert wird. Entsprechend sollten wir hier unseren Termen **Gegenstände als semantische Werte** zuordnen. Ein Prädikat kann nun so beschrieben werden, dass es sich auf eine Menge von Gegenständen bezieht. Das Prädikat »... ist rot« bezieht sich z. B. auf die Menge aller roten Gegenstände, das Prädikat »... ist ein Pferd« bezieht sich auf die Menge aller Pferde, und die

Prädikate »... ist ein rundes Quadrat« und »... ist eine Hexe« beziehen sich auf die leere Menge. Ein Satz, der aus einem singulären Term und einem Prädikat besteht, scheint entsprechend eine **Verbindung zwischen einem Gegenstand und einer Menge von Gegenständen** herzustellen: Er behauptet schlicht, dass der Gegenstand, der durch den singulären Term bezeichnet wird, ein Element der Menge ist, die durch das Prädikat bezeichnet wird.

Modellcharakter: Wir haben die semantische Rolle von singulären Termen und Prädikaten in gewisser Weise auf ihren **Beitrag zur Wahrheit von Sätzen** reduziert, die wir aus ihnen bilden können. Dass sich ihre semantische Rolle darauf nicht unbedingt beschränkt, sehen wir, wenn wir sehen, dass »... ist ein rundes Quadrat« und »... ist eine Hexe« unterschiedliche Bedeutungen haben, in unserer Semantik aber gleich behandelt werden. Sie beide greifen die leere Menge heraus, schlicht deshalb, weil sie beide leere Begriffe sind. Dasselbe gilt von den singulären Termen »Der Autor von *Rot und Schwarz*« und »Stendhal«: sie bezeichnen dieselbe Person, und wir würden beide Ausdrücke, trotz unterschiedlicher Bedeutung in der natürlichen Sprache, in einer Formalisierung ggf. mit derselben **Individuenkonstante** wiedergeben. Wir ignorieren in unserem Modell also wieder einige Aspekte des Gegenstandsbereichs, also der natürlichen Sprache.

Damit verfügen wir nun über das Material, um Sätze hinsichtlich Wahrheit und Falschheit zu beschreiben: Ein Satz, der aus einem singulären Term und einem Prädikat besteht, ist wahr genau dann, wenn der singuläre Term ein Element der Menge ist, die als semantischer Wert des Prädikates fungiert. Hier einige Beispiele, in denen wir der Einfachheit halber immer nur einen singulären Term aus dem Prädikat entfernen, auch wenn die Aussagen mehrere singuläre Terme enthalten:

Beispiel

(1) Die Zwei ist eine gerade Zahl.
Der Satz behauptet, dass die Zwei (der Wert von »die Zwei«) zur Menge der geraden Zahlen (dem Wert von »... ist eine gerade Zahl«) gehört. Deshalb, so die Idee, ist der erste Satz wahr.

(2) Dieses Buch ist Teil des Angebotes des Verlags J. B. Metzler.
Dieser Satz ist wahr, wenn dieses Buch (der Wert von »dieses Buch«) tatsächlich Element der Menge derjenigen Dinge ist, die Teile des Angebots des Verlags J. B. Metzler sind (dem Wert des Prädikats »... ist Teil des Angebots des Verlags J. B. Metzler«).

(3) Der Ausdruck »Junktor« hat in diesem Buch eine nicht zu unterschätzende Rolle gespielt.
Auch dieser Satz ist wahr, wenn der Ausdruck »Junktor« (Wert des Ausdrucks »Der Ausdruck »Junktor««) Element der Menge der Dinge ist, die in diesem Buch eine nicht zu unterschätzende Rolle gespielt haben (dem Wert des Prädikats dieses Satzes).

(4) Der Ausdruck »Junktor« ist in diesem Buch bislang genau eintausend Mal verwendet worden.

Aus ähnlich gelagerten Gründen ist der letzte Beispielsatz (vermutlich) falsch: Mit ihm wird behauptet, dass der Ausdruck »Junktor« zu der Menge derjenigen Gegenstände oder Ausdrücke gehört, die eintausend Mal in diesem Buch verwendet wurden.

Wir können also auf der Ebene dieser semantischen Charakterisierung recht leicht klären, wie die Komposition von singulären Termen und Prädikaten die Wahrheit oder Falschheit eines Satzes beeinflusst. Genau das soll hier ja geschehen: Wir wollen die **wahrheitswertrelevante Struktur von Sätzen** möglichst genau charakterisieren.

Semantischer Wert mehrstelliger Prädikate: Allerdings haben wir es uns mit den Sätzen (2) bis (4), wie erwähnt, noch etwas einfach gemacht: Wir könnten sie auch dahingehend analysieren, dass ein mehrstelliges Prädikat zu Tage tritt:

(2) enthält dann die singulären Terme: »dieses Buch« und »das Angebot des Verlags J. B. Metzler«, sowie das zweistellige Prädikat »... ist Teil von ...«.
(3) enthält die singulären Terme »der Ausdruck »Junktor«« und »dieses Buch«, sowie das Prädikat »... hat in ... eine nicht zu unterschätzende Rolle gespielt«.
(4) ist analog zu (3) aufzufassen.

Wir können nun den semantischen Wert von mehrstelligen Prädikaten als **Mengen von geordneten Folgen** auffassen. Im Falle von »... ist Teil von ...« wäre das die Menge aller Paare, von denen gilt, dass das erste Mitglied Teil des letzteren ist. Wir können dann so reden, als müsse das geordnete Paar der von den singulären Termen herausgegriffenen Gegenstände Element der entsprechenden Menge aus geordneten Paaren sein. In diesem Fall muss also das Paar (2-Tupel) < dieses Buch, das Angebot des Verlags J. B. Metzler > Element der Menge aller Paare sein, von denen gilt, dass das erste ein Teil des zweiten ist. Ähnlich verfahren wir mit drei- und mehrstelligen Prädikaten.

Halten wir also fest: Der Wert eines singulären Terms ist ein Gegenstand oder ein Individuum. Deswegen werden die Gegenstücke zu singulären Termen in PL eben auch »Individuenkonstanten« genannt. n-stellige Prädikate erhalten als semantischen Wert eine Menge von n-Tupeln – wobei wir es zulassen wollen, dass auch ein einzelner Gegenstand als 1-Tupel charakterisiert werden kann – oder die leere Menge (wie etwa das Prädikat: »... ist ein rundes Quadrat«).

11.1.2 | Quantifizierte Sätze

Kommen wir nun zu quantifizierten Sätzen: Hier sehen wir uns einem Problem gegenüber. Wie könnte eine **fruchtbare Semantik für Quantoren und Variablen** aussehen? Das werden wir im nächsten Abschnitt genauer besprechen. Beginnen wir zunächst einmal mit einer grundsätzlicheren Fragestellung. Wenn wir quantifizieren, dann quantifizieren wir über etwas. Worüber genau quantifizieren wir? Die Idee ist, wie schon in Kapitel 9.1.4 erwähnt, dass wir **über Gegenstände eines Bereichs quantifizieren**. Dieser Bereich wird auch manchmal »**Wertebereich**« genannt. Dabei wollen wir sagen, dass wir immer alles als Wertebereich zulassen, also hier keine Einschränkung vornehmen. Man könnte im Gegensatz dazu eine jede Quantifikation beliebig einschränken, also Bereiche angeben, unter denen wir die relevanten Gegenstände, die als Werte der Variable fungieren, aufzusuchen hätten.

Beispiel

Den Satz: »Alle Menschen sind Lebewesen.« können wir auf zweierlei Weisen analysieren, wobei gilt: »*F*« steht für »... ist ein Mensch« und »*G*« steht für »... ist ein Lebewesen«:

$\forall x(F(x) \rightarrow G(x))$

oder

$\forall x G(x)$ (mit folgendem Wertebereich für den Quantor: Die Menge aller Menschen.)

In der Alltagssprache kommt beides vor – **uneingeschränkte Wertebereiche und eingeschränkte Wertebereiche**. Letztere sind zumeist über den Kontext mitgeliefert, sie werden nicht explizit definiert. In folgenden Aussagen sind offensichtlich implizite Wertebereiche der Quantifikation zugrunde gelegt, etwa indem Teile der Aussage weggelassen werden:

Beispiel

Eingeschränkte Wertebereiche

»Alles Quatsch!« (Wertebereich etwa: Was die Vorrednerin Wahrheitswertfähiges gesagt hat.)

»Einer sollte das jetzt aufwischen, egal, wer es angerichtet hat.« (Bezieht sich offenbar auf die Zuhörerschaft, nicht auf alles, was es gibt, bzw. auf alles, was in der Lage wäre, das sauber zu machen.)

Doch wie gesagt wollen wir in unseren Formalisierungen immer davon ausgehen, dass der Wertebereich allumfassend ist, und dann die entsprechenden **Einschränkungen durch explizite Prädikationen** vornehmen. In den Beispielen könnten wir das so tun:

»Alles, was Sie behauptet haben, ist Quatsch.«
»Einer von Euch sollte das jetzt aufwischen ...«

Halten wir fest: Wir quantifizieren über Wertebereiche. Diese Bereiche können explizit durch Einführung eines Prädikats angegeben werden. Hier soll immer davon ausgegangen werden, dass wir über alles quantifizieren, und entsprechend müssen wir gelegentlich Prädikate einfügen, um die natürlichsprachliche Aussage sinnvoll zu rekonstruieren. Damit verlegen wir die semantischen Überlegungen vollständig in die Interpretation der Formeln und müssen keine zusätzlichen spezifischen Informationen mehr zum Wertebereich von Quantoren angeben. Unsere Ausführungen zur Semantik werden dadurch in didaktischer Hinsicht etwas vereinfacht.

11.2 | Vollständige Semantik von PL

Versuchen wir wieder, wie für AL geschehen, eine Interpretationsfunktion zu bestimmen, die es uns erlaubt, eine Semantik für PL zu liefern. Dazu brauchen wir den Begriff der PL-Struktur:

Definition

Eine PL-Struktur $S = \langle \mathcal{B}, f \rangle$ besteht aus einem nicht-leeren Bereich $\mathcal{B}$ und einer Funktion f derart, dass für jede Individuenkonstante α und jedes Prädikat Φ^n gilt:

(i) $f(\alpha) \in \mathcal{B}$
(ii) $f(\Phi^n)$ ist eine Menge von n-Tupeln aus Elementen von $\mathcal{B}$, oder anders: $f(\Phi^n) \subseteq \mathcal{B}^n$

(Natürlichsprachlich: die Funktion weist einem n-stelligen Prädikat eine Teilmenge des n-fachen kartesischen Produktes des Bereichs mit sich selbst zu. Das kartesische Produkt der Mengen M und N ist die Menge aller Paare, die sich aus den Elementen von M und N bilden lassen: $M \times N = \{\langle x,y \rangle \mid x \in M \text{ und } y \in N\}$.)

Der Bereich $\mathcal{B}$, eine Menge von Gegenständen, wird auch manchmal »Domäne« genannt und darf nicht leer sein. Wenn es sich bei dem Prädikat um ein mehrstelliges handelt, sagen wir auch, dass es über eine **Relation** definiert wird. (Dementsprechend werden Relationen dann als Mengen von n-Tupeln aufgefasst.) Wir hatten oben bereits angedeutet, wie sich diese Semantik hinsichtlich Wahrheit und Falschheit verhält. Intuitiv können wir sagen, dass ein Satz der Form $\Phi^n(\alpha_1, \ldots, \alpha_n)$ wahr ist genau dann, wenn $\langle f(\alpha_1), \ldots, f(\alpha_n) \rangle \in f(\Phi^n)$. Das werden wir jedoch erst dann genauer zu klären suchen, wenn wir auch die Semantik von Quantoren näher bestimmt haben.

Quantorenfreies Fragment von PL: Bevor wir das tun, können wir uns jedoch mit einem quantorenfreien Fragment von PL beschäftigen, um uns einmal genauer anzusehen, wie wir dieses interpretieren und Formeln dieses Fragments **hinsichtlich Wahrheit und Falschheit beurteilen** können. Betrachten wir dazu den Bereich, der als Elemente Sokrates, die Venus und Django Reinhardt hat. Damit können wir ein Fragment von PL interpretieren:

Beispiel

$\mathcal{B}$ = {*Sokrates, Venus, Django*}
$f(a)$ = *Sokrates*
$f(b)$ = *Venus*
$f(c)$ = *Django*
$f(F^1)$ = {*Django*}
$f(G^3)$ = {⟨*Django, Venus, Sokrates*⟩,⟨*Venus, Sokrates, Django*⟩}

Aufgrund dieser PL-Struktur können wir alle sich aus dem Fragment ergebenden Sätze hinsichtlich Wahrheit und Falschheit bewerten:

$F(a)$ – Falsch
$F(b)$ – Falsch
$F(c)$ – Wahr
$G(a,b,c)$ – Falsch
$G(a,c,b)$ – Falsch
$G(c,a,b)$ – Falsch
$G(b,a,c)$ – Wahr
$G(b,c,a)$ – Falsch
$G(c,b,a)$ – Wahr

Variablen und Quantoren: Wir sind also in der Lage zu beurteilen, wie die Wahrheit oder Falschheit einer wohlgeformten Formel von den Werten ihrer Teile abhängt. Nun müssen wir noch etwas zu Variablen und Quantoren sagen. Eine Variable hat keinen semantischen Wert, doch sie kann Werte annehmen. Recht vage gesprochen könnten wir nun sagen, dass ein allquantifizierter Satz der Form $\forall xF(x)$ wahr ist genau dann, wenn er für jeden Wert, den die Variable annehmen kann, wahr wird. Ein Satz der Form $\exists xF(x)$ wird wahr genau dann, wenn er für mindestens einen Wert, den die Variable annehmen kann, wahr wird. Um nun festzulegen, wie es sich mit den Werten von Variablen verhält, müssen wir eine **Interpretationsfunktion** beschreiben, die Variablen einer Formel mit Werten belegt. Wir können dann im Anschluss existenzquantifizierte Sätze als wahr beschreiben, wenn mindestens eine Interpretation der Variablen sie wahr macht, und allquantifizierte Sätze können wir dann als wahr beschreiben, wenn jede entsprechende Interpretation sie wahr macht. Beginnen wir also mit der Beschreibung von **Funktionen, die Variablen Werte zuweisen**:

Definition

β ist eine Belegung(sfunktion) für eine PL-Struktur $\langle \mathcal{B}, f \rangle$ genau dann, wenn sie jeder Variable (ihres Argumentbereichs, das sind in diesem Falle alle Variablen) einen Wert aus $\mathcal{B}$ zuweist.

Umbelegung: Wir wollen nun ein Vokabular entwickeln, das es uns erlaubt, über alle Belegungen zu sprechen. Das tun wir, indem wir eine spezielle Form der Charakterisierung einer Belegungsfunktion einführen. Wir haben ja bereits eine Belegungsfunktion β. Nun können wir davon ausgehend **Varianten von β** einführen, die sich höchstens dadurch von β unterscheiden, dass sie einer Variable einer Formel, auf die sie angewendet werden, einen anderen Wert zuweisen. Wir nennen diese Varianten »Umbelegung zu β« und schreiben dafür: $\beta\frac{b}{\xi}$. Damit sagen wir, dass diese Funktion genau so ist wie β, bis (ggf.) auf die Tatsache, dass sie einer Variable ξ einen anderen Wert $b \in \mathcal{B}$ zuweist (wobei wir erlauben, dass jede Belegungsfunktion eine Umbelegung von sich selbst ist). Das läuft darauf hinaus, dass $\beta\frac{b}{\xi}(y) = b$, wenn $y = \xi$, und $\beta\frac{b}{\xi}(y) = \beta(y)$, wenn $y \neq \xi$.

Damit haben wir nun die **Bestandteile der Interpretationsfunktion** beisammen: Wir haben durch die PL-Struktur einen Bereich, über den wir reden, und eine Festlegung der Bedeutung von Individuenkonstanten und Prädikatzeichen. Durch die Belegung bekommen wir die Möglichkeit, auch den Variablen semantische Wert zuzuweisen, und die Umbelegung erlaubt uns, diese Wertzuweisungen beliebig zu ändern. Um beides nutzen zu können, definieren wir nun sowohl die Interpretation als auch die Uminterpretation.

Definition

Eine Interpretation $\mathfrak{I}$ ist ein Paar aus einer Struktur und einer Belegungsfunktion $\langle S, \beta \rangle$, eine Uminterpretation $\mathfrak{I}\frac{b}{\xi}$ enthält statt der Belegung β die Umbelegung $\beta\frac{b}{\xi}$.

Erfüllungsrelation: Die Grundidee ist nun, dass wir für jeden Satz eine Interpretation angeben können, die diesen Satz ›wahr macht‹ oder ›falsch macht‹. Wir sagen: **Die Interpretation erfüllt den Satz**. Durch diesen Trick sparen wir uns im Folgenden die Rede von Wahrheit und Falschheit, was die Semantik etwas einfacher werden lässt. Wir können also Strukturen angeben, also grob gesagt, die Bedeutung der einzelnen Prädikate und Individuenkonstanten, um dann über Belegungen und Umbelegungen den Variablen verschiedene Werte zuzuordnen, so dass wir für jeden Satz entscheiden können, ob er von der Interpretation erfüllt wird oder nicht. Das ist insofern intuitiv leicht zugänglich, da wir uns **die Sprache der Logik als aus Worthülsen bestehend denken können**, denen wir Bedeutungen zuweisen, hinsichtlich derer wir sie bezüglich ihrer Wahrheit oder Falschheit beurteilen können. Tatsächlich werden Interpretationen auch »Modelle« genannt, allerdings nicht in dem Sinn, in dem hier bisher von der Logik als Modell natürlicher Sprachen die Rede war. Das

Zeichen der Erfüllungsrelation ist »⊨«, das auch »Modellrelation« genannt wird (vorgelesen wird es: »... erfüllt ...« oder »... ist ein Modell von ...«). Dieses Zeichen dient auch als Zeichen der semantischen Folgerungsbeziehung. Es besteht zwar ein Zusammenhang zwischen diesen beiden Verwendungen des Zeichens, doch sollte man sie klar auseinanderhalten. Sofern eine Interpretation eine Aussage erfüllt, ist diese Aussage unter dieser Interpretation wahr.

Dabei müssen wir sicherstellen, dass nicht nur Sätze erfüllt werden können, sondern auch offene Formeln: Wenn wir uns etwa dem Satz $\exists xF(x)$ zuwenden, dann wollen wir prüfen, ob es einen Gegenstand gibt, der $F(x)$ erfüllt. Entsprechend muss die Erfüllungsrelation auch für offene Formeln charakterisiert werden. Hierfür fassen wir die **Ausdrücke, die prinzipiell in der Lage sind, Gegenstände herauszugreifen,** zusammen: Individuenkonstanten und Variablen. Wir wollen entsprechend »τ« als Schemabuchstabe für Individuenkonstanten und Variablen, »Φ« als Schemabuchstabe für Prädikatbuchstaben, »φ« und »ψ« als Schemabuchstaben für wohlgeformte Formeln von PL und »ξ« als Schemabuchstabe für Variablen verwenden. Wir lesen also, etwa in der ersten Zeile, das Fragment: »$\mathfrak{I} \vDash (\Phi^n(\tau_1, ..., \tau_n))$ genau dann, wenn ...« wie folgt: »Die Interpretationsfunktion $\mathfrak{I}$ erfüllt eine Formel der Form $(\Phi^n(\tau_1, ..., \tau_n))$ genau dann, wenn ...«.

Definition

$\mathfrak{I} \vDash \varphi$ (eine Interpretation erfüllt eine Formel)

(1) $\mathfrak{I} \vDash (\Phi^n(\tau_1, ..., \tau_n))$ genau dann, wenn $\langle \mathfrak{I}(\tau_1), ..., \mathfrak{I}(\tau_n) \rangle \in \mathfrak{I}(\Phi^n)$.
(2) $\mathfrak{I} \vDash (\varphi \wedge \psi)$ genau dann, wenn $\mathfrak{I} \vDash \varphi$ und $\mathfrak{I} \vDash \psi$.
(3) $\mathfrak{I} \vDash (\varphi \rightarrow \psi)$ genau dann, wenn: wenn $\mathfrak{I} \vDash \varphi$, dann $\mathfrak{I} \vDash \psi$.
(4) $\mathfrak{I} \vDash (\varphi \vee \psi)$ genau dann, wenn $\mathfrak{I} \vDash \varphi$ oder $\mathfrak{I} \vDash \psi$.
(5) $\mathfrak{I} \vDash \neg\varphi$ genau dann, wenn nicht $\mathfrak{I} \vDash \varphi$.
(6) $\mathfrak{I} \vDash \forall\xi\varphi$ genau dann, wenn für alle $b \in B$ gilt: $\mathfrak{I}\frac{b}{\xi} \vDash \varphi$.
(7) $\mathfrak{I} \vDash \exists\xi\varphi$ genau dann, wenn für mindestens ein $b \in B$ gilt: $\mathfrak{I}\frac{b}{\xi} \vDash \varphi$.

(Wie wir gesehen haben, sind einige der Regeln redundant, da sowohl Junktoren als auch Quantoren interdefinierbar sind. Doch soll das hier nicht weiter stören.)

Gehen wir die einzelnen Punkte noch einmal durch: In Punkt (1) wird lediglich festgehalten, was wir oben schon zur Grundlage der Bewertung des Fragments von PL gemacht hatten – dass die Werte der Individuenkonstanten in einem bestimmten Zusammenhang zum Wert des Prädikats stehen müssen, damit die Formel erfüllt wird. Die Punkte (2) bis (5) beschreiben den Zusammenhang von Junktoren und Erfüllung, ganz analog zu AL. In (6) und (7) werden nun die Quantoren beschrieben. Ein allquantifizierter Satz wird genau dann erfüllt, wenn er für jede Belegung der durch den Quantor gebundenen Variable durch Elemente des Bereichs erfüllt wird. Wir erreichen diese Definition durch den oben definierten Begriff der Umbelegung. So schaffen wir es, jede mögliche Belegungsfunktion für einen Bereich und eine Variable in Betracht zu ziehen, da durch Varianten von Umbelegungen all diese möglichen Belegungen einer Variablen abgedeckt werden. Ähnlich verfahren wir in Punkt (7), wobei es hier reicht, dass mindestens eine Belegung die Formel erfüllt. Und genau das drücken die beiden Quantoren aus. Darin, so die Idee, erschöpft sich auch schon die semantische Rolle der Quantoren.

Verhältnis von Erfüllung und Wahrheit: Wir haben nun die Erfüllungsrelation so definiert, dass sie auch für offene Formeln funktioniert – das ist insofern gerechtfertigt, als dass unsere Interpretation auch eine Belegung enthält und daher Variablen Werte zuweist. Wir können daher sagen, dass unsere Interpretation auch offene Formeln erfüllt. Trotzdem wollen wir nicht sagen, dass offene Formeln wahr sein können, da intuitiv gesprochen die Zuweisung konkreter Werte für Variablen nur ein formaler Trick ist, um mit quantifizierten Aussagen umzugehen. Offene Formeln sind nach wie vor keine Aussagen und daher nicht wahr oder falsch, auch wenn sie bei einer bestimmten Belegung der Variablen natürlich erfüllbar werden. Daher definieren wir noch das Verhältnis von Erfüllung und Wahrheit wie folgt:

Definition

Eine Formel φ von PL ist **wahr im Modell** $\mathfrak{I}$ genau dann, wenn φ eine Aussage (s. Definition von Aussage in PL auf S. 114) ist und $\mathfrak{I} \vDash \varphi$.

Betrachten wir nun ein kleines Beispiel: Zunächst geben wir eine Struktur an.

Beispiel

Angabe der Struktur

Der Bereich $\mathcal{B}$ sei {♣,♦,♥}, die Funktion f sei gegeben durch $f(F) =$ {♣,♦}, $f(G) =$ {♦}, $f(H) = \varnothing$ (das letzte Zeichen ist ein Zeichen für die leere Menge, die auch als { } geschrieben werden kann).

Nun wollen wir überprüfen, ob die Interpretation mit der angegebenen Struktur folgende Aussage erfüllt: $\forall x(F(x) \rightarrow G(x))$. Dafür sehen wir uns der Reihe nach **alle möglichen Belegungen** an (technisch gesehen legen wir uns zunächst auf eine Belegung fest und gehen dann alle Umbelegungen durch ...): $\beta(x) =$ ♣, $\beta(x) =$ ♦ und $\beta(x) =$ ♥. Im ersten Fall ist das Antezedens wahr, das Konsequens aber falsch, also der ganze Satz falsch. Im zweiten Fall ist das Antezedens wahr und das Konsequens wahr, also der ganze Satz wahr. Im dritten Fall ist das Antezedens falsch, so dass der ganze Satz wahr wird. Da der Allquantor verlangt, dass alle Umbelegungen den Satz wahr machen müssen, wird die Allaussage von der gegebenen Interpretation also nicht erfüllt.

Sehen wir uns nun den Satz $\exists x(F(x) \wedge G(x))$ an, so stellen wir fest, dass es eine Belegung gibt (nämlich $\beta(x) =$ ♦), unter der der Satz wahr wird. Da der Existenzquantor lediglich erfordert, dass es eine Belegung gibt, unter der der Satz wahr wird, erfüllt daher die gegebene Interpretation die Existenzaussage.

Nun noch ein etwas komplizierterer Satz: $\forall x(F(x) \rightarrow \exists y(G(y) \vee H(y)))$. Wir sehen, dass der gesamte Satz unter der Belegung $\beta(x) = \heartsuit$ wahr wird, da dann das Antezedens falsch wird. Unter der Belegung $\beta(x) = \clubsuit$ wird das Antezedens wahr, aber es gibt auch eine Belegung für y, nämlich $\beta(y) = \diamondsuit$, die das Konsequens ebenfalls wahr macht (für die Existenzaussage, die das Konsequens bildet, reicht ja, dass es eine wahrmachende Belegung gibt). Also ist auch unter dieser Belegung der Satz wahr. Nun verbleibt nur noch eine mögliche Belegung für x: $\beta(x) = \diamondsuit$, die das Antezedens wahr macht. Aber auch hier können wir $\beta(y) = \diamondsuit$ setzen, so dass der ganze Satz wahr wird. Unter jeder möglichen Belegung für x wird also der Satz wahr, so dass die Allaussage von der gegebenen Interpretation erfüllt wird. Das geht allerdings auch schneller: Das Konsequens ist erfüllt, da es immer eine Interpretation von y gibt ($\beta(y) = \diamondsuit$), die die Disjunktion, aus der das Konsequens besteht, wahr macht. Damit ist die Implikation wahr.

Zur Vertiefung

Entsprechung von Wahrheit und Erfüllbarkeit bei offenen Formeln

Wir haben jetzt davon gesprochen, dass offene Formeln zwar erfüllbar, aber nicht wahr sind. Das haben wir getan, um unseren Grundsatz, dass Aussagen und nur Aussagen wahr oder falsch sind, aufrechtzuerhalten. Das kann man aber auch anders machen, indem man zugesteht, dass auch offene Formeln wahr oder falsch sein können (in einem Modell). Die Definition einer Aussage in PL als geschlossene Formel bliebe davon unberührt – wir müssten dann lediglich den Grundsatz aufgeben, dass nur Aussagen wahr oder falsch sein können. Gleichzeitig hätte man aber den Vorteil, dass es eine eins-zu-eins-Entsprechung zwischen Wahrheit und Erfüllbarkeit gäbe, die es nach unserer Sprechweise nicht gibt.

Logische Wahrheit für PL: Wir wollen nun auch so etwas wie logische Wahrheit für PL definieren. Diese soll gedacht werden als **unabhängig von den konkreten semantischen Werten**. Das bedeutet, dass logische Wahrheiten von jeder möglichen Interpretation erfüllt werden, da sie ja gerade unabhängig sein sollen von den konkreten Werten einer Interpretation. Entsprechend ergibt sich die folgende Definition:

Definition

Eine Aussage φ von PL ist **logisch wahr in PL** genau dann, wenn für alle Interpretationen $\mathfrak{I}$ gilt: $\mathfrak{I} \vDash \varphi$.

Semantische Beweisführung in PL: Manche Formeln von PL sind insofern unabhängig von ihrem möglichen ›Inhalt‹, also von der konkreten Interpretation. Wir können nun auch die Grundlage einer semantischen Beweisführung in PL beschreiben. Wir nutzen wieder die Idee, dass die Wahrheit der Prämissen die Wahrheit der Konklusion garantieren soll. Die Wahrheit der Prämissen charakterisieren wir über die Erfüllung durch ein Modell. Wenn also all jene Modelle, welche die Prämissen erfüllen, auch die Konklusion erfüllen, so besteht zwischen Prämissen und Konklusion eine semantische Folgerungsbeziehung:

Definition

> Eine Aussage φ ist eine **PL-semantische Folgerung** aus den Aussagen der Menge M ($M \vDash_{PL} \varphi$), genau dann, wenn gilt: Für alle Interpretationen $\mathfrak{I}$, wenn $\mathfrak{I} \vDash M$, dann auch $\mathfrak{I} \vDash \varphi$.

Entsprechend ist ein Argument gültig, wenn die Konklusion semantisch aus den Prämissen folgt. Wir finden hier die PL-Entsprechung des Deduktionstheorems:

Definition

> **Deduktionstheorem PL**
> $M \vDash_{PL} \varphi$ genau dann, wenn die Implikation aus der Konjunktion aller Elemente von M, ψ, und φ, nämlich $\psi \to \varphi$, logisch wahr in PL ist.

Damit haben wir eine Semantik der Prädikatenlogik geliefert.

Semantische Beweise: In der Aussagenlogik hatten wir mithilfe der Interpretationsfunktion den atomaren Aussagen semantische Werte zugeordnet. Wir haben hier im Prinzip dasselbe getan, indem wir den Zeichen Elemente des Bereichs {♣,♦,♥} zugeordnet haben. In der Aussagenlogik konnten wir nun semantische Beweise durchführen. Da wir gewöhnlich nicht mehr als drei solcher atomaren Aussagen gleichzeitig betrachtet haben, war die Anzahl der möglichen Interpretationen überschaubar (bei zwei atomaren Aussagen vier, bei drei atomaren Aussagen acht mögliche Interpretationen). Daher konnten wir in semantischen Beweisen auch jeweils alle Interpretationen systematisch abarbeiten. In der Prädikatenlogik sieht das etwas anders aus, weil hier durch die Interpretation prinzipiell **unendlich viele Gegenstände** eingeführt werden können (wenn wir das lediglich für einen Bereich mit drei Elementen durchführen, sind wir beim Beweis nicht weiter gekommen). Das bedeutet aber, dass wir immer **unendlich viele mögliche Interpretationen** haben. Daher sind semantische Beweise für PL sehr aufwändig und kompliziert, da man irgendwie sicher stellen muss, dass man alle (unendlich vielen) möglichen Interpretationen berücksichtigt hat. Wir werden daher keine semantischen Beweise für PL machen und im nächsten Kapitel direkt zum Kalkül übergehen.

Ungültige Argumente: Wenn wir allerdings eine Folgerungsbehauptung für PL haben, die falsch ist, können wir unsere Modell-Semantik benutzen, um ein Gegenmodell zu bauen, das alle Prämissen erfüllt und gleichzeitig die Konklusion nicht erfüllt. Wenn uns das gelingt, haben wir gezeigt, dass keine Folgerungsbeziehung besteht. Da wir dafür nur ein Modell angeben müssen, gelingt das, obwohl wir eine unendlich große Zahl von möglichen Modellen haben. Die Ungültigkeit von Argumenten lässt sich also schön in der Semantik beweisen, die Gültigkeit von Argumenten aber viel einfacher im Kalkül. Dazu ein Beispiel:

Beispiel

(1) $\forall x F(x) \models \neg \exists x F(x)$
Hier können wir sehr sparsam vorgehen: Sei der Bereich $\mathcal{B} = \{1\}$ und die Funktion f gegeben durch $f(F) = \{1\}$, so gibt es nur eine mögliche Belegung, und die macht die Prämisse wahr, die Konklusion aber falsch. Die Folgerungsbeziehung besteht also nicht.

Um das Thema Semantik von Prädikaten und singulären Termen noch etwas zu vertiefen, wollen wir uns kurz etwas weiterführenden Diskussionen zuwenden, welche auf diesen Überlegungen aufbauen.

11.3 | Begriffe

Extension und Intension: Allgemein kann die Prädikatenlogik auch als »Begriffslogik« bezeichnet werden; schließlich verfügt ihr Vokabular, zumindest nach einer Interpretation, über Ausdrücke für Begriffe (nämlich Prädikate). So hatten wir in Kapitel 10.3 schon Überlegungen zu leeren Begriffen, die durch manche Prädikate ausgedrückt werden, angestellt. Im Spezielleren sind jedoch viele Begriffslogiken solche, die sich nicht auf die **Extension (oder den Begriffsumfang)** konzentrieren, sondern auf die **Intension (oder den Inhalt)**. Dazu eine kleine Erinnerung. Wir hatten gesehen, dass in der hier verwendeten Semantik alle leeren Begriffe die leere Menge als Wert zugeordnet bekommen. Sie haben dieselbe Extension, denselben Umfang – es gehört gar nichts dazu. Sie können aber durchaus verschiedenen Inhalts sein: der Inhalt von »... ist ein rundes Quadrat« ist sicher verschieden von dem Inhalt von »... ist eine Hexe«, auch wenn beide **denselben Umfang haben, also extensionsgleich** sind. Unsere, wie man auch sagen kann: extensionale Semantik ist nicht dazu geeignet, diese feineren Unterschiede einzufangen. Gerade der über die Extension hinausgehende Inhalt ist aber für viele Argumente von entscheidender Bedeutung. Dazu einige Beispiele:

Beispiele

(1) Donald ist ein Erpel.
(2) ∴ Donald ist eine Ente.

(1) Peter ist Junggeselle.
(2) ∴ Peter ist nicht verheiratet.

(1) Sarah ist die Cousine von Paul.
(2) ∴ Ein Elternteil von Sarah ist mit einem Elternteil von Paul verschwistert.

Bedeutung verwendeter Ausdrücke: Diese Argumente sind allesamt gültig. Woran liegt das nun? Die Antwort scheint etwas mit der Bedeutung der verwendeten Ausdrücke zu tun zu haben; es ist das begriffliche Material, was dafür sorgt, dass diese Argumente gültig sind. Wenn man nun dieses begriffliche Material formal zu fassen kriegen könnte, dann könnte man wohl auch eine Logik aufstellen, die derartige Argumente als gültig ausweist. Interessant ist nämlich, dass wir, wenn wir **das begriffliche Material explizit machen**, aus den Argumenten schnell solche herstellen können, die sich als gültig ausweisen lassen. So ist es sicherlich wahr, dass, wenn etwas ein Erpel ist, es eine Ente ist. Das ist eine Wahrheit über den Begriff des Erpels. Und es ist wahr, dass, wenn etwas ein Junggeselle ist, es unverheiratet ist. Das ist eine begriffliche Wahrheit über den Begriff des Junggesellen. Und schließlich ist es wahr, dass, wenn jemand die Cousine einer anderen Person ist, sie ein Elternteil hat, das mit einem Elternteil der anderen Person verschwistert ist (und natürlich umgekehrt). Das ist eine Wahrheit über den Begriff der Cousine. Entsprechend erhalten wir die folgenden drei reformulierten Argumente:

Beispiele

(1) Donald ist ein Erpel.
(2) Wenn etwas ein Erpel ist, dann ist es eine Ente.
(3) ∴ Donald ist eine Ente.

(1) Peter ist Junggeselle.
(2) Wenn jemand ein Junggeselle ist, dann ist er unverheiratet.
(3) ∴ Peter ist nicht verheiratet.

(1) Sarah ist die Cousine von Paul.
(2) Wenn jemand die Cousine einer anderen Person ist, dann ist eines der Elternteile der einen Person mit einem Elternteil der anderen Person verschwistert.
(3) ∴ Ein Elternteil von Sarah ist mit einem Elternteil von Paul verschwistert.

Wir sehen: Wenn wir das begriffliche Material explizit machen, dann können wir mithilfe der Prädikatenlogik und einer bloß extensionalen Semantik zumindest diese Argumente als gültig ausweisen.

Einen ersten vorläufigen Höhepunkt erreichte die Begriffslogik sicherlich mit Gottfried Wilhelm Leibniz' Schriften zur Logik. Leibniz versuchte darin **Begriffe über Merkmale zu charakterisieren** (wie das übrigens auch Frege versucht hat), d. h. über Charakteristika, die für die Menge der Gegenstände, die unter den Begriff fallen (eine gegebene Extension), entscheidend sind. Ein Merkmal des Begriffs des Menschen wäre etwa das der Lebendigkeit, eines des Junggesellen das des Unverheiratetseins, eines des Erpels das des Entenseins. Beschließen wir dieses Kapitel nun damit, einen kurzen Ausblick darauf zu geben, wie man sich diesem Phänomen innerhalb eines formalen Apparats nähern könnte.

11.4 | Ausblick auf eine Semantik möglicher Welten

Wir können nun einen Schritt weiter gehen (wir wollen es hier bei einer intuitiven Skizze belassen). Wir liefern eine Vorstellung von einer **alternativen Semantik für PL**, einer Semantik, die mit bestimmten Argumenten besser umgehen kann, und die darüber hinaus **der Bedeutung alltagssprachlicher Prädikate näherkommt**. Nehmen wir an, dass für alle Menschen, die in ihrer Ahnenreihe mindestens eine Person haben, die über alle zehn Zehen verfügt hat, gilt: Sie haben ein Herz oder eine Niere, und umgekehrt (vgl. Quine 1951). Nehmen wir zusätzlich an, dass die PL-Semantik adäquat ist in dem Sinne, dass auch Prädikate der natürlichen Sprache ihre Extensionen bedeuten wie Prädikate in PL. Dann gilt, dass die folgenden zwei Prädikate dasselbe bedeuten:

Beispiel

(1) ... ist ein Mensch, der in seiner Ahnenreihe mindestens eine Person hat, die über alle zehn Zehen verfügt hat

bedeutet dasselbe wie (trifft für alle Interpretationen auf dieselben Leute zu):

(2) ... ist ein Mensch, der ein Herz oder eine Niere hat

Das aber ist eine äußerst unangenehme Konsequenz, denn **offensichtlich haben die Prädikate unterschiedliche Bedeutungen**. Nicht nur leere Begriffe haben nach unserer Semantik dieselbe Bedeutung – auch alle anderen umfangsgleichen Begriffe haben dieselbe Bedeutung. Da die Menge, die hier die Extension der Prädikate ausmacht, in beiden Fällen dieselbe ist, können wir diesen semantischen Unterschied mit einer PL-analogen Semantik nicht einfangen. Wir müssen also nach einer anderen Möglichkeit Ausschau halten, die Bedeutung dieser Prädikate zu charakterisieren. Beginnen wir dazu mit folgender Überlegung:

Inhaltliche Unabhängigkeit: Wenn wir argumentieren wollen, warum diese beiden Prädikate nicht dasselbe bedeuten, dann können wir wie folgt verfahren: Nun, so könnte man sagen, ob jemand ein Herz oder eine Niere hat, ist *unabhängig* davon, ob diese Person in ihrer Ahnenreihe jemanden mit zehn Zehen hatte. Dasselbe gilt umgekehrt: Das hat nichts miteinander zu tun. Es könnte doch sein, dass es sich anders verhält, es gibt also mögliche Umstände, in denen die Extension der beiden Prädikate auseinander fällt. Kurz: Der **semantische Zusammenhang zwischen den Prädikaten ist nicht notwendig**. Weil er das nicht ist, sollten wir die Bedeutung der Prädikate nicht miteinander identifizieren.

Aus dieser Überlegung ergibt sich, dass die aktuellen Extensionen als semantische Werte für Prädikate zumindest dann nicht besonders gut taugen, wenn wir uns mit der Intension, oder dem Inhalt von Begriffen beschäftigen wollen (ganz unabhängig davon, ob sie in manchen Kontexten der Logik ganz wunderbare Dienste leisten). Es sollte irgendwie bedacht werden, dass es **Umstände** gibt, **unter denen die Prädikate eine**

andere Extension haben können, als die, die sie wirklich haben. Auch eine andere, ähnliche Überlegung weist in dieselbe Richtung: für die Bedeutung des Prädikates »... ist ein Mensch« ist es völlig irrelevant, ob es uns alle, die wir dieses Buch lesen, gibt. Für die Extension allerdings ist das nicht egal: Gäbe es uns nicht, so gäbe es diese Extension nicht. Extensionen sind als Mengen ausschließlich über ihre Elemente individuiert. Sie unterscheiden sich voneinander, sobald sie sich hinsichtlich ihrer Elemente unterscheiden. Bedeutungen von Prädikaten scheinen in einem loseren Zusammenhang zu den Extensionen der Prädikate zu stehen.

Auch im Falle des Prädikats »... ist ein Mensch« haben wir auf mögliche Umstände Bezug genommen, unter denen die Extension eines Prädikates sich ändern könnte, während die **Bedeutung stabil bleibt**. Es hätte nicht jeden von uns geben müssen – das hätte an der Bedeutung des Prädikats nichts geändert. Wie aber können wir die Bedeutung unabhängig von den Umständen, in denen wir uns befinden, charakterisieren? Wir wollen bei der Entwicklung einer Antwort im Rahmen mengentheoretischer Überlegungen zur Semantik bleiben (ein durchaus mit guten Gründen kritisierter Ansatz, der aber den Vorteil hat, dass wir ziemlich genau wissen, was Mengen sein sollen, und wir so hoffen dürfen, zumindest ein einigermaßen klares Modell von Bedeutungen zu erhalten).

Mögliche Welten: Wir brauchen dazu eine Vorstellung vom Begriff der möglichen Welten. Intuitiv gesprochen sind mögliche Welten Arten und Weisen, wie es sein könnte. Um sich der Idee zu nähern kann man sich das als **Variation von Dingen und Eigenschaften** denken, wobei die Variationsmöglichkeiten lediglich dadurch eingeschränkt sind, dass keine Widersprüche entstehen dürfen. Ein Mensch mehr oder weniger erzeugt keinen Widerspruch. Wir können in dieser Hinsicht getrost variieren. Es gibt hingegen keine mögliche Welt, in der die Naturgesetze gelten und in der sie zugleich nicht gelten, genauso wenig wie es eine Welt gibt, in der Junggesellen verheiratet sind; aber natürlich gibt es mögliche Welten, in denen Personen, die hier Junggesellen sind, verheiratet sind. Noch einmal zurück zum Beispiel des Prädikats »... ist ein Mensch«: Wir gehören nicht unter allen Umständen zur jeweiligen Extension des Prädikats »... ist ein Mensch«. Und die Prädikate »... ist ein Mensch und hat in seiner Ahnenreihe jemanden mit zehn Zehen« und »... ist ein Mensch und hat ein Herz oder eine Niere« haben nicht unter allen Umständen dieselbe Extension. Wir können hier variieren. Diesen Umstand können wir uns auf verschiedene Weisen zu Nutze machen.

Intension eines Prädikats: Wir können sagen, dass die Bedeutung von Prädikaten – nun »Intensionen« im Unterschied zu »Extensionen« genannt – Dinge sind, die diesen unterschiedlichen Möglichkeiten, wie es sich um die Welt verhalten könnte, Rechnung tragen. Die Intension eines Prädikates kann dabei wahlweise als Menge von Paaren der möglichen Extensionen und den entsprechenden Welten (wie die möglichen Umstände nun genannt werden sollen) aufgefasst werden, oder auch **als Abbildung von möglichen Welten auf Extensionen**. Die Idee dabei ist, dass, wenn ich die Bedeutung eines Prädikats kenne, ich in der Lage bin, in jeder möglichen Welt die Dinge zu ›finden‹, auf die das Prädikat zutrifft. Wenn ich also weiß, was »... ist rot« bedeutet, dann kann ich in allen möglichen Situationen die roten Dinge heraussuchen. Etwas technischer formuliert: Ich kann jeder Welt die Menge der Dinge zuordnen, die in ihr rot sind, habe also eine Abbildung von möglichen Welten auf Extensionen zur Verfügung.

Beispiel

Intension von »... ist rot«

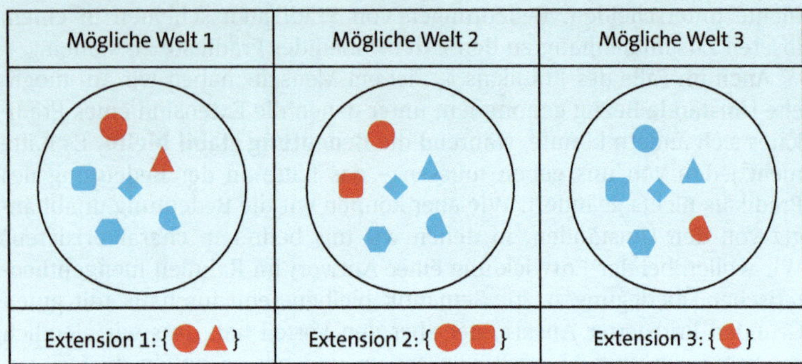

(Intension: Mögliche Welt 1 wird abgebildet auf Extension 1, Mögliche Welt 2 wird abgebildet auf Extension 2 und Mögliche Welt 3 wird abgebildet auf Extension 3.)

Damit können wir zumindest begründen, warum das Prädikat »... ist ein Mensch, der in seiner Ahnenreihe mindestens eine Person hat, die über alle zehn Zehen verfügt hat« eine andere Intension hat als das Prädikat »... ist ein Mensch, der ein Herz oder eine Niere hat«, obwohl beide Prädikate tatsächlich auf dieselbe Menge von Gegenständen zutreffen: Es muss sich nicht so verhalten. Es gibt, so kann man sagen, eine mögliche Welt, in der Menschen mit zehn Zehen die große Ausnahme darstellen und daher nur wenige Menschen solche Leute in ihrer Ahnenreihe haben, während trotzdem alle über ein Herz oder eine Niere verfügen. Also unterscheiden sich die Prädikate hinsichtlich ihrer Intension.

Der Vollständigkeit halber soll hier noch erwähnt werden, dass es noch eine dritte Interpretation der Semantik von Prädikaten gibt: Danach werden Prädikate auch als Funktionsausdrücke aufgefasst, die ihre Argumente auf Wahrheitswerte abbilden. Der Satz: »Die Zahl Zwei ist eine gerade Zahl« ist deshalb wahr, weil die Bedeutung des Prädikats die Zahl Zwei (das Argument) auf den Wert Wahr abbildet.

11.5 | Höherstufige Logiken

Beschließen wir diesen Abschnitt mit einem Hinweis. PL versetzt uns in die Lage, **in die Position von singulären Termen zu quantifizieren**. Das läuft darauf hinaus, dass wir für jeden quantifizierten Satz in PL durch Entfernung der Quantoren einen offenen Satz erhalten, den wir durch die

Einfütterung einer Individuenkonstante (oder erneute Anwendung eines Quantors) zu einer wohlgeformten Formel machen können. Im Vergleich zur natürlichen Sprache werden damit nur die Quantifikationen eingefangen, die in die Position von singulären Termen quantifizieren. Nun vergleiche man die beiden folgenden Sätze:

Beispiel

(1) Es gibt einen Philosophen.
(2) Es gibt etwas, das Aristoteles und Platon gleichermaßen sind.

Reformulieren wir diese Sätze:

(1) Es gibt etwas für das gilt: es ist Philosoph.
(2) Es gibt etwas für das gilt: Platon und Aristoteles sind es gleichermaßen.

Im ersten Fall handelt es sich um eine Quantifikation in die Position des singulären Terms; fügen wir anstelle des »es« einen singulären Term (»Sokrates«) ein und streichen den Quantor, so erhalten wir einen korrekten Satz. Im zweiten Fall ist das anders: Hier können wir nicht einfach einen singulären Term einfügen um einen Satz zu erhalten. Vielmehr müssen wir einen Ausdruck wie »Philosophen« oder dergleichen einfügen. Zu derartigen Quantifikationen ist PL nicht in der Lage.

Logik und Metaphysik: Dieses Phänomen kann auf mehreren Ebenen beschrieben und diskutiert werden, und damit befindet man sich mitten in einer **Debatte der Philosophie der Logik**. Zunächst können wir das, wie wir es hier getan haben, syntaktisch beschreiben. Zwar gehen in die Beschreibung der alltagssprachlichen Quantifikation semantische Charakterisierungen ein (über den Ausdruck »singulärer Term«), doch sollte das ja lediglich zu Illustrationszwecken dienen. In PL kann das rein syntaktisch beschrieben werden.

Doch glauben viele, dass dieser syntaktischen Beschreibung eine **semantische korrespondiert**: Die Werte von »Philosophin« oder dergleichen sind sicherlich keine Individuen wie die von Ausdrücken wie »Aristoteles«. Vielmehr scheint es sich dabei um Eigenschaften oder so etwas zu handeln. Und schon steckt man bis zum Halse in metaphysischen Überlegungen: Wollen wir eine Quantifikation über so etwas wie Eigenschaften – abstrakte, nicht sinnlich wahrnehmbare Gegenstände – zulassen? Welche Konsequenzen hat das für eine Logik? Oder können wir nicht einfach solche Quantifikationen in Quantifikationen von PL umformen (in unserem Beispiel: »Es gibt mindestens etwas, von dem gilt: es wird sowohl von Aristoteles als auch von Platon gehabt« (nämlich **die Eigenschaft, Philosoph zu sein**, wobei das fett Geschriebene offensichtlich ein singulärer Term ist)? Diese Fragen werden **im Zusammenhang höherstufiger Logiken und Metaphysik** thematisiert (zur Einführung in die Metaphysik vgl. Meixner 2004; Loux 2006). Die semantisch motivierte Idee ist ganz grob gesprochen die, dass wir in PL nur über eine **ontologisch erste Stufe**, nämlich über Gegenstände, die selbst keine Eigenschaften sind, quantifizieren können. In einer **Logik der zweiten Stufe** können wir über Eigenschaften von Gegenständen der ersten Stufe quantifizieren. In einer **Logik der dritten Stufe** können wir über Eigenschaften von Eigenschaften quantifizieren usw. Das wird in Logikbüchern häufig so beschrieben, dass höherstufige Logiken es erlaubten, über Mengen von Individuen (zweite Stufe), über Mengen von Mengen (dritte Stufe) usw. zu quantifizieren. Das aber ist zumindest kein klares Unterscheidungskriterium, da nicht ersichtlich ist, warum das in PL, wie bislang beschrieben, ausgeschlossen sein sollte (wenn wir nicht am Begriff des Individuums drehen). So können wir folgenden Satz in PL wiedergeben:

> Die Menge, die ausschließlich die Zwei als Element enthält, ist eine Einermenge.

Eine zweite Charakterisierung höherstufiger Logiken, die man häufig findet, bezieht sich auf etwas, was dem ähnlich ist, was wir oben mit dem Ausdruck »Quantifizierung in eine Position, die keine Position eines singulären Terms ist« beschrieben hatten. Das scheint, als syntaktisches Kriterium, ein **echtes Unterscheidungsmerkmal** zu sein. Wir **quantifizieren** in der höherstufigen Logik **in Prädikat-Position**. Das Problem ist jedoch, dass in diesem Falle häufig gesagt wird, das Prädikat bezeichne eine Menge von Dingen. Damit allerdings wird es, zumindest in seiner semantischen Funktion, offensichtlich ganz analog zu singulären Termen aufgefasst. Dann aber ist nicht klar, warum wir damit nicht eine Logik erhalten, die Paarungen von singulären Termen als wohlgeformte Formeln zulässt (zumal in diesem Falle »$F(a)$« gelesen wird als »$a \in F$«, was wiederum ein Satz zu sein scheint, mit dem Prädikat »... ist Element von ...«, das zwei freie Stellen hat, in die singuläre Terme eingefüttert werden können).

Was gibt es?

Entsprechend ergeben sich bezüglich dieser Standard-Charakterisierungen von höherstufigen Logiken einigen Unklarheiten. Und entsprechend ist auch unklar, ob es sich bei diesen Charakterisierungen um **semantische oder syntaktische Charakterisierungen** handelt. Doch all das sind offene Fragen. Wir haben im Rahmen der Einführung von PL solche Fragen offen gelassen, da wir gesagt haben, es dürfe über alles, was es gibt, quantifiziert werden. Wenn es nun Eigenschaften, Mengen und dergleichen mehr gibt, dann kann auch über diese quantifiziert werden, zumindest mithilfe einer Quantifikation in die Position singulärer Terme.

Ontologische Verpflichtung: Willard van Orman Quine hat diese Idee übrigens umgedreht, um zu definieren, was es bedeutet, zu existieren. Er sagt, dass wir uns mit einer Sprache auf eine bestimmte Sicht auf die Welt festlegen, insbesondere darauf, was es gibt (das ist dann eine ontologische Verpflichtung – ein »**ontological commitment**«). Da wir zum Beispiel, so die Idee, über Eigenschaften so sprechen, als gäbe es sie, legen wir uns mit unserem Alltagsdeutsch darauf fest, dass es Eigenschaften gibt. Eine Ontologie, so die weitere Idee, kann aber immer nur in Bezug auf eine bestimmte Sprache angegeben werden (z. B. in Bezug auf unsere Alltagsprache oder auf die Sprache der Quantenmechanik). Zu existieren heißt dann, in dieser sprachspezifischen Ontologie vorzukommen. Und das wiederum bedeutet, dass wir darüber quantifizieren können. So ist der Slogan von Quine zu verstehen: **»To be is, purely and simply, to be the value of a variable«** (»Zu sein heißt [...] der Wert einer Variable zu sein«, Quine 1948, S. 32). Wir werden in Kapitel 13.2 nochmal auf diese Idee zurückkommen und sie auch formal etwas präziser fassen.

Literatur

Loux, Michael J.: *Metaphysics: A Contemporary Introduction*. New York/London 2006.
Meixner, Uwe: *Einführung in die Ontologie*. Darmstadt 2004.
Quine, Willard V.: »On What There Is«. In: *The Review of Metaphysics* 2/5 (1948), S. 21–38.
Quine, Willard V.: »Main Trends in Recent Philosophy: Two Dogmas of Empiricism«. In: *The Philosophical Review* 60/1 (1951), S. 20.

12 Ein Kalkül der Prädikatenlogik

Nachdem wir nun eine vollständige Semantik für die Prädikatenlogik formuliert haben, können wir – analog zur Aussagenlogik – einen Kalkül definieren, der es uns erlaubt, **Folgerungsbeziehungen allein auf der Grundlage syntaktischer Eigenschaften** nachzuweisen. Damit dies gelingt, werden wir die syntaktischen Ableitungsregeln wiederum semantisch motivieren, auch wenn sie streng genommen nichts mit der Semantik zu tun haben; es ist lediglich so, dass wir unter den verschiedenen möglichen syntaktischen Regeln diejenigen auswählen, die zu unserer Semantik passen, damit wir auch einen interessanten Kalkül bekommen, mit dem wir etwas anfangen können.

Erweiterung von KNAL: Bevor wir damit anfangen, machen wir uns klar, dass wir den Großteil der Arbeit schon geleistet haben, indem wir KNAL eingeführt haben, einen Kalkül des natürlichen Schließens für die Aussagenlogik (s. Kap. 8.6). Außerdem haben wir alle Junktoren und die Semantik der Junktoren aus AL in PL übernommen. Damit gelten auch nach wie vor alle semantischen Motivationen für die Ableitungsregeln von KNAL auch für PL. Das bedeutet, dass wir **alle Regeln aus KNAL einfach übernehmen** können. Daher werden wir nun lediglich die Regeln vorstellen, die für **KNPL (den Kalkül des natürlichen Schließens für die Prädikatenlogik)** neu hinzukommen. Hierbei gehen wir wieder streng nach der Idee des natürlichen Schließens vor und definieren je eine Einführungs- und eine Beseitigungsregel für die beiden neuen Zeichen in PL, nämlich für beide Quantoren. Wir können also sagen, dass KNPL eine Erweiterung von KNAL darstellt.

Die Beweisregeln 1 bis 10 werden aus KNAL übernommen. Beweisregeln 1–10

Zu diesem Kapitel finden Sie zusätzliches Material im Kapitel »Ein Kalkül der Prädikatenlogik« des Online-Kurses. Zusatzmaterial online

12.1 | Beweisregeln für Quantoren

Um unseren Kalkül zu vervollständigen, fehlen also nur noch Regeln für die Quantoren.

Semantische Überlegung zur Allquantorbeseitigung: Beginnen wir mit dem **Allquantor** und machen uns folgende semantische Beziehung klar, hier schematisch ausgedrückt (wobei wir wieder »Φ« als Schemabuchstaben für Prädikate, »α« als Schemabuchstaben für Individuenkonstanten, »ξ« als Schemabuchstaben für Variablen verwenden): $\forall\xi\Phi(\xi) \vDash \Phi(\alpha)$. Wenn also für irgendein Prädikat gilt, dass alles darunter fällt, dann fällt auch jedes beliebige Individuum darunter. Oder anders formuliert: Wenn alles *F* ist, dann ist auch jedes beliebige Individuum, also auch ein jedes, das wir mit einem Substitut für α bezeichnen können, Φ. Also folgt aus dem Allsatz $\forall\xi\,\Phi(\xi)$ eine jede Instanz der Form $\Phi(\alpha)$. Diese simple Grundidee benutzen wir nun, um die Regel der Allquantorbeseitigung zu formulieren. Ergänzend sollen wieder »φ« und »ψ« als Schemabuchstaben für Aussagen und »$\varphi\xi$« als Schemabuchstabe für Aussagen, in denen die Variable »ξ« vorkommt, verwendet werden:

Beweisregel 11

Allquantorbeseitigung

$a_1, \ldots, a_n$	(j)	$\forall\xi\varphi\xi$	...
	⋮		
$a_1, \ldots, a_n$	(k)	$\varphi\alpha$	∀B:j

wobei $\varphi\alpha$ aus $\varphi\xi$ hervorgeht, indem alle Vorkommnisse von ξ in φ durch α ersetzt werden.

Der Zusatz zur Beweisregel, dass alle Vorkommnisse von ξ durch α ersetzt werden müssen, verhindert, dass wir eine offene Formel erhalten können. Würden wir nämlich ein Vorkommnis von ξ nicht ersetzten, so würden wir eine Formel mit einer ungebundenen Variable erhalten.

Semantische Überlegung zur Allquantoreinführung: Fragen wir uns nun, unter welchen Umständen wir dazu geneigt wären, eine **Allaussage** zu behaupten. Eine Idee könnte lauten, dass wir durch (klassische) Induktion zu Allaussagen kommen, von einzelnen Behauptungen über Individuen und ihre Eigenschaften zu einer Generalisierung übergehend: »Schwan_1 ist weiß«, »Schwan_2 ist weiß«, »Schwan_3 ist weiß« usw. erlaubt uns irgendwann zu sagen, dass alle Schwäne weiß sind. Das wäre allerdings, wie schon erörtert, kein deduktiver Schluss, mithin kein Schluss, der bei Wahrheit der Prämissen die Wahrheit der Konklusion garantiert. Das deduktive Verhältnis, das wir in unserem Kalkül modellieren wollen, hätten wir nur, wenn wir sicher gehen könnten, dass wir *alle* Schwäne berücksichtigt hätten. Übersetzt in PL würde das bedeuten, dass wir für *alle* Individuen die entsprechenden Sätze beweisen müssten, und noch beweisen müssten, dass die Liste vollständig ist. Das geht natürlich nicht.

Daher greifen wir auf die folgende Überlegung zurück: Wir nehmen **irgendein beliebiges Individuum** heraus, dem wir irgendeinen Namen geben. Dabei nehmen wir nichts über dieses Individuum an, d. h. wir **weisen ihm keine Eigenschaften** zu. Wenn wir nun für dieses beliebige Individuum zeigen können, dass es eine bestimmte Eigenschaft hat (gegeben die anderen Prämissen und ggf. Annahmen, die wir verwenden), dann muss, so die Überlegung, jedes Individuum diese Eigenschaft haben.

Warum? Weil wir nichts Spezielles über das Individuum angenommen haben und daher der Beweis genauso **für jedes andere beliebige Indivi-**

duum durchgeführt werden könnte. Und dass er durchgeführt werden könnte, reicht uns – wir müssen ihn dann nicht mehr für jedes andere Individuum durchführen. (Diese Beweisidee weist eine gewisse Ähnlichkeit zu Beweisen auf, die in der Mathematik unter dem Titel »vollständige Induktion« gefasst werden. Der Unterschied zur vollständigen Induktion besteht darin, dass der Übergang von einem Fall zum nächsten bei der vollständigen Induktion getrennt bewiesen werden muss, während bei der Allquantoreinführung dieser Übergang dadurch garantiert wird, dass wir ein Individuum sozusagen ohne spezifische Eigenschaften annehmen.)

Die Idee bei der Allquantoreinführung ist also folgende: Wenn es gelingt, eine Aussage der Form $\varphi\alpha$ für ein beliebiges Individuum α zu beweisen, so **gilt diese Aussage für alle Individuen** (da der Beweis für alle Individuen hätte durchgeführt werden können). Es fehlt noch ein technischer Kniff: Wie können wir sicherstellen, dass nicht doch spezifische Annahmen dieses Individuum α betreffend in den Beweis einfließen, dass es sich also wirklich um ein beliebiges Individuum handelt? Wir stellen das dadurch sicher, dass der Beweis von $\varphi\alpha$ nicht abhängen darf von Zeilen, in denen α vorkommt. Dadurch schließen wir aus, dass Zeilen eine Rolle spielen, in denen diesem Individuum eine spezielle Eigenschaft zugeschrieben wird. Auf diese Weise wird garantiert, dass **keine speziellen Eigenschaften von α** in den Beweis eingehen, dass es also egal ist, welches Individuum durch die Instanz von α bezeichnet wird. Dass ξ noch nicht in $\varphi\alpha$ enthalten sein darf, liegt offensichtlich daran, dass sich der eingeführte Allquantor nur auf die Stellen beziehen darf, die in $\varphi\alpha$ von α eingenommen werden. Damit ergibt sich nun unsere Beweisregel zur Allquantoreinführung.

Beweisregel 12

Allquantoreinführung

$a_1, \ldots, a_n$	(j)	$\varphi\alpha$	...
	⋮		
$a_1, \ldots, a_n$	(k)	$\forall\xi\varphi\xi$	∀E:j

wobei α in keiner der Formeln in Zeilen $a_1, \ldots, a_n$ enthalten ist, $\varphi\xi$ aus $\varphi\alpha$ hervorgegangen ist durch Ersetzung aller Vorkommnisse von α durch ξ, und ξ eine Variable ist, die noch nicht in $\varphi\alpha$ enthalten ist.

Semantische Überlegungen zur Existenzbeseitigung: Grundsätzlich lernen wir natürlich nicht viel, wenn wir z. B. lernen, dass es mindestens ein *F* gibt. Insbesondere wissen wir ja nicht, welches Individuum *F* ist. Daher können wir den Quantor nicht einfach weglassen und die Variable durch eine Individuenkonstante ersetzen. Was wir allerdings machen können, ist, probeweise davon auszugehen, dass (wieder) **irgendein beliebiges Individuum** dasjenige ist, das die in der existenzquantifizierten Aussage zugeschriebene Eigenschaft hat. Wenn wir dann mit dieser Annahme eine Aussage ableiten können, die, intuitiv gesprochen, nicht von den Spezifika des angenommenen Individuums handelt, dann können wir sagen, dass wir **diese Ableitung mit jedem beliebigen anderen In-**

dividuum auch so hätten durchführen können. Mit anderen Worten: Egal, welches Individuum es ist, das die in der Aussage zugeschriebene Eigenschaft hat, unsere Ableitung funktioniert. Daher dürfen wir den abgeleiteten Satz nun als direkte Folgerung aus der Existenzaussage hinschreiben.

Beweisregel 13

Existenzbeseitigung

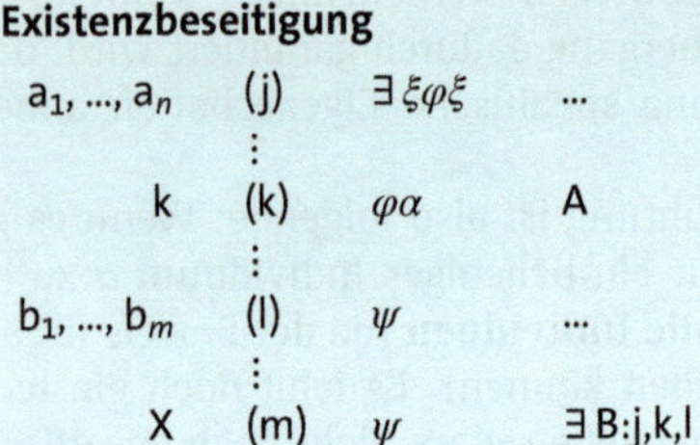

$a_1, \ldots, a_n$	(j)	$\exists \xi \varphi \xi$	...
	⋮		
k	(k)	$\varphi \alpha$	A
	⋮		
$b_1, \ldots, b_m$	(l)	ψ	...
	⋮		
X	(m)	ψ	∃B:j,k,l

wobei $X = \{a_1, \ldots, a_n\} \cup \{b_1, \ldots, b_m\} \setminus \{k\}$ und α weder in den Zeilen *j* und *l*, noch in den Zeilen $b_1, \ldots, b_m$ außer *k* enthalten ist und $\varphi\alpha$ aus $\varphi\xi$ hervorgeht, indem alle Vorkommnisse von ξ in φ durch α ersetzt werden.

Technisch sieht das dann so aus: Wir nehmen zunächst an, dass die Existenzbehauptung für ein beliebiges Objekt α gilt. Wenn es uns gelingt, daraus etwas abzuleiten, dann dürfen wir dieses auch als aus der Existenzbehauptung abgeleitet hinschreiben. Wichtig hierbei ist, dass **keine Zusatzannahmen über α** involviert sein dürfen (es muss ein beliebiges Objekt sein), was wiederum dadurch sichergestellt wird, dass α nicht in den Zeilen *j* und $b_1, \ldots, b_m$ außer *k* enthalten ist. α darf aber auch nicht in der Zeile *l* enthalten sein, da wir ja sonst eine spezifische Eigenschaft unseres beliebigen Objektes abgeleitet hätten, was gerade der Beliebigkeit der Objektauswahl widersprechen würde. (Es sei denn, die abgeleitete Eigenschaft gilt für alle Objekte – in diesem Fall würden wir zunächst eine Allaussage ableiten und danach die Existenzbeseitigung durchführen.)

Die semantische Überlegung zur Existenzeinführung ist im Gegensatz dazu recht einfach. Was auch immer von einem spezifischen Gegenstand gilt, gilt für mindestens einen Gegenstand (wenn Paul ein Junggeselle ist, dann gibt es mindestens einen Junggesellen). Wir können von der Zuschreibung eines Prädikates zu einem Gegenstand direkt zu einer entsprechenden Existenzbehauptung übergehen. Wieder müssen wir fordern, dass die Variable ξ noch nicht in der Ausgangsformel enthalten ist, um ungerechtfertigte Verallgemeinerungen zu verhindern. Allerdings reicht es in diesem Fall aus, wenn nur ein Vorkommnis von α durch ξ ersetzt wird, da die Anwesenheit von α in der Zielformel keinen Einfluss auf die Wahrheit der Aussage hat (wenn Paul ein Junggeselle und Paul Vegetarier ist, dann gilt auch, dass es mindestens einen Junggesellen gibt und Paul Vegetarier ist.)

Beweisregel 14

Existenzeinführung

$a_1, ..., a_n$	(j)	$\varphi\alpha$	...
	⋮		
$a_1, ..., a_n$	(k)	$\exists\xi\varphi\xi$	∃E:j

wobei $\varphi\xi$ aus $\varphi\alpha$ hervorgegangen ist durch Ersetzung von mindestens einem Vorkommnis von α durch ξ, und ξ eine Variable ist, die noch nicht in $\varphi\alpha$ enthalten ist.

Es gibt eine Parallele zwischen Quantoren und Junktoren, die vielleicht einigen das Verständnis der Beweisregeln erleichtert, andere aber mehr verwirrt. Daher stellen wir diese parallel nur kurz in einem gesonderten Kasten dar.

Zur Vertiefung

Parallele zwischen Junktoren und Quantoren

Es gibt die Möglichkeit, den **Existenzquantor als Abkürzung zu sehen für eine sehr lange Disjunktion** in folgendem Sinne: $\exists xF(x)$ ist äquivalent zu $F(a) \vee F(b) \vee ...$ Wir behaupten ja mit der Aussage, dass mindestens ein Gegenstand *F* sei, etwas, das genau dann wahr ist, wenn für den einen Gegenstand im Wertebereich gilt, das er *F* ist, oder für den nächsten gilt, dass er *F* ist etc. Und entsprechend kann der **Allquantor als lange Konjunktion** verstanden werden. Wenn wir behaupten, dass alles *F* sei, was zum Gegenstandsbereich gehört, dann behaupten wir etwas, das wahr wird genau dann, wenn von dem ersten Gegenstand des Bereichs gilt, dass er *F* ist, und es vom zweiten Gegenstand ebenso gilt, dass er *F* ist etc. (Nebenbei: Diese Interpretation ist allerdings nur akzeptabel, wenn man es mit endlichen Gegenstandsbereichen zu tun hat, da wir sonst unendlich lange Aussagen bekämen, und die sind weder in unserer Syntax noch unserer Semantik definiert – obwohl unendlich viele Aussagen definiert sind ...) Wenn man sich diesen Zusammenhang vor Augen führt, dann kann man ggf. sehen, dass es eine deutliche Parallele gibt zwischen der Existenzbeseitigung und der Disjunktionsbeseitigung einerseits, und der Existenzeinführung und der Disjunktionseinführung andererseits. Und eine ähnliche Parallele besteht zwischen der Allquantorbeseitigung und der Konjunktionsbeseitigung. Das ist aber nur eine weiterführende Bemerkung – wer Schwierigkeiten hat, das auf Anhieb nachzuvollziehen, der sollte sich nicht durch diese Anmerkung verwirren lassen!

Definieren wir noch – der Vollständigkeit halber und genauso wie für KNAL auch – die **syntaktische Folgerung** für den Kalkül des natürlichen Schließens für die Prädikatenlogik (KNPL):

Definition

F **folgt syntaktisch** aus Γ ($\Gamma \vdash_{KNPL} F$) genau dann, wenn F aus den Elementen von Γ in KNPL abgeleitet werden kann.

Dabei greifen wir offensichtlich auf die Definition der Ableitbarkeit auf Seite 96 zurück.

12.2 | Ausführliche Beispiele

Wir wollen uns nun zunächst ein kurzes Beispiel für die **Verwendung der Regeln für den Allquantor** anschauen und folgende Behauptung beweisen:

$\forall x(P(x) \rightarrow Q(x)) \vdash \forall xP(x) \rightarrow \forall xQ(x).$

Zuerst wollen wir die grobe Beweisidee skizzieren: Dazu machen wir uns klar, dass wir eine einzelne Prämisse haben, und dass unsere Konklusion eine Implikation darstellt. Eine gute Strategie könnte daher sein, das Antezedens der Konklusion $\forall xP(x)$ anzunehmen, und dann mithilfe der Prämisse das Konsequens der Konklusion $\forall xQ(x)$ abzuleiten. Wenn das gelingt, können wir mit der Implikationseinführung die Konklusion erhalten und die Abhängigkeit von der Annahme wieder loswerden.

Beweis

$\forall x(P(x) \rightarrow Q(x)) \vdash \forall xP(x) \rightarrow \forall xQ(x)$

1	(1)	$\forall x(P(x) \rightarrow Q(x))$	P
2	(2)	$\forall xP(x)$	A

Wir können nun sehen, dass unsere Annahme große Ähnlichkeit mit dem Antezedens der Prämisse hat, aber nicht mit dem Antezedens identisch ist. Der Unterschied besteht darin, dass der Allquantor in der Prämisse sich nicht nur auf $P(x)$ bezieht, sondern auf die gesamte Implikation, von der $P(x)$ nur das Antezedens ist. Um also auf die beiden Formeln die Implikationsbeseitigung anwenden zu können, müssen wir zunächst die Quantoren loswerden. Das aber ist mit der **Allquantorbeseitigung** einfach möglich:

$\forall x(P(x) \rightarrow Q(x)) \vdash \forall xP(x) \rightarrow \forall xQ(x)$

1	(1)	$\forall x(P(x) \rightarrow Q(x))$	P
2	(2)	$\forall xP(x)$	A
1	(3)	$P(a) \rightarrow Q(a)$	∀B:1
2	(4)	$P(a)$	∀B:2

Durch **Anwendung der Implikationsbeseitigung** erhalten wir:

$\forall x(P(x) \rightarrow Q(x)) \vdash \forall xP(x) \rightarrow \forall xQ(x)$

1	(3)	$P(a) \rightarrow Q(a)$	∀B:1
2	(4)	$P(a)$	∀B:2
1,2	(5)	$Q(a)$	→ B:3,4

Nun müssen wir die Formel, die wir erhalten haben, wieder generalisieren, also den **Allquantor einführen**, damit wir das gewünschte Konsequens der Konklusion erhalten. Da aber unsere Zeile 5 nur abhängig ist von den Zeilen 1 und 2, in denen die Individuenkonstante a nicht vorkommt, können wir nun alle Vorkommnisse von a (es gibt hier nur eins) durch die Variable x ersetzen (sie kommt in Zeile 5 nicht vor) und den entsprechenden Allquantor davorsetzen. Bei der Angabe der Regeln schreiben wir, dass wir sie auf Zeile 5 angewendet haben. Die Abhängigkeiten der neu erhaltenen Zeile sind dabei von Zeile 5 zu übernehmen:

$\forall x(P(x) \rightarrow Q(x)) \vdash \forall xP(x) \rightarrow \forall xQ(x)$

1,2	(5)	$Q(a)$	→ B:3,4
1,2	(6)	$\forall xQ(x)$	∀E:5

Jetzt führen wir gemäß unserer Beweisidee noch die **Implikationseinführung** durch. Da unsere letzte Zeile nur noch abhängig ist von der Zeile 1, in der die Prämisse steht, sind wir nach Definition der Ableitbarkeit auf Seite 96 am Ende unseres Beweises angelangt. Der vollständige Beweis sieht nun so aus:

$\forall x(P(x) \rightarrow Q(x)) \vdash \forall xP(x) \rightarrow \forall xQ(x)$

1	(1)	$\forall x(P(x) \rightarrow Q(x))$	P
2	(2)	$\forall xP(x)$	A
1	(3)	$P(a) \rightarrow Q(a)$	∀B:1
2	(4)	$P(a)$	∀B:2
1,2	(5)	$Q(a)$	→ B:3,4
1,2	(6)	$\forall xQ(x)$	∀E:5
1	(7)	$\forall xP(x) \rightarrow \forall xQ(x)$	→ E:2,6

Sehen wir uns nun ein Beispiel für einen Beweis an, bei dem wir die **Regeln für den Existenzquantor** brauchen. Dafür wollen wir uns ein Beispiel für eine Vertauschung zweier Quantoren ansehen, die tatsächlich zu einem gültigen Argument führt. Erinnern wir uns an die Beispiele aus Kapitel 10.1 und machen uns klar, dass Folgendes gilt: Wenn es jemand gibt, der alle Menschen liebt ($\exists x\forall yP(x,y)$), dann ist es auch so, dass alle von jemandem geliebt werden ($\forall y\exists xP(x,y)$). Das wollen wir nun ableiten.

Die Beweisidee ist dabei relativ simpel: Wir ›bauen‹ die beiden Quantoren in der Prämisse zunächst nacheinander ab (beseitigen sie also), um sie dann in umgekehrter Reihenfolge wieder einzuführen. Zunächst müssen wir den **Existenzquantor beseitigen**, und das geht nur darüber, dass wir zunächst eine entsprechende Annahme machen:

Beweis

∃x∀yP(x,y) ⊢ ∀y∃xP(x,y)

1	(1)	∃x∀yP(x,y)	P
2	(2)	∀yP(a,y)	A

Nun können wir einfach den **Allquantor beseitigen:**

∃x∀yP(x,y) ⊢ ∀y∃xP(x,y)

2	(2)	∀yP(a,y)	A
2	(3)	P(a,b)	∀B:2

Nun beginnen wir wieder mit dem ›Aufbau‹ der Formel, die wir erhalten wollen. Zunächst brauchen wir also eine einfache **Existenzeinführung** in Bezug auf *a*:

∃x∀yP(x,y) ⊢ ∀y∃xP(x,y)

2	(3)	P(a,b)	∀B:2
2	(4)	∃xP(x,b)	∃E:3

Diese Zeile ist aber noch von Zeile 2, unserer Annahme, abhängig. Die Annahme haben wir aber nur gemacht, um den Existenzquantor in der Prämisse beseitigen zu können. Um also die Abhängigkeit von der Annahme loszuwerden, müssen wir nun, bevor wir weiter machen, unsere angefangene **Existenzbeseitigung** zu Ende bringen. Dafür schreiben wir die Formel aus Zeile 4 in Zeile 5 nochmals hin und geben an, dass wir die Regel der Existenzbeseitigung auf die folgenden Zeilen angewendet haben: Die Zeile 1, in der die ursprüngliche Existenzaussage steht, die Zeile 2, in der wir in Form einer Annahme probehalber davon ausgegangen sind, dass *a* dasjenige ist, was die Existenzaussage erfüllt, und Zeile 4, in der wir eine Formel abgeleitet haben, in der *a* nicht mehr vorkommt. Da die Zeile 4 selbst wiederum nur von der Annahme abhängig ist, aber von keiner weiteren Zeile, in der *a* vorkommt, (und weil *a* auch nicht in Zeile 1 vorkommt) dürfen wir die Regel anwenden. Unsere neue Zeile ist abhängig von allen Zeilen, von denen die Zeile 1 abhängt, also der Zeile 1, und allen Zeilen, von denen die Zeile 4 abhängt mit Ausnahme der Zeile 2 (da sie die Annahme enthält), also in diesem Fall keiner weiteren Zeile:

$\exists x \forall y P(x,y) \vdash \forall y \exists x P(x,y)$

1	(1)	$\exists x \forall y P(x,y)$	P
2	(2)	$\forall y P(a,y)$	A
2	(3)	$P(a,b)$	∀B:2
2	(4)	$\exists x P(x,b)$	∃E:3
1	(5)	$\exists x P(x,b)$	∃B:1,2,4

Nun fehlt zum Schluss nur noch die **Einführung des Allquantors**, die leicht gelingt, da Zeile 5 nur von Zeile 1 abhängig ist, in der die Individuenkonstante *b* nicht vorkommt. Daher haben wir die Formel mit *b* ohne Zuhilfenahme irgendwelcher spezieller Eigenschaften von *b* ableiten können und dürfen nun zur Allaussage übergehen, die auch nur von Zeile 1, also der Prämisse, abhängt, so dass der Beweis abgeschlossen ist und im Ganzen so aussieht:

$\exists x \forall y P(x,y) \vdash \forall y \exists x P(x,y)$

1	(1)	$\exists x \forall y P(x,y)$	*P*
2	(2)	$\forall y P(a,y)$	A
2	(3)	$P(a,b)$	∀B:2
2	(4)	$\exists x P(x,b)$	∃E:3
1	(5)	$\exists x P(x,b)$	∃B:1,2,4
1	(6)	$\forall y \exists x P(x,y)$	∀E:5

Tatsächlich hätten wir auch zuerst den Allquantor wieder einführen können, bevor wir die durch die Annahme angefangene Existenzbeseitigung zum Ende bringen. Das heißt, wir hätten auch Schritt 5 und 6 andersherum vollziehen können, was folgende Ableitung ergeben hätte:

Beweis

$\exists x \forall y P(x,y) \vdash \forall y \exists x P(x,y)$

1	(1)	$\exists x \forall y P(x,y)$	P
2	(2)	$\forall y P(a,y)$	A
2	(3)	$P(a,b)$	∀B:2
2	(4)	$\exists x P(x,b)$	∃E:3
2	(5)	$\forall y \exists x P(x,y)$	∀E:4
1	(6)	$\forall y \exists x P(x,y)$	∃B:1,2,5

Nehmen wir als letztes Beispiel eine Instanz der **Interdefinierbarkeit der Quantoren** (Kap. 10.2): $\forall x \neg P(x) \vdash \neg \exists x P(x)$. Wir sehen, dass wir einen negierten Satz aus einer Allaussage ableiten sollen. Da liegt es nahe, eine **Negationseinführung** zu probieren, die mit der Annahme des ›Gegenteils‹ der Konklusion beginnt:

Beweis

$\forall x \neg P(x) \vdash \neg \exists x P(x)$

1	(1)	$\forall x \neg P(x)$	P
2	(2)	$\exists x P(x)$	A

Wir sehen, dass aus der Allaussage in Zeile 1 folgt, dass alles nicht-P ist, und dass unsere Annahme sagt, dass etwas P ist. Hier ist also ein Widerspruch enthalten. Um diesen **Widerspruch auch in unserer syntaktisch bestimmten Form $\varphi \wedge \neg \varphi$** zu erhalten, müssen wir allerdings beide Quantoren entfernen. Wir leiten also durch die entsprechende Annahme eine **Existenzbeseitigung** ein und wenden auch gleich die **Allquantorbeseitigung** auf Zeile 1 an:

$\forall x \neg P(x) \vdash \neg \exists x P(x)$

1	(1)	$\forall x \neg P(x)$	P
2	(2)	$\exists x P(x)$	A
3	(3)	$P(a)$	A
1	(4)	$\neg P(a)$	∀B:1

Wir müssen den Widerspruch nun durch **Konjunktionseinführung** in einer Zeile ›zusammenfassen‹ und die Negationseinführung in Bezug auf Zeile 2 abschließen:

$\forall x \neg P(x) \vdash \neg \exists x P(x)$

3	(3)	$P(a)$	A
1	(4)	$\neg P(a)$	∀B:1
1,3	(5)	$P(a) \wedge \neg P(a)$	∧E:3,4
1,3	(6)	$\neg \exists x P(x)$	¬E:2,5

In unserer letzten Zeile steht nun bereits die Konklusion. Sind wir am Ende des Beweises? Nein, denn unsere letzte Zeile hängt noch von Zeile 3 ab, die eine Annahme enthält. Also haben wir die Ziel-Formel noch nicht allein aus den Prämissen abgeleitet. Die Annahme in Zeile 3 haben wir aber gemacht, um dadurch eine **Existenzbeseitigung** einzuleiten. Um die Abhängigkeit von dieser Annahme loszuwerden, sollten wir nun also die Existenzbeseitigung zum Abschluss bringen:

$\forall x \neg P(x) \vdash \neg \exists x P(x)$

1	(1)	$\forall x \neg P(x)$	P
2	(2)	$\exists x P(x)$	A
3	(3)	$P(a)$	A
1	(4)	$\neg P(a)$	∀B:1
1,3	(5)	$P(a) \wedge \neg P(a)$	∧E:3,4
1,3	(6)	$\neg \exists x P(x)$	¬E:2,5
1,2	(7)	$\neg \exists x P(x)$	∃B:2,3,6

Und wieder haben wir die Ziel-Formel dastehen, und wieder ist diese Formel von einer Zeile abhängig, in der keine Prämisse steht, in diesem Fall Zeile 2. (Sie ist von Zeile 2 abhängig, da wir die Existenzbeseitigung auf die Zeilen 2,3,6 angewendet haben, so dass die so enthaltene Zeile abhängig ist von den Zeilen, von denen 2 abhängig ist, also Zeile 2, und den Zeilen, von denen Zeile 6 abhängig ist mit Ausnahme der Annahme-Zeile 3, also von Zeile 1.) Wir sind also immer noch nicht am Ziel, da wir noch die Annahme in Zeile 2 ›loswerden‹ müssen. Es dürfte allerdings auch auffallen, dass wir in unserer letzten Zeile einen direkten Widerspruch zur Annahme in Zeile 2 stehen haben, so dass wir erneut einen **Widerspruch durch Konjunktionseinführung** erhalten können und wir in der Lage sind, erneut eine **Negationseinführung** in Bezug auf die Annahme in Zeile 2 durchzuführen. So können wir auch die letzte Abhängigkeit von einer Annahme loswerden und erhalten als Endergebnis des Beweises:

$\forall x \neg P(x) \vdash \neg \exists x P(x)$

1	(1)	$\forall x \neg P(x)$	P
2	(2)	$\exists x P(x)$	A
3	(3)	$P(a)$	A
1	(4)	$\neg P(a)$	∀B:1
1,3	(5)	$P(a) \wedge \neg P(a)$	∧E:3,4
1,3	(6)	$\neg \exists x P(x)$	¬E:2,5
1,2	(7)	$\neg \exists x P(x)$	∃B:2,3,6
1,2	(8)	$\exists x P(x) \wedge \neg \exists x P(x)$	∧E:2,7
1	(9)	$\neg \exists x P(x)$	¬E:2,8

Damit haben wir uns die Regeln des Kalküls angesehen und eine Reihe von Beispielen diskutiert. Um sich in Ableitungen zurechtzufinden hilft nur **konsequentes Üben**. Und man muss immer bedenken: Es gibt in einer Ableitung keinen Punkt, an dem sich zeigen könnte, dass eine Folgerungsbehauptung nicht besteht. Das bedeutet, dass wir mithilfe von syntaktischen Beweisen nicht zeigen können, dass ggf. keine Folgerungsbeziehung besteht. Wir können lediglich Folgerungsbeziehungen, die auch bestehen, beweisen. Mithilfe semantischer Mittel können wir allerdings durch die Angabe von Gegenmodellen semantisch beweisen, dass eine Folgerungsbeziehung nicht besteht (s. Kap. 11.2).

13 Identität von Individuen

In diesem ergänzenden Kapitel wollen wir uns mit einer Logik beschäftigen, die PL sehr ähnlich ist, die jedoch ein weiteres Element enthält: **das Identitätszeichen**. In einem nächsten Schritt werden wir uns ansehen, wie dieses Zeichen in der Sprachphilosophie Verwendung findet (zu Illustrationszwecken). Anschließend werden wir an diesem Zeichen weitere Grenzen der Prädikatenlogik aufzeigen, indem wir das Problem der informativen Identitätsaussagen besprechen.

Zu diesem Kapitel finden Sie zusätzliches Material im Kapitel »Identität von Individuen« des Online-Kurses.

Zusatzmaterial online

13.1 | Prädikatenlogik mit Identität

Eine Erweiterung einer Logik behält das Material dieser Logik bei, ergänzt es jedoch um weitere Konstanten und entsprechende semantische und syntaktische Regeln. Damit erhalten **wir eine neue Logik**. Logiken sind ausschließlich über ihr Vokabular, ihre syntaktischen Regeln und ihre Semantik individuiert (das heißt: Sie unterscheiden sich nur hinsichtlich dieser Aspekte voneinander). Es ist also falsch zu sagen, dass das Resultat der Erweiterung einfach PL, erweitert um ein Zeichen, sei. Allerdings ist diese Logik PL sehr ähnlich – sie enthält alles, was PL enthält, und eben noch etwas mehr, und zwar ein Pendant zum alltagssprachlichen »... ist identisch mit ...«. Diese Logik hat zwei Vorzüge.

Zunächst erlaubt sie es uns, Sätze wie den folgenden zu formalisieren: »Monotheisten glauben an **genau einen** Gott.« Wir können das nicht mithilfe von Existenz- und Allquantor wiedergeben. Wenn wir jedoch ein **Identitätszeichen** einführen, dann sind wir in der Lage, das logische Pendant zur folgenden semiformalen Reformulierung zu bilden. Dabei ist zu beachten, dass semiformale Formulierungen, in denen Zeichen einer Logik mit alltagssprachlichen Zeichen kombiniert werden, mit Vorsicht zu genießen sind. Die folgende Anwendung hat ausschließlich didaktische Gründe:

Beispiel

(1*) Für alle x: Wenn x Monotheist ist, dann gibt es mindestens ein y, so dass gilt: y ist Gott und x glaubt an y und es gibt kein z, so dass gilt: z ist Gott und x glaubt an z und es ist nicht der Fall, dass $z = y$.

Außerdem erlaubt das Identitätszeichen uns, **eine Reihe von Argumenten als gültig auszuweisen**, die wir ohne diese Konstante nicht als gültig ausweisen könnten. Hier ein Beispiel:

(1) Muhammad Ali gewann den Kampf gegen George Foreman.
(2) Muhammad Ali ist niemand anderes als Cassius Clay.
(3) ∴ Cassius Clay gewann den Kampf gegen George Foreman.

Wir können nun sagen, dass Sätze, die sich lediglich hinsichtlich ihrer Individuenkonstanten, nicht jedoch hinsichtlich des Wertes, den diese Konstanten annehmen, unterscheiden, immer gleichermaßen wahr sind. Mit diesem Prinzip können wir für die Gültigkeit des Arguments argumentieren. Das soll nun kurz formal gefasst werden, indem wir die Syntax der **Prädikatenlogik mit Identität, kurz: »PLI«** beschreiben.

13.1.1 | Syntax von PLI

Das Identitätszeichen **verbindet Variablen oder Individuenkonstanten** miteinander. Wir müssen aber nur die Verwendung mit Individuenkonstanten definieren, da über die Regel (6) der Definition der Syntax von PL auf Seite 111 in jeder wohlgeformten Formel Individuenkonstanten durch Variablen ersetzt werden können. Wir geben also die Syntax des Identitätszeichens wie folgt an, wobei wir wieder »α« (mit Subskripten) als Schemabuchstaben für Terme verwenden:

Definition

(i) Wenn α_1 und α_2 Individuenkonstanten sind, dann ist $(\alpha_1 = \alpha_2)$ eine wohlgeformte atomare Formel von PLI.
(ii) ... (Hier würden wir die Regeln für die Syntax von PL von Seite 111 auflisten, wobei wir für »wohlgeformt in PL« »wohlgeformt in PLI« substituieren.)

13.1.2 | Semantik für PLI

Nun brauchen wir noch eine Semantik für das Identitätszeichen. Das heißt, da »=« zu unseren logischen Konstanten gehört: Wir müssen definieren, wie eine wohlgeformte Formel, die das Zeichen enthält, von einer Interpretation erfüllt wird in Abhängigkeit von den **Werten, die die Interpretation den miteinander verbunden Zeichen zuordnet**. Auch das ist recht einfach: Eine solche Formel wird genau dann erfüllt, wenn es sich bei den Werten der Individuenkonstanten oder Variablen, die das Identitätszeichen flankieren, um dieselben handelt. Wir definieren das also so, wobei τ_1 und τ_2 wieder beliebige Individuenkonstanten oder Variablen seien:

Definition

$\mathfrak{I}$ erfüllt $(\tau_1 = \tau_2)$

(i) $\mathfrak{I} \models (\tau_1 = \tau_2)$ genau dann, wenn $\mathfrak{I}(\tau_1)$ identisch ist mit $\mathfrak{I}(\tau_2)$.

Wieder können wir diese ›Liste‹ ergänzen mit den entsprechenden Einträgen der Definition der Erfüllung auf Seite 134.

Unternehmen wir für den Rest des Kapitels einige Streifzüge durch die Sprachphilosophie und beginnen bei einer Anwendung von Existenzquantor und Identitätszeichen bei Bertrand Russell.

13.2 | Russell über bestimmte Kennzeichnungen

Unterscheidung von Kennzeichnungen: Wir können zwischen verschiedenen Ausdrücken, die sich in einem Satz in der Position eines singulären Terms befinden, unterscheiden. Bertrand Russell tut das auf folgende Weise: Er unterscheidet **bestimmte Kennzeichnungen von unbestimmten Kennzeichnungen**. Bestimmte Kennzeichnungen haben die Form von Ausdrücken, die genau einen Gegenstand herausgreifen (etwa: »der Mann mit der eisernen Maske« [bestimmt] vs. »eine Ministerin« [unbestimmt]). Wir haben schon gesehen, dass unbestimmte Kennzeichnungen in PL (und PLI) so überführt werden müssen, dass die entsprechenden Formeln eine Quantifikation enthalten. Wie aber gehen wir mit bestimmten Kennzeichnungen um? Wir haben sie hier einfach durch Terme ersetzt. Das ist allerdings ungünstig, da wir auf diese Weise ›leere‹ Kennzeichnungen, die tatsächlich nichts herausgreifen, nicht analysieren können. Zum Beispiel gibt es nichts, das durch die folgende Kennzeichnung herausgegriffen würde: »Die größte Primzahl«. Sätzen, die solche Kennzeichnungen enthalten, können also keine Wahrheitswerte zugewiesen werden (s. auch Kap. 6.3.4). Der Satz »Der gegenwärtige König von Frankreich ist kahlköpfig« würde so z. B. in eine ›**Wahrheitswertlücke**‹ fallen.

Russells Analyse von bestimmten Kennzeichnungen: Nun möchte Russell (1905) genau das vermeiden – er möchte auch solchen Sätzen prinzipiell einen Wahrheitswert zuweisen können, und zwar den Wert Falsch. Der Trick hierbei ist: Bestimmte Kennzeichnungen sollen durch Quantoren, gebundene Variablen und Prädikate dargestellt werden – und zwar als ganze Sätze. Wie wir allerdings Sätzen Wahrheitswerte zuweisen, wissen wir schon. Wir können das Identitätszeichen nutzen, um eine **genau-eins-Quantifikation** zu bilden. Nach Russell umfasst eine jede bestimmte Kennzeichnung diesen genau-eins-Aspekt, und das unterscheidet sie primär von unbestimmten Kennzeichnungen. Entsprechend lässt sich dieser Aspekt durch das Identitätszeichen einfangen. Die Idee hierbei ist die, die wir bereits beim Beispiel des monotheistischen Glaubens an einen Gott oben eingeführt hatten: Wir drücken aus, dass es etwas gibt, dass eine bestimmte Eigenschaft hat, und dass alles, was diese Eigenschaft hat, damit identisch ist. Das ist gleichbedeutend mit »es gibt genau ein Ding mit dieser Eigenschaft.«

Sei »*F*« das Prädikat, das wir durch geeignete Analyse aus der echten Kennzeichnung erhalten (etwa erhalten wir für »der gegenwärtige König von Frankreich«: »... ist der gegenwärtige König von Frankreich«).

Beispiel

Form der bestimmten Kennzeichnung nach Russell

$\exists x(F(x) \wedge \forall y(F(y) \rightarrow (x=y)))$ [als Abkürzung sieht man auch: $\iota xF(x)$]

Damit wird tatsächlich gesagt, dass es genau einen Gegenstand gibt, der *F* ist. Und im Falle des gegenwärtigen Königs von Frankreich ist dieser Satz nun schlicht falsch. Der komplexe Satz »Der gegenwärtige König von Frankreich ist kahlköpfig« wird nun so übersetzt (wobei »*F*« für »... ist der gegenwärtige König von Frankreich« und »*G*« für »... ist kahlköpfig« steht):

$\exists x(F(x) \wedge \forall y(F(y) \rightarrow (x=y)) \wedge G(x))$ [auch: $G(\iota xF(x))$]
(Die Klammerung der Konjunktionen wurde vernachlässigt.)

Und auch dieser Satz ist nun klarerweise falsch und fällt daher nicht mehr in eine Warheitswertlücke (Russell 1905).

Halten wir fest: Für die Überführung mancher Aussagen in die Prädikatenlogik ist es hilfreich, letztere um das Identitätszeichen zu erweitern. Dieses erlaubt es uns, den genau-eins-Aspekt vieler Aussagen einzufangen. Zusätzlich können so Kennzeichnungen auf eine Art und Weise definiert werden, die eine **Wahrheitswertzuordnung bei allen Sätzen** zulässt, die eine solche Kennzeichnung enthalten.

13.3 | Quine und Existenz

Problematik des Begriffs der Existenz: Der Existenzquantor und das Identitätszeichen spielen eine interessante Rolle mit Bezug auf die Frage, **was es heißt, dass etwas existiert**. Der Begriff der Existenz hat in der Philosophiegeschichte eine Reihe von Problemen aufgeworfen, auf die genauer einzugehen hier der Platz fehlt. Es sei nur so viel gesagt: Eine Reihe von Philosophinnen und Philosophen glaub(t)en, der Ausdruck **»... existiert« sei kein normales Prädikat**. Es gibt dazu zwei grundlegende Überlegungen, die kurz angerissen werden sollen: Zum einen mag man mit mehr oder weniger guten Gründen die These vertreten, dass Prädikationen irgendwie einen Unterschied machen müssen in dem Sinne, dass man zwischen dem Haben einer dem Prädikat korrespondierenden Eigenschaft (in diesem Falle der Eigenschaft zu existieren) und dem Mangel an dieser Eigenschaft unterscheiden kann. Die Eigenschaft müsse dem Gegenstand einen Aspekt hinzufügen. Das aber, so die Überlegung, sei bei Existenz nicht der Fall (vgl. z. B. Kant 1787, B628). Das Zusprechen des Prädikats »… existiert« macht also keinen Unterschied im gerade skizzierten Sinne.

Die zweite Überlegung bezieht sich auf **negative Existenzaussagen**. Behaupten wir, Drachen existierten nicht, so scheint es, als müssten wir hier Dingen die Existenz absprechen – so zumindest die Intuition mancher Philosophinnen und Philosophen (vgl. hierzu Quine 1948; Nelson 2012). Damit die Aussage in einem zu bestimmenden Sinne ›sinnvoll‹ sein könne, so diese Philosophinnen und Philosophen, müsse es aber Drachen geben, da die Verwendung eines (singulären oder generellen) Terms in Subjektposition erfordere, dass es auch einen (oder mehrere) Gegenstände gibt, dem eine Eigenschaft zugeschrieben werden kann. Die Idee hierbei ist, dass man nichts (etwas, das es nicht gibt) nichts zuschreiben kann, also dementsprechend auch von etwas, das es nicht gibt, nichts aussagen kann. Das ist die sogenannte **Existenzpräsupposition**, auf die wir auch nochmal später, in Kapitel 14.1, eingehen werden. Damit allerdings verstricken wir uns in ein **Paradox**: Damit die Aussage »Drachen existieren nicht« eine Wahrheit ausdrücken kann, müssen Drachen existieren. Wenn sie existieren, dann wird die Aussage falsch. Eine Lösung, die mit beiden Problemen umzugehen weiß, solange es sich denn um Probleme handelt, findet sich bei Gottlob Frege; Frege behauptete, dass das Prädikat »… existiert« nicht buchstäblich von einem Individuum ausgesagt werden könne, sondern dass es sich bei der dem Existenzprädikat korrespondierenden Eigenschaft um eine **Eigenschaft eines Begriffs** handelt (vgl. Bromand 2011). Wenn wir sagen, die Zahl Zwei existiere, dann sagen wir damit eigentlich, dass es etwas gibt, was unter den Begriff der Zahl Zwei fällt. Wenn wir sagen, dass Drachen nicht existieren, dann sagen wir damit eigentlich, dass der Begriff des Drachen leer sei, dass es also nichts gebe, was unter den Begriff fällt. Ähnlich verhält es sich mit ›positiven‹ Existenzaussagen: »Sokrates existiert« scheint, so könnte man meinen, in gewissem Sinne ›tautologisch‹ zu sein. Denn damit wir über Sokrates sprechen können, muss er ja existieren. Das ist das Echo des oben angeführten Problems: Wir sagen **nichts Zusätzliches** über ihn, wenn wir sagen, dass er existiert.

»Ontological commitment«: Mithilfe des Existenzquantors und der Idee von Russell zu bestimmten Kennzeichnungen entwickelt Quine eine sprachphilosophische Theorie, die der Fregeschen Idee recht nahe kommt. Sie verbirgt sich hinter seinem Slogan: »To be is […] to be the value of a bound variable« (Quine 1948, S. 32). Die grundlegende Idee ist, dass wir über Existenz am besten so sprechen, als handelte es sich um eine **Rede über gewisse Voraussetzungen einer Sprache**. Sprachen machen bestimmte Existenzvoraussetzungen, und von diesem Standpunkt aus sollte man über Existenz sprechen. Betrachten wir Fragen der Existenz von diesem Standpunkt aus, dann betrachten wir Dinge hinsichtlich der Frage, ob ihre Existenz von bestimmten Aussagen vorausgesetzt wird (in der Terminologie, die sich im Anschluss an Quine herausgebildet hat, nennt man das im Englischen »ontological commitment«). Entsprechend würde Quine den Satz »Pegasus existiert« zunächst wie folgt wiedergeben: $\exists x(x = \mathit{Pegasus})$.

Verbannung von Individuenkonstanten: Das Problem, was hierbei bestehen bleibt, steckt in der Individuenkonstante »Pegasus«: Sobald wir eine solche Individuenkonstante verwenden, garantiert unsere PLI-Semantik uns, dass diesem Zeichen ein Gegenstand zugordnet wird, dass also auch ein Gegenstand existiert. Damit werden negative Existenzaussagen über Pegasus aber wieder unsinnig. Daher schlägt Quine vor, Individuenkonstanten (bzw. Eigennamen, die Entsprechungen in der natürlichen Sprache) vollständig aus unserer Sprache zu verbannen. Das gelingt, indem er **Namen umdeutet zu Prädikaten**. »Pegasus« wird also interpretiert als ein Prädikat, das mit »... ist Pegasus« oder »... pegasiert« wiedergegeben wird. Wenn wir diese Idee verbinden mit der Russellschen Analyse der bestimmten Kennzeichnung, können wir Aussagen mit »Pegasus« als Subjekt umdeuten zu einer Aussage mit der bestimmten Kennzeichnung »Dasjenige, das Pegasus ist / das pegasiert«. Dadurch können auch Sätze mit Eigennamen analysiert werden als komplexe Sätze, die keine Individuenkonstanten mehr enthalten.

Beispiel

P	... ist Pegasus [oder: ... pegasiert]
F	... hat Flügel
Pegasus hat Flügel.	$\exists x((P(x) \land \forall y(P(y) \rightarrow (x = y))) \land F(x))$
Pegasus existiert nicht.	$\neg \exists x(P(x) \land \forall y(P(y) \rightarrow (x = y)))$

Auf diese Weise können alle Aussagen über Existenz von Dingen in Formeln überführt werden, die statt eines Existenzprädikates nur den Existenzquantor brauchen. Auch die problematischen Eigennamen, die die Existenz eines Gegenstandes, der den Eigennamen trägt, vorauszusetzen scheinen, werden vermieden. Diese Idee ist insofern nahe an der Idee Freges, als dass **Existenz uminterpretiert** wird zu etwas, was auf Prädikate angewendet werden kann – zu sagen, dass Pegasus nicht existiert, bedeutet nun zu sagen, dass der durch das Prädikat »... pegasiert« ausgedrückte Begriff leer ist, dass es also keinen Gegenstand gibt, der darunter fällt. So werden beide Probleme vermieden: Wir brauchen kein Existenzprädikat, und negative Existenzaussagen werden sinnvoll und können damit wahr werden. Was in solchen Sprachen als existent vorausgesetzt wird, ist nach Quine alles, was im Bereich $\mathcal{B}$ der Semantik ist, also alles, über das wir quantifizieren können. Und wenn wir sagen, dass das Prädikat »... pegasiert« leer ist, dann sagen wir gerade, dass Pegasus nicht zu diesen Dingen gehört, über die wir quantifizieren können, dass es also nichts gibt, was der Wert der Variable sein könnte und unter den Begriff fallen würde.

Wenden wir uns nun noch einmal den Grenzen der Semantik von PL zu, sowohl den Grenzen einer extensionalen als auch einer intensionalen Semantik. Diese Grenzen lassen sich im Kontext einer Diskussion des Identitätszeichens sehr gut illustrieren.

13.4 | Frege über informative Identitätsaussagen

Vorteile der Semantik von PL: Wir haben eine Semantik für die Prädikatenlogik kennen gelernt. Diese Semantik hat ihre Vor- und Nachteile. Ihr Vorteil besteht zunächst einmal darin, dass sie es uns erlaubt, für eine gewisse (große!) Zahl an Sätzen zu erklären, warum sie wahr sind. Wir tun das, indem wir von semantischen Werten sprechen, als handelte es sich bei Werten für manche Ausdrücke, den singulären Termen, um Individuen und bei Werten für andere Ausdrücke, wie Prädikaten, um Mengen von Individuen (wir verweisen auf die Extensionen der Ausdrücke). Da die Prädikatenlogik eine konstruierte und keine natürliche Sprache ist, können wir den Ausdrücken dieser Sprache **Werte zuweisen, wie es uns gefällt**. Sie sollten sich lediglich dem Zweck, zu dem wir die Sprache verwenden wollen, als einigermaßen dienlich erweisen. Und tatsächlich können wir, indem wir den Ausdrücken Individuen oder Mengen von Individuen zuweisen, in gewissen Grenzen mit PL arbeiten, um natürlichsprachliche Zusammenhänge darzustellen oder zu modellieren – wie oben gesehen.

Informative Identitätsaussage: Die **Grenzen dieses Versuchs** lassen sich gut mithilfe einer berühmten Textpassage skizzieren, entnommen dem Aufsatz *Über Sinn und Bedeutung* von Gottlob Frege:

»Die Gleichheit fordert das Nachdenken heraus durch Fragen, die sich daran knüpfen und nicht ganz leicht zu beantworten sind. Ist sie eine Beziehung? eine Beziehung zwischen Gegenständen? oder zwischen Namen oder Zeichen für Gegenstände? Das letzte hatte ich in meiner Begriffsschrift angenommen. Die Gründe, die dafür zu sprechen scheinen, sind folgende: *a* = *a* und *a* = *b* sind offenbar Sätze von verschiedenem Erkenntniswert: *a* = *a* gilt *a priori* […] während Sätze von der Form *a* = *b* oft sehr wertvolle Erweiterungen unserer Erkenntnis enthalten und *a priori* nicht immer zu begründen sind. Die Entdeckung, daß nicht jeden Morgen eine neue Sonne aufgeht, sondern immer dieselbe, ist wohl eine der folgenreichsten in der Astronomie gewesen.« Frege 1892, S. 25

Ein weiteres berühmtes Beispiel von Frege für eine informative Identitätsaussage ist die Aussage »**Der Abendstern ist identisch mit dem Morgenstern**«. Tatsächlich handelt es sich sowohl beim hellsten Himmelskörper am Abendhimmel als auch beim hellsten Himmelskörper am Morgenhimmel um den Planeten Venus. In unserer Semantik der PL könnten wir beide – den Abendstern und den Morgenstern – jeweils durch eine Individuenkonstante bezeichnen, etwa durch »*a*« und »*b*«. Die Identitätsaussage »*a* = *b*« ist demnach wahr, wenn die Bedeutung von »*a*« und die Bedeutung von »*b*« dieselbe ist. Und das ist auch der Fall, da ja beide die Venus bedeuten. Allerdings ist es überhaupt nicht informativ zu erfahren, dass die Venus identisch mit der Venus ist. Die rein extensionale Bedeutung der Ausdrücke in PL hilft uns daher nicht zu verstehen, was so interessant und informativ an solchen Identitätsaussagen ist.

Was Frege hier feststellt, lässt sich wie folgt wiedergeben: Es gibt **kognitiv signifikante Identitätsaussagen**. Wenn das der Semantik der verwendeten Ausdrücke geschuldet ist, so muss es semantische Werte geben, die sich **durch die Rede von Extensionen und Individuen nicht einfangen lassen** (welche der Prädikatenlogik zugrunde liegen). Nachdem Frege gegen die These argumentiert, dass wir diesen Umstand darüber erklären können, dass sich die Zeichen »*a*« und »*b*« in der sprachlichen Oberflächenstruktur voneinander unterscheiden, schließt er:

Frege 1892, S. 26 **»Eine Verschiedenheit kann nur dadurch zustande kommen, daß der Unterschied des Zeichens einem Unterschied in der Art des Gegebenseins des Bezeichneten entspricht.«**

Das ist für uns deshalb so wichtig, weil es eben **eine der entscheidenden Grenzen der Prädikatenlogik** aufzeigt. Wir können mit ihrer Hilfe nicht erklären, warum es zu diesen kognitiv signifikanten Identitätsaussagen kommen kann. Denn wenn die semantische Information, die uns ein singulärer Term bereitzustellen in der Lage ist, sich darin erschöpft, einen Gegenstand herauszugreifen, dann kann die kognitive Signifikanz nicht einer semantischen Information geschuldet sein. Sie wäre im Falle »Morgenstern« und »Abendstern« gleich. Doch scheint es so, als würden wir irgendetwas lernen, wenn wir erfahren, dass der Morgenstern mit dem Abendstern identisch sei. Halten wir fest: **Es gibt informative Identitätsaussagen**.

Sinn und Bedeutung: Frege erklärt das wie folgt: Es gibt eine weitere, über die Extension hinausgehende **semantische Dimension**, die Frege den **Sinn bzw. die Art des Gegebenseins** nennt. Die Semantik der Prädikatenlogik scheint diesen Aspekt der Semantik auszulassen. Frege nennt die semantischen Werte – die wir Aussagen in AL und singulären Termen (und, so können wir zumindest reden, obwohl das in Freges Terminologie nicht korrekt ist: Prädikaten) in PL zugewiesen haben – die **Bedeutung** dieser Ausdrücke. In Freges Terminologie könnte man also sagen, dass die Prädikatenlogik lediglich der Bedeutung der Sätze und Ausdrücke, nicht aber ihrem Sinn Rechnung trägt. Werfen wir einen weiteren Blick auf eine Passage aus Freges *Über Sinn und Bedeutung*. Zum Verständnis der unten zitierten Passage lohnt ein Blick auf die folgende Liste, in der die Terminologie Freges zusammengefasst wird:

Satz:	Die *Bedeutung* eines Satzes ist sein *Wahrheitswert*. Der *Sinn* eines Satzes ist ein *Gedanke*.
Singulärer Term (Eigenname):	Die *Bedeutung* eines singulären Terms ist ein *Gegenstand*. Der *Sinn* eines singulären Terms ist eine *Art des Gegebenseins*.

Frege 1892, S. 50 **»Wenn wir den Erkenntniswert von ›*a* = *a*‹ und ›*a* = *b*‹ im allgemeinen verschieden fanden, so erklärt sich das dadurch, daß für den Erkenntniswert der Sinn des Satzes, nämlich der in ihm ausgedrückte Gedanke nicht minder in Betracht kommt als seine Bedeutung, das ist sein Wahrheitswert. Wenn nun *a* = *b* ist, so ist zwar die Bedeutung von ›*b*‹ dieselbe wie die von ›*a*‹ und also auch der Wahrheitswert von ›*a* = *b*‹**

derselbe wie von ›*a* = *a*‹. Trotzdem kann der Sinn von ›b‹ von dem Sinn von ›a‹ verschieden sein, und mithin auch der in ›*a* = *b*‹ ausgedrückte Gedanke verschieden von dem in ›*a* = *a*‹ ausgedrückten sein; dann haben beide Sätze auch nicht denselben Erkenntniswert.«

Diese **Verknüpfung von Erkenntnistheorie und Semantik**, und die zugrunde liegende These, dass sich der Informationsgehalt bestimmter Identitätsaussagen über einen sprachlichen Sinn erklären ließe, ist Gegenstand heftiger Auseinandersetzungen in der gegenwärtigen philosophischen Debatte. Man kann Freges (formal nicht ausgearbeitete) Theorie sprachlichen Sinns als **Theorie von Intensionen** verstehen – schließlich scheint der Sinn eines Ausdrucks so etwas wie sein Inhalt (das, was wir *verstehen*, wenn wir den Ausdruck verstehen) zu sein.

Intensionale Semantik: Wir können uns daran eine Grenze der Prädikatenlogik verdeutlichen. Wir könnten nämlich semantisch argumentieren, dass der folgende Schluss gültig ist:

Beispiel

(1) Sarah glaubt, dass der Autor von *The Life and Opinions of Tristram Shandy, Gentleman* ein großartiger Schriftsteller war.
(2) ∴ Sarah glaubt, dass Laurence Sterne ein großartiger Schriftsteller war.

Nun gilt, dass der Autor von *Tristram Shandy* niemand anderes war als Laurence Stern. Entsprechend würden wir hier zweimal denselben Wert für die singulären Terme erhalten, und folglich könnten wir semantisch für die Gültigkeit dieses Arguments argumentieren. Doch ist offensichtlich, **dass wir damit falsch liegen können**: Zu glauben, dass der Autor von *Tristram Shandy* ein großartiger Schriftsteller war, ist nicht dasselbe, wie zu glauben, dass Laurence Stern ein großartiger Schriftsteller war, obwohl die entsprechenden Sätze nach einer PL-ähnlichen Semantik dieselben Werte haben (Sarah könnte schlicht nicht wissen, dass Laurence Stern der Autor von *Tristram Shandy* ist). Nun ist es nicht völlig unplausibel anzunehmen, dass zu glauben, dass p, nichts anderes ist, als das zu glauben, was durch »*p*« ausgedrückt wird. Entweder fängt also die PL-ähnliche Semantik diesen Wert (das, was durch den Satz ausgedrückt wird) nicht ein oder diese Annahme ist falsch. Da die Annahme sehr plausibel scheint, müssen wir PL-ähnliche Semantiken mit Vorsicht genießen. Das Modell hat seine Grenzen – es ist lediglich in bestimmten Kontexten adäquat.

Eine erste Abhilfe kann durch eine Semantik geschaffen werden, die den Intensionen systematisch Rechnung trägt. Das lässt sich etwa, wie in Kapitel 11.4 vorgestellt, mit einer **Semantik möglicher Welten** bewerkstelligen. Die Idee in Bezug auf unser Beispiel wäre dann, dass es mögliche Welten gibt, in denen Laurence Stern nicht der Autor von *Tristram Shandy* ist. Wenn wir die Intension (bzw. den Fregeschen Sinn) auffassen als etwas, was sich nur in Bezug auf alle möglichen Welten angeben lässt (z. B. als Funktion von möglichen Welten auf Extensionen), dann können wir mit diesen Beispielen umgehen. Wir können dann nämlich sagen, dass die Ausdrücke »Laurence Stern« und »der Autor von *Tristram Shandy*« **verschiedene Intensionen** haben, da sie in unterschiedlichen möglichen Welten unterschiedliche Individuen herausgreifen, obwohl sie in unserer, der aktualen Welt, dieselben Individuen herausgreifen.

Allerdings kann auch eine solche intensionale Semantik nicht alle Probleme lösen, da sie nur funktioniert, wenn die Extensionen sich in unterschiedlichen Welten auch tatsächlich unterscheiden. Nun gibt es aber Ausdrücke, für die gilt, dass sie **in jeder möglichen Welt dieselbe Extension** haben. Entsprechend ergeben sich erneut Probleme. Wenn z. B. jemand glaubt, dass 12 = 12, dann glaubt diese Person noch lange nicht, dass 16.1472 : 1.3456 = 12. Nun haben »12« und »16.1472 : 1.3456« in jeder möglichen Welt denselben Wert, nämlich die 12. Eine Semantik möglicher Welten hilft also zunächst nicht, dieses Problem zu lösen. Dasselbe gilt für bestimmte Prädikate. Viele Philosophinnen und Philosophen glauben, dass »... ist Wasser« in jeder möglichen Welt dieselbe Extension hat wie »... ist H_2O«. Wenn aber eine Person glaubt, dass sie Wasser in ihrem Glas hat, dann heißt das noch nicht, dass sie glaubt, dass sie H_2O in ihrem Glas hat. Dieser Umstand deutet darauf hin, dass es Kontexte gibt (wenn etwa von **Überzeugungen** geredet wird), in denen weder eine extensionale noch eine intensionale Semantik in der Lage sind, alle Bedeutungsaspekte einzufangen.

Literatur

Bromand, Joachim: »Kant und Frege über Existenz«. In: Joachim Bromand/Guido Kreis (Hg.): *Gottesbeweise von Anselm bis Gödel*. Berlin 2011, S. 195–209.

Frege, Gottlob: »Über Sinn und Bedeutung«. In: *Zeitschrift für Philosophie und philosophische Kritik* 100 (1892), S. 25–50.

Kant, Immanuel: *Kritik der reinen Vernunft*. Berlin 1787.

Quine, Willard V.: »On What There Is«. In: *The Review of Metaphysics* 2/5 (1948), S. 21–38.

Russell, Bertrand: »On Denoting«. In: *Mind* 14/56 (1905), S. 479–493.

14 Aristotelische Syllogistik

Bisher haben wir uns vorwiegend mit moderner Logik und ihrer Anwendung beschäftigt. In diesem Teil wird es um die sogenannte Aristotelische Syllogistik gehen, die – wie der Name schon vermuten lässt – auf Aristoteles zurückgeht und die den **allergrößten Teil der antiken und mittelalterlichen Logik** ausmacht. Im ersten Abschnitt soll diese Art der Logik vorgestellt werden und es sollen die dieser Logik eigentümlichen Formalisierungen eingeführt werden. Dabei werden wir aber auch immer den Vergleich mit der modernen Logik vollziehen. Im zweiten Abschnitt werden wir eine moderne Interpretation der Aristotelischen Syllogistik kennenlernen, um im letzten Abschnitt auf die spezifischen Grenzen dieser Herangehensweise aufmerksam zu machen und die Einbettung der Aristotelischen Syllogistik in die moderne PL aufzuzeigen.

Zu diesem Kapitel finden Sie zusätzliches Material im Kapitel »Aristotelische Syllogistik« des Online-Kurses.

Zusatzmaterial online

14.1 | Mittelalterliche Logik

Verständnis von »Logik«: Zunächst sei erwähnt, dass das Wort »Logik« nicht immer die Bedeutung hatte, die es heute hat. In der Antike und im Mittelalter verstand man unter »Logik« noch sehr viel mehr, nämlich teilweise auch etwas, das wir heute »Sprachphilosophie«, »Rhetorik« und »Argumentationstheorie« nennen würden. Typischerweise fängt eine mittelalterliche Logik daher auch mit **sprachphilosophischen Betrachtungen** an, bei denen es darum geht, Aussagen von anderen Äußerungen und Geräuschen zu unterscheiden. Darüber hinaus wird in der Antike und im Mittelalter Logik oft als **die Lehre vom wahren Reden** aufgefasst – es geht also nicht nur darum, Wahrheitsbeziehungen zwischen Aussagen aufzuzeigen, sondern auch darum, die Wahrheit (bzw. Falschheit) von einzelnen Aussagen auszuweisen. Wer sich intensiver mit dem mittelalterlichen Verständnis von Logik beschäftigen will, findet in der sehr detailliert kommentierten zwei-sprachigen Ausgabe der Logikeinführung von William von Sherwood (1995) einen spannenden Einstieg.

In diesem Sinne versteht man im Mittelalter unter dem Begriff **»Syllogismus« streng genommen nur gültige Argumente** – und zwar unabhängig von ihrer Form. Heute wird der Begriff Syllogismus auf verschiedene Arten und Weisen benutzt. In einem weiteren Sinne meint man damit immer noch gültige Schlussfiguren, wie z. B. in der Verwendungsweise »disjunktiver Syllogismus« (das ist ein anderer Ausdruck für den *Modus tollendo ponens*, s. S. 77 f.). In einem engeren Sinne bezeichnet man damit allerdings die klassischen Aristotelischen Syllogismen, die **aus zwei Prämissen und einer Konklusion** bestehen und deren Aussagen eine bestimmte Form aufweisen. Dabei unterscheidet man in der modernen Sprechweise auch gerne zwischen gültigen und nicht-gültigen Syllogismen, auch wenn dies der ursprünglichen Verwendungsweise völlig widerspricht – in Antike und Mittelalter wurden nicht-gültige Syllogismen schlicht nicht als »Syllogismen« bezeichnet.

Quantität und Qualität: Fangen wir nun an, uns der Form der Aussagen zuzuwenden. In der Aristotelischen Syllogistik werden Aussagen zum einen aufgrund der Quantität, und zum anderen aufgrund der Qualität unterschieden. Es gibt **drei Quantitäten von Aussagen**, nämlich singulär, partikulär und universell. (Streng genommen gibt es auch noch eine vierte Quantität: indefinit. Solche Aussagen lassen sich im Deutschen allerdings nicht bilden und haben einen fragwürdigen semantischen Status. Tatsächlich spielen sie auch in Antike und Mittelalter keine große Rolle.)

Singuläre Aussagen handeln von einem bestimmten Individuum, wie z. B. in

Beispiel: Aristoteles ist Grieche.

Partikuläre Aussagen handeln auch von einem (oder mehreren) Individuen, die allerdings unbestimmt bleiben, wie z. B. in

(Irgend-)Ein Mensch ist ein Lebewesen.

Universelle Aussagen handeln von allen Mitgliedern einer Klasse, wie z. B. in

Alle Griechen sind Lebewesen.

Es dürfte leicht zu sehen sein, dass singuläre Aussagen in der PL die Verwendung einer **Individuenkonstante** erfordern, während partikuläre Aussagen den **Existenzquantor** und universelle Aussagen den **Allquantor** involvieren. Tatsächlich können singuläre und partikuläre Aussagen in den Aristotelischen Syllogismen durcheinander ersetzt werden, ohne dass dies einen Unterschied im Prinzip ergibt. Daher spricht man gewöhnlich nur über partikuläre und universelle Aussagen.

Hinsichtlich der **Qualität** gibt es die **Unterscheidung zwischen affirmativen und negativen Aussagen**. Die Grundidee ist, dass in affirmativen Aussagen einem Subjekt ein Prädikat **zugeschrieben** wird, während in einer negativen Aussage das Prädikat dem Subjekt **abgesprochen** wird. Hierbei liegt – wie in der modernen Logik auch – eine an die Grammatik angelehnte aber nicht besonders präzise Unterscheidung zwischen Subjekt und Prädikat zugrunde. In dem Satz »Alle Griechen sind Lebewesen«

wird z. B. »Alle Griechen« als Subjekt verstanden, während der Rest der Aussage diesem Subjekt das Prädikat »... ist ein Lebewesen« zuschreibt. Das Absprechen eines Prädikates wird gewöhnlich durch eine Negation angezeigt, so dass eine negative Aussage entsteht, z. B. »Alle Griechen sind nicht Lebewesen« oder »Kein Grieche ist ein Lebewesen«. Schwierig zu beurteilen sind allerdings Sätze mit negierten Prädikaten, wie z. B. »Alle Griechen sind Nicht-Lebewesen«. Tatsächlich werden sie in der mittelalterlichen Logik als affirmativ aufgefasst.

Das Interessante an Subjekten und Prädikaten sind die Terme. Wir können unterscheiden zwischen singulären und generellen Termen – **singuläre Terme** bilden die Subjekte von singulären Aussagen, während **generelle Terme** in den Subjekten von partikulären und universellen Aussagen vorkommen. Dabei kann man noch unterscheiden, ob ein genereller Term bestimmt oder unbestimmt verwendet wird (z. B. »alle Menschen«, »dieser Mensch« vs. »irgendein Mensch«). In einem einfachen Satz kommen also immer zwei Terme vor – der eine im Subjekt, der andere im Prädikat. In der Syllogistik werden nun diese Terme als die grundlegenden Teile angesehen, die durch Schemabuchstaben ersetzt werden. Wir können also die folgenden **vier Grundtypen von Aussagen** schematisch darstellen (singuläre Aussagen werden ab sofort nicht gesondert betrachtet), wobei der schematischen Darstellung gleich eine Formalisierung in PL gegenübergestellt wird:

Alle *F* sind *G*.	universell affirmativ	$\forall x(F(x) \rightarrow G(x))$
Kein *F* ist *G*.	universell negativ	$\forall x \neg(F(x) \wedge G(x))$ oder $\forall x(F(x) \rightarrow \neg G(x))$
Ein *F* ist *G*.	partikulär affirmativ	$\exists x(F(x) \wedge G(x))$
Ein *F* ist nicht *G*.	partikulär negativ	$\exists x \neg(F(x) \rightarrow G(x))$ oder $\exists x(F(x) \wedge \neg G(x))$

14.1.1 | Das logische Quadrat

Diese vier Typen von Aussagen stehen **in ganz bestimmten logischen Relationen** zueinander (wenn die beiden Schemabuchstaben *F* und *G* immer durch den gleichen Term ersetzt werden). Diese Beziehungen werden im sogenannten logischen Quadrat festgehalten. Es gelten die folgenden Abkürzungen: die Buchstaben A, E, I, O entstammen den Ausdrücken »**affirmo**« (»ich bejahe«) und »**nego**« (»ich verneine«):

A	(universell affirmativ)	Alle Schwäne sind weiß. $\forall x(F(x) \rightarrow G(x))$
E	(universell negativ)	Kein Schwan ist weiß. $\forall x \neg(F(x) \wedge G(x))$
I	(partikulär affirmativ)	Mindestens ein Schwan ist weiß. $\exists x(F(x) \wedge G(x))$
O	(partikulär negativ)	Mindestens ein Schwan ist nicht weiß. $\exists x \neg(F(x) \rightarrow G(x))$

Logisches Quadrat

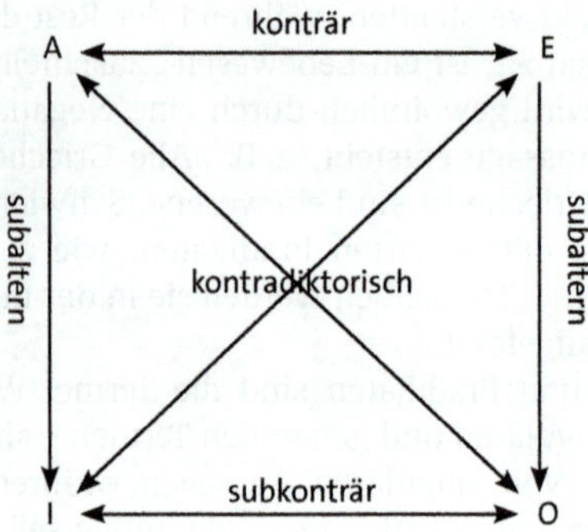

Kontradiktorisch: Zwei Aussagen sind genau dann kontradiktorisch, wenn sie weder zugleich wahr, noch zugleich falsch sein können. Dies entspricht dem alltagssprachlichen »entweder ... oder ...«, das durch das Zeichen »$\rightarrowtail\!\!\!\prec$« wiedergegeben wird:

φ	ψ	$\varphi \rightarrowtail\!\!\!\prec \psi$
w	w	f
w	f	w
f	w	w
f	f	f

Entsprechend sind zwei Aussagen φ und ψ genau dann kontradiktorisch, wenn gilt: $\varphi \rightarrowtail\!\!\!\prec \psi$.

Konträr: Zwei Aussagen sind konträr genau dann, wenn sie nicht zugleich wahr, aber zugleich falsch sein können. Das entspricht genau dem Scheffer-Strich, den wir im Kapitel zur Systematik der Junktoren bereits eingeführt hatten: $(\varphi \mid \psi)$ (s. Kap. 5.2).

Subkonträr: Zwei Aussagen sind subkonträr zueinander, wenn sie zugleich wahr, aber nicht zugleich falsch sein können: $(\varphi \vee \psi)$.

Subaltern: Eine Aussage steht subaltern zu einer anderen, wenn erstere letztere impliziert: $(\varphi \rightarrow \psi)$.

Existenzpräsupposition: Einige dieser Beziehungen gelten nur, wenn die sogenannte Existenzpräsupposition beachtet wird, die in der Antike und im Mittelalter so selbstverständlich war, dass sie nie expliziert wurde. Zum Beispiel ist es durchaus möglich, dass eine universell affirmative Aussage $\forall x(F(x) \rightarrow G(x))$ **leererweise wahr** wird (s. Kap. 10.3). Wenn es nämlich gar nichts gibt, was F ist, so wird das Antezedens der Implikation immer falsch und daher die Allaussage immer wahr. Allerdings impliziert eine solche leererweise wahre Allaussage keineswegs die partikulär affirmative Aussage $\exists x(F(x) \wedge G(x))$, so wie es im logischen Quadrat behauptet wird. Die Existenzpräsupposition, die hier als Grundannahme dahinter steckt, besagt gerade, **dass es keine leeren Begriffe gibt**. Zu jedem Term, den wir verwenden, gibt es also (im logischen Sinne) mindestens einen Gegenstand, der darunter fällt. (Aussagen über die Nichtexistenz von Gegenständen müssen daher mit einem Existenzprädikat ausgedrückt werden, das nicht durch den Existenzquantor definiert werden kann. Zum Beispiel müsste »Der Antichrist existiert nicht« formalisiert werden als $\neg E(x)$, woraus folgt: $\exists x \neg E(x)$ – dass dies problematisch sein könnte, wurde im Mittelalter aber nicht diskutiert.)

Das logische Quadrat ist aus mehreren Gründen vor allem **von historischem Interesse**. Hier sei auf zwei dieser Gründe hingewiesen (neben der Tatsache, dass es eine recht barocke Spielerei ist): die starke Orientierung an der sprachlichen Oberfläche und die Existenzpräsupposition. Man betrachte zur Relevanz der sprachlichen Oberfläche im Kontext des logischen Quadrats die folgenden Beispiele:

Beispiele

Ein Mann ist nicht verheiratet.
Ein Mann ist unverheiratet.
Jemand ist Junggeselle.

Wenn »Junggeselle« nichts anderes heißt als »unverheirateter Mann«, dann sagen diese Aussagen alle dasselbe. Doch scheint es, als würden wir die ersten beiden eher als verneinte Aussagen auffassen, die letzte jedoch nicht (vgl. Künne 2010). Außerdem gilt:

Alle Junggesellen sind Männer.
Es gibt keinen Junggesellen, der kein Mann ist.

Mit beiden Aussagen sagen wir **in einem interessanten Sinne dasselbe**. Dennoch soll hier ein substantieller Unterschied zwischen den Formen bestehen. Wir können das so machen und uns so stark an der sprachlichen Oberfläche orientieren. Es sollte bloß klar werden, dass das logische Quadrat klar gesteckte Erklärungsgrenzen hat. Der zweite Punkt, der bereits oben erwähnt wurde, wiegt natürlich schwerer: Die Beziehungen gelten nur dann, wenn wir annehmen, dass Allaussagen nur dann wahr sind, wenn es Dinge gibt, auf die sie sich beziehen (Existenzpräsupposition). Das mag noch mehr oder weniger der alltagssprachlichen Intuition entsprechen. Doch von einem formal-logischen Standpunkt betrachtet ist diese Annahme irreführend.

14.1.2 | Figuren und Modi

Wie schon erwähnt, besteht ein (Aristotelischer) Syllogismus aus zwei Prämissen und einer Konklusion, wobei alle drei Aussagen einem der vier Typen angehören, z. B.:

Beispiel

(1) Alle Menschen sind Lebewesen.
(2) Kein Lebewesen ist ein Stein.
(3) ∴ Kein Mensch ist ein Stein.

Figuren: Die erste Prämisse wird **Obersatz** genannt, die zweite **Untersatz**. Damit der Syllogismus funktionieren kann, muss je ein Term des Obersatzes mit einem Term des Untersatzes identisch sein, sowie die jeweils anderen Terme des Ober- bzw. Untersatzes in der Konklusion wieder auftauchen. Den Term, der Obersatz und Untersatz gemeinsam ist, bezeichnet man als **Mittelterm (M)**. Der Term des Obersatzes, der nicht Mittelterm ist, wird **Oberterm (O)** genannt, und der Term des Untersatzes, der nicht Mittelterm ist, wird **Unterterm (U)** genannt. Die Konklusion verbindet also Ober- und Unterterm. Eine Konklusion, die den Unterterm im Subjekt und den Oberterm im Objekt enthält, nennt man **direkt**; eine Konklusion, die den Oberterm im Subjekt und den Unterterm im Objekt enthält, nennt man **indirekt**.

Je nach Reihenfolge der Terme entstehen also **vier verschiedene Figuren mit direkter Konklusion**:

1. Figur	M – O, U – M, ∴U – O
2. Figur	O – M, U – M, ∴U – O
3. Figur	M – O, M – U, ∴U – O
4. Figur	O – M, M – U, ∴U – O

Das obige Beispiel ist daher ein Beispiel für einen Syllogismus der 4. Figur mit indirekter Konklusion. Wenn wir allerdings die Prämissen in ihrer Reihenfolge umdrehen, erhalten wir einen Syllogismus der 1. Figur mit direkter Konklusion. Tatsächlich können durch Vertauschung der Prämissen alle Syllogismen mit indirekter Konklusion in Syllogismen mit direkter Konklusion umgewandelt werden, so dass in einer systematischen Auflistung nur solche mit direkter Konklusion vermerkt werden müssen.

Modi: Der Modus eines Syllogismus legt die **Quantität und Qualität der drei beteiligten Aussagen** fest. Rein rechnerisch ergeben sich also 2 (Qualität) mal 2 (Quantität) hoch drei (Anzahl Aussagen) Modi. Da jeder dieser 64 Modi in einer Figur vorkommt, gibt es insgesamt $4 \times ((2 \times 2)^3) = 256$ verschiedene Syllogismen. Davon sind allerdings nur 24 gültig, also nur 24 Syllogismen im klassischen Sinne.

Oben haben wir bereits die Abkürzungen für die vier Typen von Aussagen je nach Qualität und Quantität kennengelernt: A, E, I, O. Wir können also nun durch **Angabe von drei Buchstaben und einer Zahl** (für die Figur) einen Syllogismus eindeutig bestimmen. Der erste Modus der ersten Figur etwa besteht nur aus universell affirmativen Aussagen. Wir könnten ihn also durch »1AAA« bezeichnen. Hier ein Beispiel:

Beispiel

(1) Alle Säugetiere sind Lebewesen.
(2) Alle Wale sind Säugetiere.
(3) ∴ Alle Wale sind Lebewesen.

Lernverse: Im Mittelalter hat sich eingebürgert, bestimmte Verse zu ersinnen, in denen jedes Wort für einen (gültigen) Syllogismus steht, und in dem die jeweiligen Modi der einzelnen Figuren einfach aufgelistet werden. Der erste Modus der ersten Figur wird z. B. traditionell mit dem Wort »*barbara*« bezeichnet. Der Lernvers, der sich für die 24 gültigen Syllogismen etabliert hat, sieht so aus, wobei jede Zeile für eine Figur steht:

barbara, celarent, darii, ferio, barbari, celaront
baroco, cesare, camestres, festino, camestrop, cesaro
bocardo, darapti, datisi, disamis, felapton, ferison
bamalip, calemes, dimatis, fesapo, fresison, calemop

In diesen Wörtern ist übrigens noch mehr Information versteckt – Syllogismen können aufeinander zurückgeführt werden. Wie genau das geschehen kann, wird durch die Konsonanten angezeigt. So können beispielsweise alle Syllogismen, die mit »d« anfangen, auf den dritten Modus der ersten Figur (*darii*) zurückgeführt werden. Wie hierzu die einzelnen Aussagen ›konvertiert‹ werden müssen, kann man den Konsonanten, die auf die Vokale folgen, entnehmen. Hier können wir allerdings nicht auf die Einzelheiten eingehen. Die Grundidee aber ist folgende: Die ersten vier Syllogismen (*barbara*, *celarent*, *darii* und *ferio*) werden als grundlegend betrachtet, da sie (angeblich) besonders offensichtlich gültig sind. Durch die Zurückführung der anderen Syllogismen auf diese vier kann also die Gültigkeit jedes Syllogismus bewiesen werden (darauf werden wir nochmal in Kap. 14.3 zurückkommen).

14.2 | Mengentheoretische Fundierung von Syllogismen

Wie wir auch schon in PL gesehen haben, können die **Bedeutungen von Prädikaten bzw. Termen als Mengen** aufgefasst werden. In diesem Sinne besagt eine gängige Interpretation von Aristotelischen Syllogismen, dass diese sich mit Relationen von Mengen beschäftigen. Ein Syllogismus der folgenden Art:

Beispiel

(1) Alle Säugetiere sind Lebewesen.
(2) Alle Wale sind Säugetiere.
(3) ∴ Alle Wale sind Lebewesen.

wird also interpretiert in folgendem Sinne:

(1) Die Menge der Säugetiere ist vollständig enthalten in der Menge der Lebewesen.
(2) Die Menge der Wale ist vollständig enthalten in der Menge der Säugetiere.
(3) ∴ Die Menge der Wale ist vollständig enthalten in der Menge der Lebewesen.

Wir können die Semantik von Syllogismen daher auch **rein mengentheoretisch** darstellen. Dazu sollten wir zunächst den Begriff der Teilmenge und den Begriff der Schnittmenge klären sowie kurz einige Notationsweisen einführen. (Dies tun wir teilweise durch Rückgriff auf unsere Symbole aus PL.) Mengen wollen wir durch Großbuchstaben bezeichnen.

$x \in M$	x ist Element von M
$M = \{x \mid x = 2n + 1, n \in N\}$	M ist die Menge aller x mit der Eigenschaft $x = 2n + 1$, wobei n eine natürliche Zahl ist; mit anderen Worten: M ist die Menge der ungeraden Zahlen
$M \subseteq N$ genau dann, wenn $\forall x(x \in M \rightarrow x \in N)$	M ist Teilmenge von N
$M \cap N = \{x \mid x \in M \wedge x \in N\}$	Die Schnittmenge aus M und N
$\overline{M} = \{x \mid x \notin M\}$	Komplement von M
$\varnothing = \{\}$	›die leere Menge‹ ist eine Menge, die kein Element enthält

Wir können nun die vier Typen von Aussagen auch mengentheoretisch darstellen, wobei die **Terme als Mengen interpretiert** werden (wir verwenden hier dieselben Buchstaben für die Terme und die Mengen, die die Bedeutung der Terme darstellen – obwohl Terme und ihre Bedeutung natürlich streng unterschieden werden sollten ...). Dabei gehen wir davon aus, dass sowohl *M* also auch *O* nicht-leere Mengen sind, dass sie also je wenigstens ein Element enthalten (das entspricht der **Existenzpräsupposition**). In der letzten Spalte wird die entsprechende PL-Formalisierung nochmals angegeben (mit expliziter Existenzpräsupposition, wo es nötig ist).

Alle *M* sind *O*.	$M \subseteq O$	$\forall x(M(x) \rightarrow O(x)) \wedge \exists x M(x)$
Kein *M* ist *O*.	$M \cap O = \varnothing$	$\forall x \neg(M(x) \wedge O(x)) \wedge \exists x M(x)$
Einige *M* sind *O*.	$M \cap O \neq \varnothing$	$\exists x(M(x) \wedge O(x))$
Einige *M* sind nicht *O*.	$M \cap \overline{O} \neq \varnothing$	$\exists x \neg(M(x) \rightarrow O(x))$

Einen ganzen Syllogismus kann man nun ebenfalls mengentheoretisch verstehen. Nehmen wir als Beispiel einen Syllogismus vom Typ *darii*:

Beispiel

(1) Alle Studierenden sind schlau.
(2) Einige Düsseldorferinnen sind Studierende.
(3) ∴ Einige Düsseldorferinnen sind schlau.

Der Obersatz sagt uns, dass die Menge der Studierenden eine Teilmenge der Menge schlauer Menschen ist. Der Untersatz sagt uns, dass die Schnittmenge der Düsseldorferinnen und der Studierenden nicht-leer ist, dass es also Elemente gibt, die sowohl in der Menge der Düsseldorferinnen als auch in der Menge der Studierenden enthalten sind. Da nun die Menge der Studierenden aber eine Teilmenge der schlauen Menschen sind, und da auch einige Düsseldorferinnen in der Menge der Studierenden sind, müssen folglich auch einige Düsseldorferinnen in der Menge der schlauen Menschen enthalten sein. Und genau das sagt uns die Konklusion.

Zusatzmaterial online

Die beliebte Darstellung von Mengen mithilfe von Kreisen wird auf der Online-Plattform dargestellt – diese Darstellung sollte aber mit Vorsicht genossen werden, da sie denselben Beschränkungen unterliegt wie die Aristotelische Syllogistik insgesamt.

14.3 | Die Grenzen der Aristotelischen Syllogistik und die Stärken von PL

Existenzpräsupposition: Wie schon öfters angesprochen, wird in der Aristotelischen Syllogistik vorausgesetzt, dass die verwendeten Begriffe nicht leer sind (Existenzpräsupposition). Dies ist allerdings eine **starke semantische Einschränkung**, die durchaus nicht unproblematisch ist. Wie wir gesehen haben, gibt es in sich widersprüchliche Begriffe, die daher notwendigerweise leer sein müssen (z. B. »rundes Quadrat«). Darüber hinaus kommt man in Schwierigkeiten, wenn man die Semantik von offensichtlich wahren Sätzen wie »Es gibt keine runden Quadrate« angeben will. Wenn wir voraussetzen, dass alle verwendeten Begriffe nicht-leer sind, dann setzen wir eben gerade voraus, was der Satz negiert! Es ist daher als Vorteil von PL zu sehen, dass sie ohne Existenzpräsupposition auskommt.

Eine einzige Art von Argumenten: Eine weitere offensichtliche Einschränkung der Aristotelischen Syllogistik ist die Begrenzung auf eine einzige Art von Argumenten. Die Formalisierung, die bereitgestellt wird, **unterscheidet lediglich zwischen vier Typen von Sätzen**. Die Regeln, die formuliert werden, beziehen sich lediglich auf Argumente mit zwei Prämissen und einer Konklusion. Offensichtlich ist, dass hierbei eine Menge anderer interessanter Argumentformen unberücksichtigt bleiben (z. B. die, die auf der Verwendung von Junktoren beruhen, wie z. B. der disjunktive Syllogismus). Die PL ist dagegen in der Lage, alle Syllogismen wiederzugeben und darüber hinaus noch eine Unzahl anderer Satztypen und Argumentformen darzustellen.

Zurückführungen: In der Aristotelischen Syllogistik werden einzelne Syllogismen dadurch ›bewiesen‹, dass sie auf andere Syllogismen zurückgeführt werden. Die ersten beiden Syllogismen (*barbara* und *celarent*) gelten dabei als so offensichtlich gültig, dass sie nicht weiter bewiesen werden. Da der dritte und vierte Modus der ersten Figur (*darii* und *ferio*) über Umwege auf die ersten beiden Modi der ersten Figur zurückgeführt werden können, können also letztendlich alle Modi auf diese beiden ›offensichtlich‹ gültigen Modi zurückgeführt werden. Die Methode der Zurückführung soll hier nur an einem kurzen Beispiel, nämlich einer Instanz des dritten Modus der zweiten Figur *camestres*, demonstriert werden:

Beispiel

(1) Alle Tiger sind gestreift.
(2) Kein Elefant ist gestreift.
(3) ∴ Kein Elefant ist ein Tiger.

Das »m« in *camestres* gibt an, dass die Prämissen vertauscht werden müssen, und die »s« geben an, dass die jeweiligen Sätze (hier also Untersatz und Konklusion) durch einfache Konversion umgeformt werden müssen, um den Ziel-Syllogismus *celarent* zu erhalten. »Einfache Konversion« bedeutet, dass die beiden Terme in der Reihenfolge vertauscht werden. Aus dem Untersatz entsteht also »Kein Gestreifter ist ein Elefant« und aus der Konklusion »Kein Tiger ist ein Elefant«. Nach der vollständigen Umformung erhalten wir:

(1*) Kein Gestreifter ist ein Elefant.
(2*) Alle Tiger sind gestreift.
(3*) ∴ Kein Tiger ist ein Elefant.

Dies ist offenbar eine Instanz von *celarent*, dessen Gültigkeit ja ›offensichtlich‹ ist.

Tatsächlich werden in der Syllogistik selbst die Rückführungsregeln gewöhnlich nicht gerechtfertigt (vgl. Sherwood 1995). Wir haben es also mit einem **System syntaktischer Regeln** zu tun, das erstens **relativ kom-**

plex ist und zweitens **nicht motiviert** scheint. Tatsächlich kann man in der PL zeigen, dass all diese Rückführungsregeln für ihren Zweck geeignet sind. Für die beiden hier angesprochenen Regeln ist das sehr einfach: Die Reihenfolge von Prämissen ist unerheblich, wie wir aus der PL wissen, und können daher jederzeit vertauscht werden. Darüber hinaus wissen wir, dass $\varphi \wedge \psi$ und $\psi \wedge \varphi$ gleichwertig sind in der PL (das eine folgt aus dem anderen und umgekehrt). Wenn wir nun E-Aussagen (universell negative Aussagen) in der PL darstellen, so sehen wir, dass die beiden Termini hier durch eine Konjunktion verbunden werden. Daher ist bei E-Aussagen die Reihenfolge der Termini unerheblich, so dass eine einfache Konversion bei E-Aussagen die logisch relevante Struktur gleich lässt (aber z. B. nicht bei A-Aussagen).

Im Gegensatz zu den Rückführungsregeln der Aristotelischen Syllogistik sind die **syntaktischen Regeln vom KNPL** (relativ) **einfach und gut motiviert**. Mit ihrer Hilfe können wir nicht nur die Rückführungsregeln rekonstruieren, sondern eine Unzahl anderer Beweise führen. Außerdem gelten diese Regeln ausnahmslos: Wir brauchen keine Einschränkungen anzugeben, wie das z. B. bei der einfachen Konversion nötig ist, die ja z. B. nicht für A-Aussagen möglich ist. Die **PL geht also in ihrer Anwendbarkeit deutlich über die Syllogistik hinaus**, wobei sie in der Lage ist, die Syllogistik vollständig zu beschreiben.

Literatur

Künne, Wolfgang: *Die Philosophische Logik Gottlob Freges: ein Kommentar: mit den Texten des Vorworts zu Grundgesetze der Arithmetik und der Logischen Untersuchungen I–IV.* Frankfurt a. M. 2010.

Sherwood, William of: *Introductiones in logicam: Einführung in die Logik*. Hamburg 1995.

15 Anhang

15.1 | Verzeichnis der Definitionen

15.2 | Verzeichnis der Beweisregeln